bibliolycé

Essais

Montaigne

Translation en français moderne, notes,
questionnaires et synthèses
par Bruno ROGER-VASSELIN,
agrégé de Lettres classiques,
docteur ès lettres.

Conseiller éditorial : Romain LANCREY-JAVAL

Texte conforme à l'Exemplaire de Bordeaux.

Sommaire

Présentation 5

Essais (chapitres intégraux en version « bilingue »)

LE GENRE DE L'ESSAI

L'essai comme autoportrait
Au Lecteur 8
I, 8 : De l'Oisiveté 10
I, 50 : De Democritus et Heraclitus 14

Questionnaires, groupement de textes et lecture d'image
« C'est icy un livre de bonne foy, lecteur » 24
Premiers regards au seuil de l'œuvre 27
Document : *Autoportrait au miroir convexe de Parmigianino* ... 31

Les Essais *première manière*
I, 1 : Par divers moyens on arrive à pareille fin 34
II, 14 : Comme nostre esprit s'empesche soy-mesmes 44
II, 22 : Des Postes 46
II, 26 : Des pouces 50
II, 30 : D'un enfant monstrueux 54

LITTÉRATURE, VOYAGE ET ÉDUCATION
I, 26 : De l'institution des enfans,
à Madame Diane de Foix, Contesse de Gurson 58

Questionnaires, groupement de textes et lecture d'image
Le rôle de l'éducation pour Montaigne 164
Pédagogies comparées 166
Document : *Au tableau noir de Robert Doisneau* 171

INDIVIDUALITÉ ET ALTÉRITÉ
I, 42 : De l'inequalité qui est entre nous 174

Questionnaires, groupement de textes et lecture d'image
Comprendre les réalités du monde 202
Richesse et pauvreté, contact humain et vie intérieure 204
Document : Mosaïque de *L'Impératrice Théodora et sa Suite* ... 210

Essais : bilan de première lecture 212

ISBN 2.01.169029.3
© Hachette Livre, 2004, 43 quai de Grenelle, 75905 Paris Cedex 15.

Dossier Bibliolycée

Montaigne ou l'insolente conscience de soi (biographie) 214
1562-1598 : les guerres de Religion (contexte) 219
Montaigne en son temps (chronologie) 230
Structure de l'œuvre 232
Montaigne et la « bigarrure » au XVIe siècle 238
Renaissance et humanisme 244

Annexes

Lexique d'analyse littéraire 252
Bibliographie 253

**Michel Eyquem, seigneur de Montaigne (1533-1592),
portrait gravé par Thomas de Leu.**

PRÉSENTATION

À l'été 1570, Montaigne sent l'approche de la quarantaine. Il décide de mettre un terme à sa carrière de juge au parlement de Bordeaux, pour se retirer sur ses terres, vivre désormais de ses rentes et reprendre en main par l'écriture sa propre existence, en consignant ses observations sur le monde et sur son époque dans un ouvrage auquel il donnera bientôt le titre d'*Essais*. L'année suivante, le seigneur retiré fait peindre sur les murs de sa « *librairie* » (bibliothèque) deux déclarations solennelles. Inscriptions latines qui donnent à son entrée en littérature un caractère cérémonieux, placée qu'elle se trouve sous l'aile tutélaire du prestigieux ami défunt – alors célèbre dans tout le royaume pour son éloquence – Étienne de La Boétie.

Voici la première : « *L'an du Christ 1571, âgé de trente-huit ans, la veille des Calendes de Mars [1ᵉʳ jour du mois], anniversaire de sa naissance, Michel de Montaigne, las depuis longtemps déjà de sa servitude du parlement et des charges publiques, en pleines forces encore se retira dans le sein des doctes vierges, où, en repos et sécurité, il passera les*

Massacre de la Saint-Barthélemy, par François Dubois.

jours qui lui restent à vivre. Puisse le destin lui permettre de parfaire cette habitation des douces retraites de ses ancêtres qu'il a consacrées à sa liberté, à sa tranquillité, à ses loisirs. » L'autre inscription donne à l'*otium*, au loisir ainsi retenu, un objet précis : « *Privé de l'ami le plus doux, le plus cher et le plus intime, et tel que notre siècle n'en a vu de meilleur, de plus docte, de plus agréable et de plus parfait, Michel de Montaigne, voulant consacrer le souvenir de ce mutuel amour par un témoignage unique de sa reconnaissance, et ne pouvant le faire de manière qui l'exprimât mieux, a voué à cette mémoire ce studieux appareil dont il a fait ses délices.* »

Il faut voir dans ces deux inscriptions, qui le « narguent » à chaque arrêt dans sa tour, un défi, une manière pour Montaigne de se risquer, de faire peser sur lui l'emprise du temps qui passe pour mieux se stimuler dans son entreprise. Il s'agit, par l'ouvrage dans lequel il se lance, de faire honneur aux gens qui l'ont marqué – La Boétie au premier chef – en mettant en avant les idées qui leur tenaient à cœur. Puis l'hommage à l'ami perdu va s'étoffer sous l'effet d'autres préoccupations, principalement l'intolérance religieuse qui déchire la France. Ce dessein a conduit l'écrivain à une démarche d'introversion et d'introspection si prononcée qu'elle aboutit à l'autoportrait. Ainsi, Montaigne, à force d'approfondissements, d'exigence et de persévérance, a-t-il transformé un projet daté en un projet qui fit date. Accueilli d'emblée comme un penseur de premier ordre, surnommé bientôt le « *Thalès français*, » Montaigne encore aujourd'hui, par la vigueur de ses réflexions, ne cesse de solliciter et de stimuler le lecteur contemporain en proie aux questionnements de notre XXIe siècle.

Essais

Montaigne

AVERTISSEMENT

• La présente édition fonctionne par double page et reproduit, en page de gauche, le texte dit « de l'Exemplaire de Bordeaux » des *Essais* et, en page de droite, notre translation en français actuel. Cet Exemplaire de Bordeaux, volume personnel que possédait Montaigne de l'édition de 1588 des *Essais*, annoté de sa main jusqu'à sa mort en 1592 et oublié dans un couvent pendant près de deux siècles, avant d'être remis en lumière à partir de 1772 (à la suite de la découverte du *Journal de voyage*), avait servi de base à l'édition posthume définitive des *Essais* en 1595.

• Pour le texte original, chacun de ses états successifs est ainsi distingué :
– Cette police typographique désigne l'état A du texte (édition de 1580).
– **Cette police typographique désigne l'état B du texte (édition de 1588).**
– **Cette police typographique désigne l'état C du texte (additions manuscrites de Montaigne sur l'Exemplaire de Bordeaux).**

• Pour l'édition de ce texte, nous nous sommes bornés à développer les nasales (ex. : *façõ* → « façon ») et à distinguer les « i » des « j ». Nous nous sommes gardés de toucher ni à l'orthographe, ni à la ponctuation de l'Exemplaire de Bordeaux.

• Pour les variantes, quand le texte imprimé des éditions de 1580 et 1588 présentait uniquement des différences d'orthographe (ponctuation exclue), nous avons privilégié l'orthographe de 1588, c'est-à-dire celle de l'Exemplaire de Bordeaux.

• Le texte de Montaigne ne comporte pas de paragraphes, sauf dans les cas où une citation vient illustrer ou interrompre le propos. Pour les longs ajouts (états B et C), nous avons pris le parti de les considérer comme des nouveaux paragraphes.

Le genre de l'essai

L'essai comme autoportrait

Au Lecteur.[1]

passage analysé

*C'est icy un livre de bonne foy, lecteur. Il t'advertit dés l'entrée, que je ne m'y suis proposé **aucune**[2] fin, que domestique et privée : **J**e n'y ay eu nulle consideration de ton service[3], ny de ma gloire : **M**es forces ne sont pas capables d'un tel dessein. Je l'ay voué à la commodité particuliere[4]*

5 *de mes parens et amis : à ce que[5] m'ayant perdu (ce qu'ils ont à faire bien tost), ils y puissent retrouver aucuns traits de mes conditions[6] et humeurs, et que par ce moyen ils nourrissent plus entiere et plus vifve, la connoissance qu'ils ont eu de moy. Si c'eust esté pour rechercher la faveur du monde : je me fusse **mieus paré et me presanterois en une***

Le genre de l'essai

L'essai comme autoportrait

Au lecteur

C'est ici un livre de bonne foi, lecteur. Il t'avertit, dès l'entrée, que je ne m'y suis pas assigné d'autres buts que familiaux et personnels. Je ne m'y suis pas du tout préoccupé de ton intérêt, ni de ma gloire. Mes forces ne sont pas capables d'un tel dessein. J'ai voulu que ce livre soit commode avant tout pour mes parents et mes amis : que, lorsqu'ils m'auront perdu (ce qui ne saurait tarder), ils puissent y retrouver certains traits de mon caractère et de mes humeurs, et qu'ils entretiennent ainsi de manière plus entière et plus vivante la connaissance qu'ils ont eue de moi. Si j'avais écrit pour rechercher les faveurs du monde, je me serais mieux paré, et je me

passage analysé

5

notes

2. Texte de 1580 : « nulle ».
3. *service* : ici, c'est à la fois le fait d'être utile au lecteur (*cf. rendre service*) et de se plier à son attente (*cf. l'attente du public*).
4. *particuliere* : prioritaire, spécifique.
5. *à ce que* : afin que. Dans la translation, les deux-points nous ont paru suffisamment

expressifs pour signifier que Montaigne va détailler ce qu'il entend par « *commodité particuliere* ».
6. *conditions* : le mot a, au pluriel, un sens physio-psychologique qu'il n'a pas au singulier, où son acception est plutôt sociale.

passage analysé

10 **marche estudiee.**[1] *Je veus qu'on m'y voie en ma façon simple, naturelle et ordinaire, sans* **contantion**[2] *et artifice : car c'est moy que je peins. Mes defauts s'y liront au vif*[3]*. et ma forme naïfve*[4]*, autant que la reverence publique me l'a permis. Que si j'eusse esté* **entre**[5] *ces nations*[6] *qu'on dict vivre encore sous la douce liberté des premieres loix de nature, je t'as-*

15 *seure que je m'y fusse tres volontiers peint tout entier, et tout nud*[7]*. Ainsi, lecteur, je suis moy-mesmes la matiere de mon livre : ce n'est pas raison que tu employes ton loisir en un subject si frivole et si vain. A Dieu donq, de Montaigne*[8]*, ce* **premier de Mars mille cinq cens quattre ving**[9]*.*

I, 8 : De l'Oisiveté.

Comme nous voyons[10] des terres oysives[11], si elles sont grasses & fer-tilles, foisonner[12] en cent mille sortes d'herbes sauvages & inutiles, Et que pour les tenir en office[13], il les faut assubjectir & employer à cer-taines semences, pour nostre service[14]. Et comme nous voyons, que les

5 femmes produisent bien toutes seules, des amas & pieces de chair informes[15], mais que pour faire une generation bonne & naturelle, il les

notes

1. Le texte de 1580, non retouché pour l'édition de 1588, était : « *je me fusse paré de beautez empruntées, ou me fusse tendu et bandé en ma meilleure démarche* ».
2. **contantion** : contention, effort, tension des facultés intellectuelles. Le texte de 1580 et 1588 était « *estude* », qui a été supprimé vraisemblablement après la retouche précédente, pour éviter une répétition avec « *marche estudiée* ».
3. Texte de 1580 : « *Mes défauts s'y liront au vif, mes imperfections et ma forme naïfve* ». Le texte de 1588 avait seulement changé la virgule en point.
4. *naïfve* : ne signifie pas « niaise » mais plutôt « native » (latin *nativus*).
5. Texte de 1580 et 1588 : « *parmy ces nations* ».
6. Première allusion au thème du Nouveau Monde, thème capital au XVIe siècle (Grandes Découvertes mais surtout exactions des *conquistadores*) et sujet « vendeur » par son caractère d'actualité

récente pour un contemporain de Montaigne. *Cf.* livre I, chap. 31, et livre III, chap. 6.
7. La virgule, ajoutée pour l'édition de 1588, donne à cette dernière précision le sens d'une bravade, d'un coup de griffe à la pudibonderie des modes vestimentaires sous Henri III, le « *et* » signifiant ici « et même » (latin *etiam*).
8. Le nom désigne le château où Montaigne est né et où il vit, mais c'est aussi la signature de l'auteur.
9. Sur l'Exemplaire de Bordeaux, qui, conformément à l'état B du texte, portait ici la date « *12. Juin. 1588* » (date où le livre était en train de sortir des presses dans sa seconde grande édition, avec nouveau « privilège » du roi), Montaigne, revenu à la datation primitive de l'édition initiale, a tenu à écrire en toutes lettres l'année, après l'avoir d'abord notée en chiffres. Cette date se trouve correspondre à la fête de Pourim du calendrier hébraïque. Sophie Jama rappelle

présenterais avec une démarche étudiée. Je veux qu'on me voie là tel que
je suis dans ma forme simple, naturelle et ordinaire, sans effort et sans arti-
fice : car c'est moi que je peins. Mes défauts se liront sur le vif, ainsi que
ma manière d'être naïve, autant que me le permettent les convenances. Si
j'avais été de ces peuplades dont on dit qu'elles vivent encore dans la douce
liberté des premières lois de nature, je t'assure que je me serais très volon-
tiers peint tout entier ici, et tout nu. Ainsi, lecteur, je suis moi-même la
matière de mon livre : il n'est pas raisonnable de prendre sur tes loisirs pour
un sujet si frivole et si vain. Adieu donc ; de Montaigne, ce 1ᵉʳ mars 1580.

I, 8 : De l'oisiveté

Comme nous voyons des terres oisives, si elles sont grasses et fer-
tiles, foisonner de cent mille sortes d'herbes sauvages et inutiles, et
que, pour les maintenir dans leur fonction, il faut les dompter et
les employer à la culture de certaines semences pour notre usage ;
comme nous voyons que les femmes produisent bien toutes seules
des amas et des pièces de chair informes, mais que, pour faire une
génération bonne et naturelle, il faut les charger d'une autre

notes

que Pourim est, pour les juifs, la plus haute
commémoration de l'œuvre divine, car
c'est ce jour-là que, contrairement à
l'anéantissement prévu par leur persécuteur
Aman-Amaleq, la divine Providence les a
secourus et délivrés du joug terrible de
l'oppression. Aussi Pourim est-il un jour de
complète réjouissance, de joyeux chahut,
où la tradition encourage chaque juif à se
dissimuler derrière un masque pour mieux se
dévoiler.
10. Comme nous voyons : ce type de
comparaison développée sur plusieurs lignes
s'inspire des auteurs épiques, principalement
Homère et Virgile.
11. oysives : en friche.
12. Le texte de 1580 portait : « *que elles ne
cessent de foissonner* » et celui de 1588 :
« *qu'elles ne cessent de foisonner* ».
13. office : devoir ; ici, fonction utile à
l'homme.

14. nostre service : notre intérêt, notre
usage.
15. amas [...] informes : il s'agit
vraisemblablement des pertes liées à
la menstruation. Rappelons que les règles,
pertes sanglantes associées à une
desquamation de la muqueuse utérine,
constituent chez la femme, de la puberté
à la ménopause, un écoulement périodique
– en l'absence de grossesse – qui n'est pas
vraiment du sang, mais un liquide hématique
noirâtre fait de sang déjà coagulé et
détruit en partie. La médecine du XVIᵉ siècle
s'intéressait à ces questions : *cf.* Ambroise
Paré, *Briefve collection de l'administration
anatomique, avec la manière de conjoindre
les os et d'extraire les enfants tant morts que
vivants du ventre de la mère, lorsque nature
de soy ne peult venir à son effect* (1550),
travail plus tard repris dans le premier des
Deux Livres de chirurgie (1573).

faut embesoigner¹ d'une autre semence : **A**insin est-il des espris. **S**i on ne les occupe à certain sujet, qui les bride & contreigne, ils se jettent desreiglez, par-cy par la, dans le vague champ des imaginations²,

10
> *Sicut aquæ tremulum labris ubi lumen ahenis*
> *Sole repercussum, aut radiantis imagine Lunæ*
> *Omnia pervolitat latè loca, jámque sub auras*
> *Erigitur, summíque ferit laquearia tecti.*

Et n'est folie ny réverie³, qu'ils ne produisent en cette agitation,

15
> *velut ægri somnia, vanæ*
> *Finguntur species.*

L'ame qui n'a point de but estably, elle se perd : **C**ar comme on dict⁴, c'est n'estre en aucun lieu, que d'estre par tout.

> *Quisquis ubique habitat, Maxime ; nusquam habitat.*

20
Dernierement que⁵ je me retiray chez moy⁶, deliberé autant que je pourroy, ne me mesler⁷ d'autre chose, que de passer en repos, & à part, ce peu qui me reste de vie : il me sembloit ne pouvoir faire plus grande faveur à mon esprit, que de le laisser en pleine oysiveté, s'entretenir **soy-mesmes**⁸, & s'arrester & rasseoir⁹ en soy : **C**e que j'esperois qu'il peut

25
meshuy¹⁰ faire plus aisément, devenu avec le temps, plus poisant, &¹¹ plus meur : **M**ais je trouve,

> *variam¹² semper dant otia mentem,*

que au rebours, faisant le cheval eschappé, il se donne cent fois plus d'affaire à soy mesmes, qu'il n'en prenoit pour autruy : **E**t m'enfante

30
tant de chimeres & monstres fantasques¹³ les uns sur les autres, sans ordre, & sans propos, que pour en contempler à mon aise l'ineptie¹⁴ &

---

notes

1. **embesoigner** : charger, occuper ; ici, engrosser.
2. **imaginations** : pensées, idées ; toute production de l'esprit, rationnelle ou non.
3. **réverie** : divagation, sottise.
4. **comme on dict** : voir, par exemple, Sénèque, *Lettres à Lucilius* (lettre 2) : « *C'est être nulle part que d'être partout.* »
5. **Dernierement que** : récemment que ; quand, dernièrement.
6. **je me retiray chez moy** : allusion à la retraite de 1571. Une telle précision temporelle semble indiquer que le chapitre

en question a été écrit peu après le début de cette retraite littéraire, consécutive à la démission du parlement de Bordeaux.
7. Texte de 1580 et 1588 : « *de ne me mesler* ».
8. Texte de 1580 : « *sois mesmes* », sans virgule ensuite.
9. **[se] rasseoir** : retrouver son assise, son assiette, ses repères.
10. **meshuy** : désormais ; « *peut* » est ici un subjonctif imparfait (« pût » en français moderne), par concordance des temps avec le passé « *j'esperois* ».

semence : ainsi en est-il des esprits. Si on ne les occupe sur un sujet donné, qui les bride et les contraigne, ils se jettent déréglés,
10 de-ci de-là, dans le champ vague de l'imagination,

> « comme lorsque, dans les vases d'airain, la lumière tremblante
> de l'eau réfléchit celle du soleil ou les rayons de la lune, qu'elle s'envole
> de tous côtés au loin, s'élève dans les airs et frappe au sommet
> les lambris du plafond. » (Virgile, Énéide, VIII, v. 22-25.)

15 Et il n'est folie ni délire qu'ils ne produisent dans cette agitation,

> « pareils aux songes du malade sont les vaines images
> qu'ils se forgent. » (Horace, Art poétique, v. 7.)

L'âme qui n'a point de but fixé, elle se perd : car, comme on dit,
20 c'est n'être en aucun lieu que d'être partout.

> « Celui qui habite partout, Maximus, n'habite nulle part. »
> (Martial, Épigrammes, VII, 73, v. 6.)

Quand je me suis retiré chez moi dernièrement, décidé, autant que je le pourrai, à ne me mêler de rien sinon de passer en repos
25 et loin du monde ce peu de vie qui me reste, il me semblait que je ne pouvais faire une plus grande faveur à mon esprit que de le laisser en pleine oisiveté s'entretenir avec lui-même, s'arrêter et se retrouver dans son assiette ; j'espérais qu'il pourrait faire désormais cela plus aisément, étant devenu avec le temps plus pesant, et aussi
30 plus mûr. Mais je m'aperçois,

> « l'oisiveté dissipe toujours l'esprit en tous sens »
> (Lucain, La Pharsale, IV, v. 704),

qu'au contraire, faisant le cheval échappé, il se donne cent fois plus de tracas à lui-même qu'il n'en prenait pour autrui ; et il m'en-
35 fante tant de chimères et de monstres fantasques les uns sur les autres, sans ordre et sans propos, que, pour en contempler à mon

notes

11. **&** : et, et même (*cf.* latin *etiam*, « aussi, même »).
12. Texte de 1580 : « *Mais je trouve comme Vanam* ». Montaigne a corrigé la coquille.
13. **chimeres & monstres fantasques** : ce sont toutes les « *imaginations* » produites de manière anarchique par son esprit.

14. **ineptie** : manque de justesse, inappropriation, incongruité. Par suite, sens plus général – à l'époque moins fort qu'aujourd'hui (où il signifie « profonde bêtise ») – de « sottise, stupidité, fadaise ».

l'estrangeté, j'ay commancé de les mettre en rolle[1], Esperant avec le temps, luy en faire honte à luy mesmes.

I, 50 : De Democritus et Heraclitus[2].

Le jugement est un util[3] à tous subjects, & se mesle par tout. A cette cause[4] aux essais[5], que j'en fay icy, j'y employe[6] toute sorte d'occasion. Si c'est un subject que je n'entende[7] point, à cela mesme je l'essaye, sondant le gué[8] de bien loing, Et puis le trouvant trop profond pour ma taille,

5 je me tiens à la rive : Et cette reconnoissance de ne pouvoir passer outre[9], c'est un traict[10] de son effect[11], voire[12] de ceux, dequoy il se vante le plus. Tantost à un subject vain & de neant[13], j'essaye voir s'il trouvera dequoy lui donner corps, & dequoy l'appuyer & estançonner[14]. Tantost je le promene à un subject noble & tracassé[15], auquel il n'a rien

10 à trouver de soy[16], le chemin en estant si frayé[17], qu'il ne peut marcher que sur la piste d'autruy. Là il fait son jeu à **eslire**[18] la route quy luy semble la meilleure, & de mille sentiers, il dict[19] que cettuy-cy[20], ou celuy là, à esté le mieux choisi. **Je prends de** la fortune[21] **le premier**

---

notes

1. **les mettre en rolle** : les enregistrer ; littéralement, « les inscrire sur un rôle », c'est-à-dire sur un registre.
2. **De Democritus et Heraclitus** : ces deux penseurs, opposés déjà par de nombreux Anciens (Juvénal, Sénèque, Diogène Laërce, Lucien de Samosate), se retrouvent chez tous les compilateurs du XVIe siècle pour former le couple du philosophe rieur et du philosophe geignard. Héraclite (VIe-Ve s. av. J.-C.) – qu'on a plus récemment opposé à Parménide (VIe-Ve s. av. J.-C.) comme le philosophe du mouvement universel à celui de l'être et du non-être intangibles – est pour la Renaissance le représentant du pessimisme, là où la légende de Démocrite d'Abdère (Ve-IVe s. av. J.-C.), négligeant sa qualité de créateur de l'atomisme avant Épicure, se cantonnait à en faire un philosophe moraliste, personnage marginal et railleur à l'égard de ses congénères.
3. **util** : outil.
4. **A cette cause** : pour cette raison.
5. **aux essais** : en vue des essais, pour les essais. Rappelons que le mot « *essai* » signifie chez Montaigne, en règle générale, « examen, mise à l'épreuve, exercice ».
6. **j'y employe** : j'y applique (à l'exercice de mon jugement). Littéralement, la construction signifie « j'applique à mon jugement ».
7. **n'entende** : ne comprenne, ne saisisse par l'intelligence.
8. **gué** : endroit d'une rivière où le niveau de l'eau est assez bas pour qu'on puisse y passer à pied ; ici au figuré, bien sûr. Cette métaphore de la traversée puis du cheminement est filée assez longuement au cours du texte (*cf.* « *trop profond* », « *rive* », « *passer outre* », « *je le promène* », « *chemin si frayé* », « *piste d'autrui* »…).
9. **passer outre** : traverser, passer sur l'autre rive.
10. **traict** : trait caractéristique.

aise la bêtise et l'étrangeté, j'ai commencé à les écrire sur un registre, et j'espère, avec le temps, lui en faire honte à lui-même.

I, 50 : De Démocrite et Héraclite

Le jugement est un outil pour tous sujets, et il se mêle de tout. Moyennant quoi, pour les essais que je fais ici du mien, j'emploie toute sorte d'occasion. Mettons un sujet que je ne comprenne pas : c'est à cette incompréhension même que j'essaie mon
5   jugement, sondant le gué de bien loin ; et puis, le trouvant trop profond pour ma taille, je reste sur la rive : et cette prise de conscience que je ne peux pas passer de l'autre côté, c'est un effet de son action, et même un des effets dont il se vante le plus. Tantôt, abordant un sujet vain, un sujet de néant, j'essaye de voir
10   s'il trouvera de quoi lui donner consistance et de quoi l'appuyer et l'étayer. Tantôt je le promène devant un sujet noble et rebattu, dans lequel il n'a rien à trouver par lui-même, le chemin étant si frayé qu'il ne peut marcher que sur la piste d'autrui. Là, il joue à distinguer la route qui lui semble la meilleure, et, entre mille
15   sentiers, il dit que c'est celui-ci, ou celui-là, qui a été le mieux choisi. C'est la fortune qui me fournit le premier thème. Tous

notes

11. effect : action efficace.
12. voire : et même.
13. vain & de neant : sans nulle valeur ni importance.
14. estançonner : soutenir à l'aide d'étançons, c'est-à-dire de grosses pièces de bois (béquilles, contreforts, étais) qu'on place le plus verticalement possible contre l'ouvrage à consolider ; d'où, au figuré, *étayer*.
15. tracassé : rebattu, parcouru en tous sens (*cf.* aujourd'hui l'expression *un sujet bateau*). Texte de 1580 et 1588 : « *fort tracassé* ».
16. de soy : par lui-même. En 1580 et 1588, le texte était d'ailleurs : « *de soy-mesme* ».

17. frayé : tracé, ouvert, dégagé de tous les obstacles qui peuvent rendre la marche difficile (*cf.* l'expression *se frayer un chemin*). Texte de 1580 et 1588 : « *si frayé & si batu* ».
18. eslire : élire, c'est-à-dire choisir. Texte de 1580 : « *trier* ».
19. il dict : c'est toujours le jugement qui donne son opinion.
20. cettuy-cy : celui-ci.
21. de la fortune : du hasard. La fortune, souvent personnifiée par une majuscule, est une notion importante chez Montaigne, comme chez bon nombre de penseurs de cette époque, en particulier politiques, tel Machiavel.

argument[1] : Ils me sont également bons : **Et ne desseigne**[2] **jamais** de les produire entiers[3].

Car je ne voy le tout de rien : Ne font pas, ceux qui[4] promettent de nous le faire voir. De cent membres et visages qu'a chaque chose, j'en prans un tantost a lescher[5] sulemant, tantost a efflorer Et par fois a pinser jusqu'à l'os. J'y done une poincte[6] non pas le plus largement, mais le plus profondemant que je sçais. Et aime plus souvant à les sesir par quelque lustre[7] inusité. Je me hasarderois de traicter a fons quelque matiere si je me connessois moins[8]. Semant icy un mot icy un autre eschantillons despris[9] de leur piece : escartez. sans dessein et sans promesse je ne suis pas tenu d'en faire bon[10]. Ny de m'y tenir moi mesme sans varier quand il me plait. Et me randre[11] au doubte et incertitude & a ma maistresse forme[12], qui est l'ignorance.[13]

Tout mouvemant nous descouvre. Cette mesme ame de Cæsar, qui se faict voir à ordonner & dresser[14] la bataille de Pharsale, elle se faict aussi voir à dresser des parties oysives & amoureuses[15]. **O**n juge un cheval, non seulement à le voir manier sur une carriere[16], mais encore à luy voir aller le pas, voire &[17] à le voir en repos à l'estable.

Entre les functions de l'ame il en est de basses : qui ne la void encores[18] par la, n'acheve pas de la conoistre. Et a lavanture[19] la remarque lon[20] mieus ou elle va son pas simple. Les vans des passions

1. argument : sujet, thème. Texte de 1580 : « *Au demeurant je laisse la fortune me fournir elle mesme les sujectz : d'autant qu'ils ne sont* […] », avec suppression de « *elle mesme* » et remplacement des deux-points par une virgule en 1588.
2. ne desseigne : je n'ai pour dessein, je ne me propose pas (l'omission du « je », et plus généralement du pronom personnel sujet, est fréquente dans la langue du xvie s.).
3. entiers : entièrement. Dans les éditions parues du vivant de Montaigne, on lisait : « *& si* [et pourtant] *n'entreprens pas de les traicter entiers & à fons de cuve : de mille visages qu'ils ont chacun, j'en prens celuy qu'il me plait : je les saisis volontiers par quelque lustre extraordinaire : j'en trieroy bien de plus riches & pleins, si j'avoy quelque autre fin proposée, que celle que j'ay. Toute action est propre à nous faire connoistre.* »

4. Ne font pas, ceux qui : ils ne le voient pas non plus, ceux qui. La brusquerie de l'expression, quoiqu'une telle tournure ne soit pas rare, pourrait lui donner le sens d'une surenchère : « je dirai même plus... ».
5. lescher : évoquer. Ici, l'image est double, *lécher* étant compris au sens de « passer la langue sur » et le mot *langue* étant à son tour employé au sens figuré de « langage » : l'idée est donc celle d'une simple mention.
6. J'y done une poincte : je porte une attaque (image d'escrime).
7. lustre : reflet, aspect, point de vue.
**8. L'édition de 1595 a un texte plus explicite : « *moins, et me trompois en mon impuissance*. » Sur l'Exemplaire de Bordeaux, Montaigne a biffé juste ensuite la phrase : « *Si j'u tumbe* [si j'en viens à traiter une matière à fond] *c'est accessoirement. En semant* […]. »

sont aussi bons pour moi. Et je ne projette jamais de les présenter en entier.

20 Car je ne vois le tout de rien. Pas plus que ne le voient ceux qui promettent de nous le faire voir. Parmi les cent membres et visages qu'a chaque chose, j'en prends un tantôt pour y passer seulement la langue, tantôt pour l'effleurer, et parfois pour le pincer jusqu'à l'os. Je me fends et j'y pousse une pointe, non pas le plus largement, mais le plus profondément que je puis. Et j'aime aussi plus souvent
25 saisir ces thèmes par un reflet insolite. Je me hasarderais à traiter à fond une quelconque matière, si je me connaissais moins. Semant ici un mot, ici un autre, échantillons détachés de leur ensemble, écartés sans projet et sans engagement pour la suite, je ne suis pas tenu d'en faire quelque chose pour de bon, ni de m'y tenir moi-
30 même sans varier quand cela me plaît, ou revenir au doute et à l'incertitude, et à ma forme maîtresse qui est l'ignorance.

Tout mouvement nous révèle. Cette même âme de César qui se fait voir au moment où il règle et organise la bataille de Pharsale, elle se fait voir aussi au moment où il organise des épi-
35 sodes d'oisiveté amoureuse. On juge un cheval non seulement à le voir mener dans une lice, mais encore à le voir aller au pas, voire même quand il est au repos à l'écurie.

Parmi les fonctions de l'âme, il en est de basses : qui ne la voit pas jusque dans ces fonctions-là ne la connaît pas complètement. Et
40 peut-être est-ce lorsqu'elle va de son pas simple qu'on la discerne

----

notes

9. despris : détachés, enlevés.
10. faire bon : faire un vrai travail, faire quelque chose pour de bon, traiter sérieusement ma matière.
11. Et me randre : et sans me rendre.
12. forme : façon d'être, disposition d'esprit.
13. Dans tout ce passage, les variantes se superposent de manière souvent confuse ; nous n'avons pu les reproduire ici en intégralité.
14. dresser : planifier, mettre au point.
15. Sur l'Exemplaire de Bordeaux, Montaigne, avant de la rayer, avait inscrit

cette addition : « [...] *amoureuses : et n'est non plus ouverte et entiere a faire les aproches d'un siege qu'a un jeu d'eschez ou autre pareil jeu de son usage : on juge [...].* »
16. carriere : arène, piste pour les courses de chars ; et non pas « manège » (lieu où l'on dresse les chevaux, où se font les entraînements et reprises).
17. & : même (latinisme : *cf. etiam*, « encore, même »).
18. encores : y compris, jusque.
19. a lavanture : à l'aventure, peut-être.
20. la remarque lon : l'observe-t-on (l'âme).

17

35 la prenent plus en ces hautes assietes[1]. Joint[2] qu'elle se couche entiere
sur chaqe matiere : et s'y exerce entiere et nen trete jamais plus d'une à
la fois. Et la traicte non selon elle, mais selon soy. Les choses à par
elles[3] ont peut estre[4] leurs pois et mesures et conditions, mais au
dedans en nous, elle[5] les leur taille come elle l'entant. La mort est
40 effroiable a Ciceron, desirable a Caton, indifferante a Socrates. La sante
la conscience l'authorite la sciance la richesse la beaute et leurs
contreres se despouillent a l'entrée, et reçoivent de lame nouvelle ves-
ture et de la teinture qu'il lui plait : brune verte clere obscure aigre
douce profonde superficielle : et qu'il plait a chacune d'elles[6] : car elles
45 n'ont pas verifie[7] en commun leurs stilles[8], regles et formes : chacune
est roine en son estat. Parquoi ne prenons plus excuse des externes
qualitez des choses : c'est a nous a nous en rendre conte[9]. Nostre bien
et nostre mal ne tient qu'a nous. Offrons y[10] nos offrandes et nos veus,
non pas a la fortune : elle ne peut rien sur nos meurs : au rebours, elles
50 l'entreinent a leur suite, et la moulent a leur forme. Pourquoi ne jugera-
je d'Alexandre a table devisant et beuvant[11] d'autant[12] : ou s'il manioit
des eschetz. Quelle corde de son esperit ne touche et n'emploie ce niais
et puerille jeu. Je le hai et fuis, de ce qu'il n'est pas asses jeu, et qu'il
nous esbat trop serieusemant, ayant honte d'y fournir l'attantion qui suf-
55 firoit a quelque bone chose. Il[13] ne fut pas plus enbesouigné a dresser

notes

1. **ces hautes assietes** : ces positions élevées, ces situations enviables. L'édition posthume de 1595 porte le possessif « *ses* » pouvant donner à l'expression le sens de « postures les plus relevées ». Au contraire, le démonstratif « *ces* » (indiscutable et fort lisible dans l'addition manuscrite de Montaigne), outre un possible dédain, suggère une allusion à des circonstances qui se rencontrent pour toute âme, à des configurations sociales connues de tous. Il y a là sans doute une référence à la « pression » que subissent les personnages en vue, parce que, dans les hautes positions, ils sont davantage exposés aux « *vents des passions* » qui peuvent les emporter, celles qu'ils suscitent comme celles qu'ils éprouvent, par exemple en réaction à l'impopularité.
2. **Joint** : ici, sans compter, ajoutons.
3. **à par elles** : en dehors de nous, séparément, telles qu'en elles-mêmes.

4. **peut estre** : peut-être.
5. **elle** : l'âme.
6. **a chacune d'elles** : à chacune des âmes. On pourrait aussi comprendre « à chacune de ces qualités », le sens étant, dès lors, que la santé, la conscience, la science, l'autorité, etc. n'auront pas les mêmes caractéristiques selon l'âme à laquelle elles ont affaire. Car ces qualités, dans une telle hypothèse, ne fixent pas, ne déposent pas une fois pour toutes leurs caractéristiques : elles prennent une teinture qui tient à l'âme qui les accueille. Chacune des qualités, en ce sens, serait « *roine en son estat* », c'est-à-dire dans l'âme qu'elle habiterait. Une telle interprétation, possible grammaticalement, est peu satisfaisante, d'autant que dans toute l'addition Montaigne procède par surenchère. Et « *chacune d'elles* » fait plus probablement référence aux âmes de Cicéron, de Caton et de Socrate, par exemple.

le mieux. Les vents des passions ont plus de prise sur elle dans les hautes positions qui vous exposent. Ajoutons qu'elle s'applique entièrement sur chaque matière, et qu'elle s'y exerce entièrement et n'en traite jamais plus d'une à la fois. Et elle la traite non selon ce
45 qu'elle est en soi, mais selon son approche à elle. Les choses dans leur coin ont, qui sait, leurs poids et mesures et leurs propriétés ; mais au-dedans, en nous, l'âme les leur taille comme elle l'entend. La mort est effroyable pour Cicéron, désirable pour Caton, indifférente pour Socrate. La santé, la conscience, l'autorité, la science, la
50 richesse, la beauté, et leurs contraires, se dépouillent à leur entrée en l'âme et reçoivent d'elle un vêtement nouveau, et de la teinte qui lui plaît : brune, verte, claire, obscure, agressive, douce, profonde, légère, et qui plaît à chacune des âmes ; car elles n'ont pas fixé en commun leurs styles, règles et formes procédurales : chacune est
55 reine en son État. Par conséquent ne prenons plus pour excuse les qualités extérieures des choses ; c'est à nous qu'il faut nous en prendre. Notre bien et notre mal ne tiennent qu'à nous. Déposons là nos offrandes et nos vœux, au lieu de les offrir à la fortune : la fortune n'est d'aucun effet sur nos mœurs ; au contraire ce sont elles
60 qui l'entraînent à leur suite et la moulent à leur forme. Pourquoi ne jugerai-je pas d'Alexandre à table, en train de deviser et de participer à un concours de buveurs ou quand il jouait aux échecs ? Quelle corde de son esprit n'est pas touchée et mise à contribution par ce jeu niais et puéril ? Jeu que je déteste et que j'évite, parce que
65 ce n'est pas assez un jeu et qu'il nous distrait de façon trop sérieuse : cela me fait honte de lui consacrer l'attention qui pourrait servir à réaliser quelque bonne chose. Lui ne fut pas plus affairé pour

notes

7. **verifie** : établi, authentifié.
8. **stilles** : usages, normes de procédure (image juridique).
9. **c'est a nous a nous en rendre conte** : c'est à nous, non aux choses, qu'il incombe de rendre des comptes, pour justifier la couleur que nous donnons précisément à ces choses. Autrement dit : c'est nous qui sommes responsables devant nous-mêmes de ces représentations.

10. **Offrons y** : c'est là [le « y » reprend le « nous » de la phrase précédente] qu'il faut adresser, c'est vers nous-mêmes qu'il faut diriger.
11. **beuvant** : buvant.
12. **d'autant** : à l'envi, en rivalité avec ses compagnons de festin.
13. **Il** : lui, Alexandre (cf. le latin ille, « celui-ci », à valeur d'éloge).

19

son glorieus passage aus Indes : ny cet autre, a desnouer[1] un passage[2] duquel despant le salut du genre humain. Voies combien nostre ame grossit et espessit cet amusement ridicule : si[3] tous ses nerfs ne bandent[4]. Combien amplemant elle done a chacun loi[5] en cela, de se
60 conoistre, et de juger droictement de soi. Je ne me vois et retaste plus universellemant en null'autre posture. Quelle passion ne nous y exerce[6] : la cholere le despit la heine l'impatiance, et une vehemante ambition de veincre[7], en chose en laquelle il seroit plus excusable d'estre ambitieus d'estre veincu[8]. Car la præcellance[9] rare et audessus du commun mes-
65 siet a[10] un home d'honur en chose frivole. Ce que je dis en cet example se peut dire en tous autres : chaqe parcelle, chaque occupation de l'homme l'accuse et le montre esgallemant qu'un' autre[11].

Democritus & Heraclytus, ont esté deux philosophes, desquels le pre-mier trouvant vaine & ridicule l'humaine condition, ne sortoit en public[12],
70 qu'avec un visage moqueur & riant : Heraclitus, ayant pitié & compassion de cette mesme condition nostre, en portoit le visage continuellement atristé, & les yeux chargez de larmes,

alter
Ridebat quoties à limine moverat unum
75 *Protulerátque pedem, flebat contrarius alter.*

J'ayme mieux la premiere humeur, non par ce qu'il est plus plaisant de rire que de pleurer : mais par ce qu'elle est plus desdaigneuse, & qu'elle nous **condamne**[13] plus que l'autre : & il me semble, que nous ne pouvons jamais estre assez mesprisez selon nostre merite. La plainte & la commi-
80 seration[14] sont meslées à quelque estimation de[15] la chose qu'on plaint : les choses dequoy on se moque, on les estime sans pris[16]. Je ne pense point qu'il y ait tant de malheur en nous, comme il y à de vanité[17], ny tant

---

notes

1. **desnouer** : expliquer.
2. **passage** : passage de l'Écriture, de la Bible. La fin de la phrase s'explique par les tensions et terribles affrontements qu'occasionnèrent les querelles religieuses au xvie siècle en Europe.
3. **si** : voyez si.
4. **ne bandent** : ne se tendent.
5. **loi** : possibilité, moyen, loisir (*cf.* la tournure latine *licet*, « il est permis »).

6. **ne nous y exerce** : ne nous agite lors de cet amusement [les échecs], n'y est en jeu.
7. Montaigne avait d'abord écrit : « *de surmonter* ».
8. Montaigne avait d'abord écrit : « *de perdre* ».
9. **præcellance** : virtuosité, excellence.
10. **messiet a** : est inconvenante pour.
11. **qu'un' autre** : qu'une autre (parcelle ou occupation).

organiser son glorieux passage dans les Indes ; ni cet autre pour expliquer un passage dont dépend le salut du genre humain. Voyez
70 combien notre âme grossit et épaissit cet amusement ridicule, voyez si tous ses muscles ne se bandent ! Avec quelle latitude elle donne à chacun licence, alors, de se connaître et de juger correctement de soi-même ! En aucune autre disposition je ne me vois et ne m'examine plus universellement. Quelle passion ne s'y exerce en nous : la
75 colère, le dépit, la haine, l'impatience et une violente ambition de vaincre, en chose où il serait plus excusable d'avoir l'ambition d'être vaincu. Car une primauté rare et hors du commun en chose frivole messied à l'homme d'honneur. Ce que je dis sur cet exemple peut se dire sur tous les autres : chaque parcelle, chaque occupation de
80 l'homme le signale et le montre aussi bien qu'une autre.

Démocrite et Héraclite étaient deux philosophes dont le premier, trouvant vaine et ridicule la condition humaine, ne sortait en public qu'avec un visage moqueur et le sourire aux lèvres ; Héraclite, éprouvant pitié et compassion pour cette même condition qui est
85 la nôtre, portait de ce fait sur le visage une continuelle tristesse avec des yeux remplis de larmes.

« L'un riait dès qu'il avait franchi le seuil de chez lui et qu'il faisait un pas dehors ; l'autre au contraire pleurait. » (Juvénal, *Satire*, X, v. 28-30.)

J'aime mieux la première inclination, non parce qu'il est plus
90 plaisant de rire que de pleurer, mais parce que cette inclination est plus dédaigneuse et nous condamne plus que l'autre ; et il me semble que nous ne pouvons jamais être assez méprisés à la hauteur de nos mérites. La plainte et la commisération sont mêlées de quelque estime accordée à la chose qu'on plaint ; les choses dont
95 on se moque, on les estime sans valeur. Je ne pense point qu'il y ait en nous autant de malheur qu'il y a de vanité, ni autant de

notes

12. Texte de 1580 : « *ne sortoit guierre en public qu'avec* ».
13. Texte de 1580 et 1588 : « *accuse* ».
14. commiseration : compassion, apitoiement. Texte de 1580 : « *& la commiseration elles sont meslées* ».

15. estimation de : estime pour.
16. Texte de 1580 et 1588 : « *vaines & sans pris* ».
17. vanité : futilité, vide, frivolité.

de malice comme de sotise : nous ne sommes pas **si** pleins de mal, comme d'inanité[1] : nous ne sommes pas **si** miserables, comme nous sommes viles[2].

85 Ainsi Diogenes, qui baguenaudoit[3] apart soy[4], roulant son tonneau, & hochant du nez[5] le grand Alexandre, nous estimant des mouches[6], ou des vessies pleines de vent, estoit bien juge plus aigre & plus **pouignant**[7], & par consequent, plus juste à mon humeur que Timon[8], celuy qui fut surnommé le haisseur des hommes. Car ce qu'on hait on le prend à cœur. Cettuy-cy nous
90 souhaitoit du mal, estoit passionné du desir de nostre ruine, fuioit nostre conversation[9] comme dangereuse, de meschans, & de nature depravée : l'autre nous estimoit si peu, que nous ne pourrions, ny le troubler, ny l'alterer par nostre contagion, nous laissoit de compagnie[10], non pour la crainte, mais pour le desdain de nostre commerce : il ne nous estimoit
95 capables, ny de bien, ny de mal faire. De mesme marque[11] fut la responce de Statilius, auquel Brutus parla pour le joindre à la conspiration contre Cæsar : il trouva l'entreprinse juste, mais il ne trouva pas les hommes dignes, pour lesquels on se mit aucunement en peine[12]. **Conformeement a la discipline de Hegesias qui disoit le sage ne devoir rien faire que pour**
100 **soy : d'autant que seul, il est digne pour qui on face[13]. Et a celle de Theodorus que c'est injustice que le sage se hasarde pour le bien de son païs et qu'il mette en peril la sagesse pour des fols[14].**

Nostre propre et peculiere[15] condition, est au tant ridicule que risible[16].

notes

1. **inanité** : néant, inutilité.
2. **viles** : sans valeur, d'une importance dérisoire – contrairement à l'emploi moderne du mot, pas de nuance morale nécessairement forte (abjection, ignominie) : *cf.* plutôt l'expression *à vil prix*, « à un prix très faible ».
3. **baguenaudoit** : s'amusait à des fadaises, à des occupations futiles.
4. **apart soy** : à l'écart.
5. **hochant du nez** : traitant de haut, narguant. Littéralement, « attrapant par le bout du nez » (comme on fait d'un enfant dissipé). L'anecdote, reprise par de nombreux écrivains (notamment Plutarque, Cicéron, Valère Maxime), était devenue, dès la Renaissance, un lieu commun – d'où la simple allusion qu'y fait Montaigne. À Alexandre qui lui offrait tout ce qu'il désirerait, Diogène répondit : « *Que tu t'ôtes de mon soleil.* »
6. Texte de 1580 et 1588 : « *nous estimant trestous des mouches* ».

7. **plus aigre & plus pouignant** : plus sévère et plus acide. Texte de 1580 et 1588 : « *& plus piquant* ».
8. Ce philosophe athénien (Ve s. av. J.-C.), qui inspira une pièce à Shakespeare avant de servir de lointain modèle à Molière pour son *Misanthrope* (1666), reste célèbre pour l'aversion profonde que lui aurait inspirée le genre humain du fait des malheurs de sa patrie, de la perte de sa fortune et de l'ingratitude de ses amis. Dès l'Antiquité, il avait été mis en scène par Lucien de Samosate (IIe s. ap. J.-C.) dans l'un des *Dialogues des morts*.
9. **conversation** : commerce, société.
10. **de compagnie** : entre nous. À l'opposé du « style coupé » plein de nervosité qu'il a privilégié pourtant vers la fin de sa vie, Montaigne ici a réuni trois phrases de l'éd. de 1580 en une seule pour 1588, sans doute pour suggérer l'insouciance de Diogène.

malignité qu'il y a de sottise, nous ne sommes pas si pleins de mal
que nous le sommes d'inanité ; nous ne sommes pas si misérables
que vils. Diogène, qui baguenaudait dans son coin, à rouler son
100 tonneau et à hocher du nez Alexandre le Grand, nous estimant des
mouches et des vessies pleines de vent, était un juge plus agressif
et plus piquant, et par conséquent plus juste selon mon inclination, que Timon, celui qui fut surnommé « le haïsseur des
hommes ». Car ce qu'on hait, on le prend à cœur. Celui-ci nous
105 souhaitait du mal, désirait passionnément notre ruine, évitant
notre compagnie comme dangereuse, une compagnie d'hommes
méchants et de nature dépravée ; l'autre nous estimait si peu que
nous n'aurions pu ni le troubler, ni le gâter par notre contagion,
il se passait de notre société, non par crainte, mais par dédain de
110 notre fréquentation : il ne nous estimait capables ni de faire bien,
ni de faire mal. De même cachet fut la réponse de Statilius,
auquel Brutus parla pour l'associer à la conspiration contre César :
il trouva l'entreprise juste, mais il ne trouva pas les hommes
dignes qu'on se mît le moins du monde en peine pour eux.
115 Conformément à la doctrine d'Hégésias qui disait que le sage ne
devait rien faire que pour soi, dans la mesure où il est seul digne
qu'on fasse quelque chose pour lui. Conformément aussi à celle de
Théodore, selon laquelle il est injuste que le sage se hasarde pour
le bien de son pays et qu'il mette en péril la sagesse pour des fous.
120   Notre condition propre et distinctive est d'être autant objet
ridicule que sujet capable de rire.

notes

11. marque : ici, acabit, facture, type.
12. dignes, [...] en peine : dignes qu'on se mît
d'une quelconque manière en peine pour
eux. Voir, sur cet épisode, Plutarque, *Vie de
Marcus Brutus* (chap. 12, trad. d'Amyot,
1559) : « *Statillius avait dit que ce n'était
point le fait d'un homme prudent et sage
que de se mettre en danger et en peine de sa
vie pour des fous et des ignorants.* »
13. Première version – ensuite raturée – de
cette phrase : « *d'autant qu'il n'y a que luy
qui merite qu'on face chose pour luy* ».
14. Ces deux dernières mentions (Hégésias et
Théodore) sont inspirées par la lecture de
Diogène Laërce, *Vies et Doctrines des*

hommes célèbres, en l'occurrence *Vie
d'Aristippe* (II, 95 et 98). Aristippe (Ve s. av.
J.-C.) passe pour avoir fondé l'école dite
« cyrénaïque » des hédonistes, ou partisans
du plaisir en toute chose (*hédonè* en grec),
car ces philosophes étaient tous originaires
de Cyrène. Hégésias avait grande réputation
vers 300 av. J.-C., orientant l'hédonisme vers
un pessimisme teinté de désespoir. Quant
à Théodore de Cyrène, qu'on surnommait
« l'Athée », il vécut vers la fin du IVe s. av. J.-C.
et fut disciple d'Aristippe le Jeune.
15. peculiere : particulière, spécifique.
16. risible : apte à rire (sens aujourd'hui
tombé en désuétude).

L'avis « Au Lecteur » est ce qu'on appelle « un *incipit* » (du latin *incipio*, « commencer »). Il permet à l'auteur de prendre contact avec son lecteur et reste distinct aussi bien des deux premiers livres des *Essais* (1580) que du troisième paru ultérieurement (1588). C'est donc le seuil de l'œuvre : il a pour fonction de définir le pacte de lecture, autrement dit de fixer les règles de compréhension de l'ouvrage, et de fournir les clés d'analyse qui éviteront contresens et méprises. Or Montaigne instaure d'emblée avec son lecteur des relations à la fois directes et ambiguës. La *« bonne foy »* qu'il affiche, en effet, ne colle pas avec la fonction traditionnelle des préfaces et avertissements, dont l'esthétique codée, voire stéréotypée, visait à obtenir la bienveillance du lecteur par une mise en avant des qualités de l'ouvrage. Au contraire, Montaigne souligne la médiocrité de son projet. De sorte que cette franchise immédiate sonne comme une provocation, renforcée par l'allusion aux *« nations »* du Nouveau Monde.

C'est que le genre de l'essai n'avait jamais été pratiqué comme tel en littérature. Dans la mesure où les *Essais* ne sont pas une œuvre de fiction, cette relation fondée sur la confiance qu'engage Montaigne est déroutante pour le lecteur du temps. En l'absence d'illusion romanesque clairement déclarée, l'affirmation de la *« bonne foy »* ne peut paradoxalement qu'incliner le lecteur à la circonspection, surtout dans une période comme celle des guerres de Religion où chacun avance masqué.

De surcroît, malgré les apparences, cet avis a fait l'objet de retouches dans le détail qui semblent en opacifier l'interprétation. Montaigne aurait-il, avec le temps, cherché à intriguer davantage encore son public plus qu'à l'amadouer ?

Un incipit atypique

❶ Qu'est-ce qui fait de cet avis « Au Lecteur » un *incipit* en bonne et due forme ?

❷ En quoi la première phrase est-elle pourtant provocante à tous points de vue (politique, littéraire, biographique...) ? Proposez d'autres points de vue le cas échéant, en expliquant, à chaque fois, la teneur de la provocation que recèle le point de vue choisi.

❸ Peut-on prendre Montaigne au sérieux quand il écrit de son livre : « *Je l'ay voué à la commodité particuliere de mes parens et amis* » ? Quels arguments permettent de penser que Montaigne est honnête quand il écrit cette phrase ?

❹ Le thème du Nouveau Monde fait son entrée dès la première page sur un mode de dérision insolente : en quoi et pourquoi ?

❺ Repérez toutes les marques d'ironie*. Quelle est leur fonction ?

❻ Sachant que la famille maternelle de Montaigne, originaire d'Espagne et récemment convertie au christianisme, comptait maintes victimes des persécutions subies par les juifs dans la péninsule Ibérique à la fin du XVe siècle, que pensez-vous de ce choix du 1er mars 1580, date correspondant à la fois à l'inscription de la « *librairie* » neuf ans plus tôt, au 47e anniversaire de l'écrivain et à la fête de Pourim (voir note 9, p. 10) ?

❼ Comment résumeriez-vous, en une liste de quelques arguments, le propos de cet avis ?

Un genre inédit

❽ Comment la franchise du ton et du contenu de cet avis signale-t-elle la profonde originalité de la démarche de Montaigne par rapport à la production littéraire et aux pratiques de son époque ?

❾ Quel type de rapport est instauré en définitive avec le lecteur : confiance, méfiance, attirance, rejet ? Motivez votre (ou vos) choix.

❿ D'après cet avis, peut-on prévoir le contenu concret des *Essais* tels qu'on va les lire ?

Une opacité grandissante

⓫ La première version de cette page a été écrite en 1580, au moment de la première parution des *Essais*. De quelle évolution témoigne-t-elle par rapport à l'état d'esprit de Montaigne quand il a commencé à écrire ses *Essais* (voir, par exemple, le chapitre « De l'Oisiveté », pp. 9-10) ?

⓬ Dans quelle mesure peut-on dire que les retouches de Montaigne sur cette page après 1588 accroissent l'équivoque du projet pour le public ? Relisez les notes consacrées aux variantes du texte.

Premiers regards au seuil de l'œuvre

Lectures croisées et travaux d'écriture

La rencontre inaugurale d'un artiste avec le public, telle que la détermine le premier regard porté sur son œuvre, est un moment essentiel de ce qu'on appelle « la réception », c'est-à-dire l'idée que va se faire ce public, au départ, de l'écrivain en prenant en main son ouvrage ou du peintre en découvrant son tableau. Aussi l'*incipit* d'un livre, surtout lorsque ce livre prétend parler de l'auteur lui-même, apparaît-il comme une étape stratégique et très souvent décisive pour l'impression laissée au lecteur. Toutefois, les préfaces et avant-propos n'ont pas toujours uniquement pour l'auteur cette fonction de dévoilement de soi : elles peuvent, conformément à une tradition plus ancienne encore et canonique*, se borner à mettre en avant les mérites de l'ouvrage qu'on va lire.

Dans son avertissement, Montaigne prétend ne présenter autre chose au lecteur que son autoportrait, et Rousseau fait de même avec la première page des *Confessions*. Mais, à l'inverse, la préface que rédige Racine pour sa pièce *Bérénice*, au moment d'en publier le texte dans le courant de l'année 1671, est écrite quelque temps après la création de la pièce – donc après sa découverte par le public – en décembre 1670. L'Avertissement de l'Éditeur, que Laclos place en tête de son roman épistolaire *Les Liaisons dangereuses* (1782), constitue de son côté, avec la Préface du Rédacteur qui lui fait contrepoint en prétendant au contraire à l'authenticité des lettres réunies dans l'ouvrage, un exercice littéraire plus attendu dans les genres fictifs : Laclos, sous ce masque, joue d'une ironie* dénonçant l'imposture de ce rédacteur au nom de la moralité publique, pour mieux exercer une satire de l'époque viciée qui est la sienne, et ce en parfaite connivence avec tout lecteur conscient des règles de l'illusion romanesque. Quant au texte dont Alain Robbe-Grillet

* *Cf. Lexique.*

fait précéder son roman *Un régicide*, publié en 1978, il est composé près de trente ans après l'achèvement du livre, qui pourtant, comme premier récit de fiction dans sa carrière, aurait eu vocation, s'il avait trouvé tout de suite un éditeur, à établir une rencontre originale de l'écrivain avec son public. Enfin, l'*Autoportrait au miroir convexe* du Parmigianino (1503-1540) permet de combiner le caractère abrupt d'une prise de contact et l'authenticité proclamée d'une peinture de soi.

Texte A : Avis « Au Lecteur » des *Essais* de Michel de Montaigne (pp. 8-11)

Texte B : Jean Racine, *Bérénice*

Contrairement à son aîné et rival Pierre Corneille (1606-1684) qui avait produit des pièces baroques où se multipliaient les rebondissements avec souvent une règle des trois unités* fort malmenée, Racine, par une sorte d'analogie avec l'étiquette stricte de la cour du Roi-Soleil à Versailles, s'assigne dans ses pièces une esthétique de la galanterie tragique. Bérénice épure les lignes d'une intrigue où se nouent en réalité des conflits d'autant plus inextricables qu'ils sont pour la plupart intérieurs aux personnages – ce qui apparente l'œuvre produite davantage à une élégie* qu'à une pièce de théâtre. C'est cette simplicité que Racine revendique comme son meilleur atout.

Il n'y a que le vraisemblable qui touche dans la tragédie. Et quelle vraisemblance y a-t-il qu'il arrive en un jour une multitude de choses qui pourraient à peine arriver en plusieurs semaines ? Il y en a qui pensent que cette simplicité est une marque de peu d'invention. Ils ne songent pas qu'au contraire toute l'invention consiste à faire quelque chose de rien, et que tout ce grand nombre d'incidents a toujours été le refuge des poètes qui ne sentaient dans leur génie ni assez d'abondance ni assez de force pour attacher durant cinq actes leurs spectateurs par une action simple, soutenue de la violence des passions, de la beauté des sentiments et de l'élégance de l'expression. Je suis bien éloigné de croire que toutes ces choses se rencontrent dans mon ouvrage ; mais aussi je ne puis croire que le public me sache mauvais gré de lui avoir donné une tragédie qui a été honorée de tant de larmes, et dont la trentième représentation a été aussi suivie que la première.

Ce n'est pas que quelques personnes ne m'aient reproché cette même simplicité que j'avais recherchée avec tant de soin. Ils ont cru qu'une

* *Cf.* Lexique.

tragédie qui était si peu chargée d'intrigues ne pouvait être selon les règles du théâtre. Je m'informai s'ils se plaignaient qu'elle les eût ennuyés. On me dit qu'ils avouaient tous qu'elle n'ennuyait point, qu'elle les touchait même en plusieurs endroits et qu'ils la verraient encore avec plaisir. Que veulent-ils davantage ? Je les conjure d'avoir assez bonne opinion d'eux-mêmes pour ne pas croire qu'une pièce qui les touche, et qui leur donne du plaisir, puisse être absolument contre les règles. La principale règle est de plaire et de toucher. Toutes les autres ne sont faites que pour parvenir à cette première. Mais toutes ces règles sont d'un long détail, dont je ne leur conseille pas de s'embarrasser. Ils ont des occupations plus importantes.

Jean Racine, extrait de la préface de *Bérénice*, 1671.

Texte C : Choderlos de Laclos, *Les Liaisons dangereuses*

Choderlos de Laclos (1741-1803) publie Les Liaisons dangereuses, *roman épistolaire de 175 lettres qui obtint un succès de scandale dès sa parution en avril 1782, en les faisant précéder d'une double mise en scène éditoriale : l'Avertissement de l'Éditeur, s'insurgeant contre l'immoralité de ces lettres, et la Préface du Rédacteur, protestant au contraire de leur authenticité. Paradoxalement, sous l'apparence de la complexité, cet ensemble liminaire conforte le lecteur dans la confiance de principe – à la fois totale et strictement limitée au temps de la lecture parce qu'elle se sait artificielle et simulée – qu'implique toute entrée dans un récit de fiction.*

Nous croyons devoir prévenir le public, que malgré le titre de cet Ouvrage et ce qu'en dit le rédacteur dans sa préface, nous ne garantissons pas l'authenticité de ce Recueil, et que nous avons même de fortes raisons de penser que ce n'est qu'un Roman.

Il nous semble de plus que l'Auteur, qui paraît pourtant avoir cherché la vraisemblance, l'a détruite lui-même et bien maladroitement, par l'époque où il a placé les événements qu'il publie. En effet, plusieurs des personnages qu'il met en scène ont de si mauvaises mœurs, qu'il est impossible de supposer qu'ils aient vécu dans notre siècle ; dans ce siècle de philosophie, où les lumières, répandues de toutes parts, ont rendu comme chacun sait, tous les hommes si honnêtes et toutes les femmes si modestes et si réservées.

Notre avis est donc que si les aventures rapportées dans cet Ouvrage ont un fond de vérité, elles n'ont pu arriver que dans d'autres lieux ou dans d'autres temps : et nous blâmons beaucoup l'Auteur, qui, séduit apparemment par l'espoir d'intéresser davantage en se rapprochant plus de son siècle et de son pays, a osé faire paraître sous notre costume et avec nos usages, des mœurs qui nous sont si étrangères.

Pour préserver au moins, autant qu'il est en nous, le lecteur trop crédule de toute surprise à ce sujet, nous appuierons notre opinion d'un raisonnement que nous lui proposons avec confiance, parce qu'il nous paraît victorieux et sans réplique ; c'est que sans doute les mêmes causes ne manqueraient pas de produire les mêmes effets, et que cependant nous ne voyons point aujourd'hui de Demoiselle, avec soixante mille livres de rente, se faire religieuse, ni de Présidente, jeune et jolie, mourir de chagrin.

Choderlos de Laclos, Avertissement de l'Éditeur des *Liaisons dangereuses*, 1782.

Texte D : Alain Robbe-Grillet, *Un régicide*

Fondateur de l'école du Nouveau Roman avec Nathalie Sarraute, Claude Simon ou encore Michel Butor, Alain Robbe-Grillet (né en 1922) s'est fait connaître par ses ouvrages Les Gommes *(1953) et* La Jalousie *(1957), par son manifeste* Pour un nouveau roman *(1964), mais aussi par le film* L'Année dernière à Marienbad *(1961). Son roman* Un régicide *est une première œuvre qui avait été initialement refusée par un grand éditeur. L'avertissement qui explique les circonstances de la publication finale remplit donc la fonction d'une préface anodine (plus proche ici de Racine que de Laclos, bien sûr), même si son caractère tardif en rend la tonalité particulière.*

Un régicide est mon premier roman. Achevé en 1949, il fut aussitôt soumis à un grand éditeur parisien, et fort aimablement refusé. Je travaillais alors comme ingénieur de recherche à l'I.F.A.C. (Institut des fruits et agrumes coloniaux). Rentrant des Antilles au début de l'année 1951, après un séjour consacré à l'étude sur le terrain de quelques parasites du bananier *(cercospora musae* et *cosmopolites sordidus)*, je retrouvai mon manuscrit qui avait échoué, après divers errements, sur la table des Éditions de Minuit. Cette maison se montrait intéressée. Je coupai court à ses hésitations : j'écrivais un second livre, disais-je, et pensais que celui-là emporterait la décision facilement. Ce fut le cas : *Les Gommes*, terminé à la fin de 1952, fut publié aussitôt. Je pensai pouvoir alors faire paraître *Un régicide*, livre plus difficile d'accès. Mais, le relisant, il me sembla nécessaire d'en revoir d'abord le texte. Et, de nouveau, je préférai me consacrer entièrement au récit qui m'occupait désormais l'esprit : *Le Voyeur*. Plus le temps passait, plus je trouvais de retouches à faire au premier ouvrage ; et moins il m'apparaissait opportun de rompre à son profit le cours des travaux qui découlaient directement l'un de l'autre.

C'est seulement en 1957, après avoir publié *La Jalousie*, que je m'attaquai à cette révision. Sur la première page, je corrigeai deux mots, vingt sur la seconde, un peu plus encore sur la troisième. À partir de la cinquième, je récrivais le texte entièrement. À la dixième, je m'arrêtais devant l'absurdité de l'entreprise ; et je composai *Dans le labyrinthe*. Aujourd'hui, je prends le parti de livrer au public mon roman tel qu'il était, ou presque : avec seulement quelques menues corrections de ponctuation, de vocabulaire ou de syntaxe, deux ou trois par page environ. Une seule de ces modifications est importante, le changement de prénom du héros : Philippe, devenu Boris en 1957. En effet, le travail de récriture accompli cette année-là a été conservé ici, si bien que le texte qui va de la quatrième à la neuvième page ne peut être considéré comme d'origine.

A. R.-G.
juillet 1978.

Alain Robbe-Grillet, texte d'avant-propos au roman *Un régicide*, Les Éditions de Minuit, 1978.

Document : Parmigianino (1503-1540), *Autoportrait au miroir convexe*

Corpus

Texte A : Avis « Au Lecteur » des *Essais* de Michel de Montaigne (pp. 8-11).

Texte B : Extrait de la préface de *Bérénice* de Jean Racine (pp. 28-29).

Texte C : Avertissement de l'Éditeur des *Liaisons dangereuses* de Choderlos de Laclos (pp. 29-30).

Texte D : Texte d'avant-propos au roman *Un régicide* d'Alain Robbe-Grillet (pp. 30-31).

Document : *Autoportrait au miroir* convexe de Parmigianino (p. 31).

Examen des textes et de l'image

❶ Quelles sont les qualités que Racine (texte B) juge primordiales pour une tragédie ? Pourquoi *Bérénice* lui apparaît-elle conforme à ces exigences ?

❷ Quelle spécificité isole l'Avertissement de l'Éditeur des *Liaisons dangereuses* (texte C) de tous les autres éléments du corpus ? Expliquez en quoi cette spécificité est décisive pour l'interprétation de ce texte.

❸ Pourquoi le texte de Robbe-Grillet (texte D) constitue-t-il une préface atypique ?

❹ Dans quelle mesure le miroir déformant utilisé par Parmigianino (document) correspond-il, selon vous, à la technique littéraire que suppose l'autoportrait revendiqué par Montaigne (texte A) ?

❺ Faites une recherche sur le courant du maniérisme pour voir comment il peut rendre compte du tableau de Parmigianino aussi bien que de l'avis « Au Lecteur » de Montaigne (texte A).

Travaux d'écriture

Question préliminaire

En quoi l'esthétique de l'autoportrait, celle de l'*incipit* et celle de la préface obéissent-elles à des règles très différentes ?

Commentaire

Vous ferez le commentaire composé de l'avant-propos au roman *Un régicide* d'Alain Robbe-Grillet (texte D).

Dissertation

La vérité en littérature vous paraît-elle une notion facile à définir ? En vous appuyant sur les textes du corpus et sur vos lectures personnelles, vous en préciserez les traits caractéristiques.

Écriture d'invention

Imaginez le discours que pourrait faire par écrit le Parmigianino au public en complément de son *Autoportrait*.

Les **Essais** *première manière*

I, 1 : Par divers moyens on arrive à pareille fin.

La plus commune façon d'amollir les cœurs de ceux qu'on a offensez[1], lors qu'ayant la vengeance en main, ils nous tiennent à leur mercy, c'est de les esmouvoir **par summission** à commiseration & à pitié : **T**outesfois la braverie, **et** la constance[2], moyens tous[3] contraires, ont quelquefois

5 servi à ce mesme effect. Edouard[4] **p**rince[5] de Galles, celuy qui regenta si long temps nostre Guienne : personnage, duquel les conditions & la fortune ont beaucoup de notables parties de grandeur, ayant esté bien fort offencé par les Limosins, & prenant leur ville par force, ne peut estre arresté par les cris du peuple, & des femmes, & enfans abandonnez à la

10 boucherie, luy criants mercy, & se jettans à ses pieds, jusqu'à ce que passant tousjours outre dans la ville, il apperceut trois gentils-hommes François, qui d'une hardiesse incroyable soustenoyent seuls l'effort de son armee victorieuse. La consideration[6] & le respect d'une si notable vertu, reboucha premierement[7] la pointe de sa cholere : **Et** commença

15 par ces trois, à faire misericorde à tous les autres habitans de la ville. Scanderberch[8], **p**rince de l'Epire, suyvant un soldat des siens pour le

notes

1. offensez : le mot a en général, au XVIe siècle, le sens physique et souvent guerrier de « blesser [un soldat adverse] ». Ici, la signification est morale, quoique moins appuyée ou connotée d'intentions malveillantes de la part de « l'offenseur », qu'à notre époque. Aussi avons-nous retenu le verbe *irriter*.
2. Texte de 1580 et 1588 : « *la braverie, la constance, & la resolution* ».
3. tous : emploi adverbial malgré l'orthographe trompeuse.
4. Edouard : né en 1330, surnommé « le Prince Noir », il était le fils d'Édouard III d'Angleterre (1312-1377) et s'avéra l'un des meilleurs généraux de la guerre de Cent Ans. Il fut à l'origine de la troisième grande défaite – après Crécy en 1346 et Calais en

1347 – des Valois face aux Anglais, celle de Poitiers en 1356, qui devait déboucher sur le traité de Brétigny (1360), fort défavorable à la Couronne de France. Le Prince Noir, après avoir aidé Pierre le Cruel de Castille à reconquérir son trône sur son demi-frère Henri de Trastamare, dut faire face en Aquitaine, dont Édouard III lui avait confié le gouvernement, à une révolte qui, en 1369-1370, toucha tout le Sud-Ouest de la France. Limoges, qui avait accueilli joyeusement les troupes françaises envoyées, en violation du traité de Brétigny, par Charles V pour soutenir les insurgés, fut reprise par le Prince en personne, et il ordonna le massacre de tous les habitants comme traîtres. Froissart (*Chroniques*, I, 289) indique l'anecdote de la clémence pour les trois courageux, mais

Les Essais *première manière*

I, 1 : Par des moyens divers on arrive à pareille fin

La façon la plus commune d'amollir le cœur des gens qu'on a irrités, lorsque ayant la vengeance en main ils nous tiennent à leur merci, c'est de les incliner par la soumission à la compassion et à la pitié. Toutefois, la braverie et la fermeté, moyens tout contraires, ont
5 quelquefois permis d'obtenir ce même effet. Édouard, prince de Galles, celui qui gouverna si longtemps notre Guyenne, personnage dont les qualités et la fortune comportent beaucoup d'éléments notoires de grandeur, comme il avait été bien fort irrité par les Limougeauds et qu'il prenait leur ville par la force, rien ne put
10 l'arrêter des cris de peuple, femmes et enfants abandonnés à la boucherie, implorant sa merci et se jetant à ses pieds, jusqu'à ce que, passant toujours plus avant dans la ville, il aperçût trois gentilshommes français qui, d'une hardiesse incroyable, soutenaient seuls l'assaut de son armée victorieuse. La contemplation et le respect d'une vertu
15 si notoire émoussèrent dès l'abord la pointe de sa colère ; et, commençant par ces trois-là, il fit grâce à tous les autres habitants de la ville. Scanderbeg, prince de l'Épire, poursuivait l'un de ses soldats

notes

nullement pour le reste de la cité : Montaigne ici enjolive. Le prince Édouard, de santé délabrée, renonça à son duché d'Aquitaine en 1373 et retourna en Angleterre où il mourut trois ans plus tard.
5. Après 1588, tous les termes indiquant une fonction (« *prince, duc* »), alors qu'ils commençaient par une majuscule dans l'édition parisienne du texte, ont été rétablis avec une minuscule par Montaigne comme en 1580.
6. **consideration** : le sens premier est physique – « action de regarder avec attention » – et non pas, comme aujourd'hui, moral – « action de prendre en considération, de tenir compte de ».
7. **premierement :** tout de suite, à l'instant.

8. **Scanderberch :** d'origine albanaise, Scanderbeg, de son vrai nom Georges Castriota (1405-1468), fut un grand homme de guerre qui, après avoir été enlevé par les Turcs à l'âge de sept ans, devint le favori du sultan mais se révolta et déserta, en 1444, à la suite de la défaite turque de Nis face aux Hongrois. Il fut alors proclamé prince par les Albanais et, le reste de sa vie durant, soutint grâce à sa vigueur, mais malgré la faiblesse numérique de ses forces, de longues luttes victorieuses contre l'Empire ottoman. Mais peu de temps après sa mort, l'Albanie fut annexée à ce dernier. L'anecdote ici relatée se trouve dans les *Cose dei Turchi* (1541) de l'historien italien Paul Jove, ouvrage traduit en français dès 1544.

tuer : & ce soldat ayant essayé par toute espeçe d'humilité & de supplication, de l'appaiser, se resolut à toute extremité de l'attendre l'espee au
poing : Cette sienne resolution arresta sus bout[1] la furie de son maistre,
20 qui pour luy avoir veu prendre un si honorable party, le receut en grace.
Cet exemple pourra souffrir autre interpretation de ceux, qui n'auront leu
la **prodigieuse**[2] force & vaillance de ce prince là. L'Empereur Conrad troisiesme[3], ayant assiegé Guelphe duc de Bavieres, ne voulut condescendre à plus douces conditions, quelque viles & laches satisfactions
25 qu'on luy offrit, que de permettre seulement aux gentils-femmes qui
estoyent assiegées avec le Duc, de sortir leur honneur sauve à pied, avec
ce qu'elles pourroyent emporter sur elles. Elles d'un cœur magnanime
s'aviserent de charger sur leurs espaules leurs maris, leurs enfans & le
Duc mesme. L'Empereur print si grand plaisir à voir la gentillesse de leur
30 courage, qu'il en pleura d'aise : Et amortit toute cette aigreur d'inimitié
mortelle & capitale, qu'il avoit portée contre ce Duc : Et dés lors en avant
le traita humainement luy & les siens.

L'un & l'autre de ces deux moyens m'emporteroit aysement. Car j'ay
une merveilleuse lascheté[4] vers la misericorde & la mansuetude[5] : Tant
35 y a qu'à mon advis, je serois pour me rendre plus naturellement à la
compassion, qu'à l'estimation : Si est la pitié, passion vitieuse aux
Stoiques : Ils veulent qu'on secoure les affligez. Mais non pas qu'on fle-
chisse & compatisse avec eux.

Or ces exemples[6] me semblent plus à propos : D'autant qu'on voit ces
40 ames assaillies & essayées par ces deux moyens, en soustenir l'un sans
s'esbranler,[7] & **courber** sous l'autre. Il se peut dire, que de **rompre son**

notes

1. sus bout : tout court.
2. Texte de 1580 et 1588 : « *monstrueuse* ».
3. Conrad troisiesme : cet empereur
germanique (1093-1152), élu au trône en
1138 et fondateur de la dynastie des
Hohenstaufen, lutta contre Henri le Superbe,
duc de Bavière et de Saxe, dont il dut malgré
tout reconnaître le pouvoir. Les Welfen
étaient une famille princière allemande, dont
Henri était le chef et qui resta longtemps en
rivalité avec les Hohenstaufen, seigneurs de
Waiblingen (d'où à été tirée, au xiiie siècle,

l'étiquette « gibelin », opposée à celle de
« guelfe »). L'épisode en question se situe à
Weinsberg, ville de Bavière assiégée en 1140.
Montaigne l'a tiré de l'introduction du livre
de Jean Bodin *Methodus ad facilem
historiarum cognitionem* (1576) : en français,
Méthode [pour la connaissance aisée] *de
l'histoire*.
4. merveilleuse lascheté : littéralement,
« étonnante mollesse », l'adjectif de
Montaigne ayant ici une connotation
ironique. La lâcheté, qui pour nous est un

pour le tuer. Et ce soldat, comme il avait essayé de l'apaiser par toute espèce d'humilité et de supplication, se résolut en dernière
20 extrémité à l'attendre l'épée au poing. Cette sienne résolution arrêta sur-le-champ la furie de son maître, qui, l'ayant vu prendre un si honorable parti, lui accorda le pardon. Cet exemple pourra donner lieu à une autre interprétation de la part des gens qui n'auront pas lu la force et la vaillance prodigieuses de ce prince-
25 là. L'empereur Conrad III, après avoir soumis à un siège le duc de Bavière, Guelphe, ne voulut pas consentir à de plus douces conditions, quelque viles et lâches satisfactions qu'on lui offrît, que de seulement permettre aux femmes de la noblesse assiégées avec le duc de sortir à pied, leur honneur sauf, avec ce qu'elles pourraient
30 emporter sur elles. Ces femmes, d'un cœur magnanime, eurent l'idée de charger sur leurs épaules leurs maris, leurs enfants et le duc même. L'empereur prit un si grand plaisir à voir la noblesse de leur courage qu'il en pleura d'aise, qu'il calma toute cette aigreur d'inimitié mortelle et capitale qu'il avait portée à ce duc,
35 et dorénavant le traita humainement, lui et les siens.

L'un et l'autre de ces deux moyens m'emporteraient aisément. Car j'ai un redoutable penchant à la miséricorde et à la mansuétude. Le fait est qu'à mon avis je serais homme à céder plus naturellement à la compassion qu'à l'estime ; pourtant la pitié est une
40 émotion mauvaise selon les Stoïciens : ils veulent qu'on secoure les gens qui sont affligés, mais non qu'on fléchisse et qu'on s'émeuve avec eux.

Ceci dit, les exemples précédents me semblent plus adaptés, dans la mesure où l'on voit ces âmes assaillies et mises à l'épreuve
45 par ces deux moyens, tenir contre l'un sans s'ébranler, et courber

notes

grave défaut, est plutôt un péché mignon pour les hommes du XVIᵉ siècle : d'après l'étymologie, en effet, c'est tout simplement « le fait d'être relâché, de se laisser aller », et, par conséquent, « d'être faible », mais avec une nuance de bonhomie.
5. Texte de 1588 : « *& le pardon* ».

6. Retour au texte de 1580 : les exemples en question sont donc tous des exemples de fermeté, contrairement à l'attitude spontanée de Montaigne (décrite dans l'addition de 1588 qui vient d'être intercalée).
7. Texte de 1580 et 1588 : « *& fléchir* ».

ceur à la **commiseration**[1], c'est l'effect de la facilité, debonnaireté, & mollesse : **D**'où il advient que les natures plus foibles, comme celles des femmes, des enfans, & du vulgaire y sont plus subjettes[2]. **M**ais ayant eu
45 à desdaing les larmes & les **prieres**, de se rendre à la seule reverence[3] de la saincte image de la vertu, que c'est l'effect d'une ame forte & imployable, ayant en affection & en honneur une **vigeur**[4], masle, & obstinée. Toutesfois és ames moins genereuses, l'estonnement & l'admiration, peuvent faire naistre un pareil effect : **T**esmoin le peuple Thebain[5] : lequel
50 ayant mis en justice d'accusation capitale ses capitaines, pour avoir continué leur charge outre le temps, qui leur avoit esté prescrit & preordonné, absolut à toutes peines Pelopidas[6], qui plioit sous le faix de telles objections, et n'employoit à se garantir que requestes & supplications : **Et** au contraire Epaminondas[7], qui vint à raconter magnifiquement les
55 choses par luy faites, & à les reprocher au peuple, d'une façon fière **et arrogante**[8], il n'eut pas le cœur de prendre seulement les balotes en main ; **Et** se departit l'assemblée, louant grandement la hautesse du courage de ce personnage.

Dionisius le vieil, apres des longurs et difficultez extremes, aiant pris la
60 **ville de Rege**[9] **et en icelle le capitene Phyton grand home de bien qui l'avoit si obstineemant defandue volut en tirer un tragique exemple de vanjance**[10]**. Il lui dict premieremant comant le jour avant il avoit faict noyer son fils, &**

---

notes

1. Texte de 1580 et 1588 : « *que de se laisser aller à la compassion & à la pitié* ».
2. Dans l'édition de 1580, cette phrase était une simple parenthèse, intégrée à une période beaucoup plus ample. Mais – on peut le remarquer tout au long de ce chapitre comme de beaucoup d'autres – Montaigne, après 1588, s'est efforcé de conformer son livre au fameux « style coupé », calqué sur celui des auteurs latins Sénèque et Tacite que des rééditions récentes avaient mis à la mode, consistant à raccourcir les phrases et à leur donner autant que possible l'allure de « sentences », autrement dit : de formules frappantes et ciselées.
3. Texte de 1580 et 1588 : « *reverence & respect* ».
4. Texte de 1580 et 1588 : « *une vertu vive* ».

5. Épisode relaté par Plutarque (Ier-IIe s. ap. J.-C.) dans ses *Œuvres morales*, traduites par Jacques Amyot en 1572 (ici, le traité *Comment on se peut louër soy-mesme sans reprehension*). Les faits se situent au IVe siècle avant J.-C.
6. Pélopidas (début du IVe s. av. J.-C.), général thébain et ami d'Épaminondas, appartenait à l'une des plus riches familles de Thèbes. Il fut l'un des artisans du triomphe de la démocratie dans cette ville en 379 et commanda ensuite contre Sparte, en 371 à Leuctres, le fameux « bataillon sacré » qui enfonça l'armée lacédémonienne suivant une manœuvre imaginée par Épaminondas : désormais Thèbes dominait la région pour un certain temps. Mais Pélopidas trouva la mort quelques années plus tard en portant secours

sous l'autre. On peut dire qu'habituer son cœur à la compassion, c'est le signe d'un caractère malléable, débonnaire et mou (ce qui fait que les natures les plus faibles, comme celles des femmes, des enfants et du vulgaire, y sont plus sujettes) ; mais qu'ayant dédaigné

50 les larmes et les prières, céder au seul respect de la sainte image de la vertu, c'est le signe d'une âme forte et inflexible qui affectionne et honore une vigueur mâle et obstinée. Toutefois, chez les âmes moins généreuses, l'étonnement et l'admiration peuvent faire naître un effet similaire. Témoin le peuple thébain : ayant traduit

55 ses capitaines en justice pour une accusation capitale, parce qu'ils avaient continué leur charge au-delà du temps qui leur avait été prescrit et préordonné, il acquitta avec toutes les peines du monde Pélopidas, qui courbait l'échine sous le faix de telles imputations et n'employait à se défendre que prières et supplications ; et au

60 contraire, pour Épaminondas, qui se mit à raconter magnifiquement les choses qu'il avait faites et à les opposer au peuple d'une façon fière et arrogante, celui-ci n'eut pas le cœur de prendre seulement en main les boules de vote ; et l'assemblée se sépara en louant grandement l'éminence du courage de ce personnage.

65 Denys l'Ancien, comme il avait, après des longueurs et des difficultés extrêmes, pris la ville de Regium et, dans cette ville, le capitaine Phyton son si obstiné défenseur, grand homme de bien, voulut en tirer un exemple tragique de vengeance. Il lui dit d'abord comment, le jour précédent, il avait fait noyer son fils et

notes

aux villes thessaliennes menacées par le tyran Alexandre de Phères, lors de la bataille de Cynoscéphales (364) que l'armée thébaine remporta pourtant.
7. Épaminondas (418-362 av. J.-C.), général et homme d'État béotien, est parmi tous les Anciens le favori de Montaigne. Il imposa l'hégémonie thébaine sur la Grèce centrale et enleva la Messénie aux Lacédémoniens. Après plusieurs campagnes en Thessalie et dans le Péloponnèse, il vainquit l'alliance de Sparte, d'Athènes et d'autres cités à Mantinée, où il fut mortellement blessé. Ses victoires reposant sur une nouvelle stratégie

d'offensive abattirent le prestige militaire de Sparte et donnèrent à Thèbes une suprématie provisoire.
8. Texte de 1580 et 1588 : « & asseurée ».
9. Rege : aujourd'hui Reggio, ville italienne de la Calabre, en face de Messine.
10. La source de ce passage est le savant grec Diodore de Sicile (Ier s. av. J.-C.), auteur d'une monumentale *Bibliothèque historique* en quarante livres (ici, XIV, 26) dont une bonne partie fut perdue dès l'Antiquité, mais qui a été traduite par Jacques Amyot en 1559. L'épisode se situe au Ve siècle avant J.-C. Denys l'Ancien était tyran de Syracuse.

tous ceus de sa paranté. A quoi Phyton respondit sulemant, qu'ils en estoint d'un jour plus hureus que luy. Apres il le fit depouiller et sesir a
65 des bourreaus et le trainer par la ville en le foitant tres ignominieuse-ment et cruellement : et en outre le chargeant de felones paroles et contumelieuses. Mais il eut le corage tousjours constant sans se perdre : Et d'un visage ferme, alloit au contrere ramantevant a haute voix l'honorable & glorieuse cause de sa mort : pour n'avoir volu rendre son
70 païs entre les mains d'un tirant : le menaçant d'une procheine punition des Dieux. Dionisius, lisant dans les yeux de la commune de son armee qu'au lieu de s'animer des bravades de cet enemi veincu au mespris de leur chef et de son triomfe ell' aloit s'amollissant par l'estonement d'une si rare vertu et marchandoit de se mutiner, estant à mesmes d'arracher
75 Python d'entre les mains de ses sergens, fit cesser ce martyre et a cachetes l'envoia noyer en la mer.

Certes c'est un subject merveilleusement vain, divers, & ondoyant, que l'homme : Il est malaisé d'y fonder[1] jugement constant & uniforme. Voyla Pompeius qui pardonna à toute la ville des Mamertins[2], contre laquelle il
80 estoit fort animé, en consideration de la vertu & magnanimité du citoyen Zenon, qui se chargeoit seul de la faute publique, & ne requeroit autre grace que d'en porter seul la peine. Et l'hoste de Sylla ayant usé en la ville de Peruse de semblable vertu, n'y gaigna rien, ny pour soy ny pour les autres[3].

85 Et directement contre mes premiers exemples, le plus hardi des hommes, et si[4] gratieux aux vaincus, Alexandre, forçant apres beaucoup de grandes difficultez, la Ville de Gaza, rencontra Betis qui y comman-doit, de la valeur duquel il avoit, pendant ce siege, senty des preuves merveilleuses : lors seul, abandonné des siens, ses armes despecées,

notes

1. Texte de 1580 : « *fonder & establir* ».
2. Mamertins : habitants de Messine. La source de ce passage, comme de celui qui concerne Sylla, est encore Plutarque (*Œuvres morales*, cette fois le traité *Instruction pour ceux qui manient affaires d'Estat*). Au lieu de Zénon, Plutarque parlait de Sthénon et, au lieu de Peruse, de Préneste, mais, dans ce

dernier cas, c'est le texte d'Amyot (éd. de 1572 par la suite corrigée) qui est fautif. Cet « *hoste de Sylla* » n'est autre que Marius le Jeune (109-82 av. J.-C.), fils du grand rival de Sylla, dont Plutarque ne dit pourtant pas grand bien à la fin de la biographie qu'il consacre à son père.
3. Texte de 1580 : « *ny pour autruy* ».

70 tous les gens de sa parenté. À quoi Phyton répondit seulement qu'ils en étaient d'un jour plus heureux que lui. Après, il le fit dévêtir et saisir par des bourreaux chargés de le traîner à travers la ville en le fouettant très ignominieusement et cruellement, et de surcroît en l'accablant de félonnes paroles, injurieuses. Mais
75 Phyton eut le cœur toujours résolu, loin de perdre sa contenance ; et d'un visage ferme, il allait au contraire rappelant à haute voix l'honorable et glorieuse cause de sa mort : il n'avait pas voulu remettre son pays entre les mains d'un tyran ; et il menaçait Denys d'une prochaine punition des dieux. Ce dernier, lisant dans les
80 yeux du commun de son armée qu'au lieu de s'animer contre les bravades de cet ennemi vaincu qui méprisait leur chef et son triomphe, la troupe commençait à mollir sous le coup d'une si rare vertu, et balançait de se mutiner (elle pouvait arracher Phyton des mains de ses gardes), fit cesser ce martyre et secrètement
85 envoya noyer le prisonnier en mer.

Certes, c'est un sujet extraordinairement vain, divers et ondoyant que l'homme. Il est malaisé de fonder sur lui un jugement constant et uniforme. Voilà Pompée qui pardonne à toute la ville des Mamertins contre laquelle il avait beaucoup d'animosité,
90 par égard pour la vertu et la magnanimité du citoyen Zénon, lequel était prêt à assumer seul la faute collective et ne requérait d'autre grâce que d'en supporter seul la punition. Et l'hôte de Sylla, ayant fait preuve dans la ville de Pérouse d'une semblable vertu, n'y gagna rien, ni pour lui ni pour les autres.
95 Et directement à l'encontre de mes premiers exemples : le plus hardi des hommes, si indulgent envers les vaincus, Alexandre, comme il forçait après beaucoup de grandes difficultés la ville de Gaza, trouva devant lui Bétis, son gouverneur – de la valeur duquel il avait eu pendant ce siège des preuves extraordinaires –
100 alors seul, abandonné des siens, ses armes en pièces, tout couvert

notes

| **4.** Texte de 1588 : « *le plus courageux homme qui fut onques & le plus gratieux aux vaincus* ».

90 tout couvert de sang & de playes, combatant encores au milieu de plusieurs Macedoniens, qui le chamailloient de toutes parts : Et luy dict,
tout piqué d'une si chere victoire : car entre autres dommages, il y avoit
receu deux fresches blessures sur sa personne : Tu ne mourras pas
comme tu as voulu, Betis : Fais estat qu'il te faut souffrir toutes les sortes
95 de tourmens qui se pourront inventer contre un captif. L'autre, d'une
mine non seulement asseurée, mais rogue & altiere, se tint sans mot dire
à ces menaces. Lors Alexandre, voyant **son fier et obstiné silence**[1] : A-il
flechi un genouil ? lui est-il eschappé quelque voix suppliante ?
Vrayment je vainqueray **ta taciturnité**[2] : Et si je n'en puis arracher parole,
100 j'en arracheray au moins du gemissement : Et tournant sa cholere[3] en
rage, commanda qu'on luy perçast les talons[4] : & le fit ainsi trainer tout
vif, deschirer & desmembrer au cul d'une charrete.[5] Seroit-ce, que la
hardiesse[6] luy fut si commune[7], que pour ne l'admirer point, il **la**[8]
respectast moins ?

105 　　Ou qu'il l'estimast si proprement sienne qu'en cette hauteur il ne peut
souffrir de la voir en un autre sans le despit d'une passion envieuse. Ou
que l'impetuosite naturelle de sa cholere fut[9] incapable d'opposition De
vrai si ell' eut receu la bride il est a croire qu'en la prinse et desolation
de la ville de Thebes elle l'eut receue a voir cruellement mettre au fil de
110 l'espee tant de vaillans hommes perdus & n'aiant plus moien de deffance
publique[10] car il en fut tue bien six mille desquels nul ne fut veu ny
fuiant ny demandant merci au rebours cherchans qui ça qui la par les
rues a affronter les enemis victorieus les provoquant a les faire mourir
d'une mort honorable Nul ne fut veu si abatu de blessures qui n'essaiat
115 en son dernier soupir de se vanger encores. Et atout[11] les armes du

notes

1. Texte de 1588 : « *voyant l'obstination à se taire* ».
2. Texte de 1588 : « *ce silence* ».
3. Sur l'Exemplaire de Bordeaux, Montaigne a corrigé pour « *son despit* », avant de rétablir « *sa cholere* ».
4. Le texte de 1588 portait une précision supprimée par Montaigne sur l'Exemplaire de Bordeaux : « *& qu'on y traversast une corde* ».

5. Anecdote tirée de l'historien latin Quinte-Curce (Ier s. ap. J.-C.), auteur d'une *Histoire d'Alexandre* en dix livres. L'épisode en question se situe en 332 av. J.-C., c'est-à-dire au début des neuf années de conquête qui menèrent le roi de Macédoine jusqu'aux rives de l'Indus.
6. Texte de 1588 : « *la force de courage* ».
7. Texte de 1588 : « *si naturelle & commune* ».

de sang et de plaies, en train de combattre encore au milieu de plusieurs Macédoniens qui le chamaillaient de toutes parts. Alexandre lui dit, exaspéré d'une si chère victoire (car, entre autres dommages, il avait reçu deux blessures encore fraîches sur sa per-

105 sonne) : « Tu ne mourras pas comme tu l'as voulu, Bétis ; prends note qu'il te faut subir toutes les sortes de tourments qu'on pourra inventer contre un captif. » L'autre, d'une mine non seulement assurée, mais rogue et altière, fit face sans mot dire à ses menaces. Alors Alexandre, voyant son silence farouche et obstiné : « A-t-il

110 fléchi un genou ? lui est-il échappé une quelconque parole suppliante ? Vraiment je vaincrai ta taciturnité, et si je ne puis t'arracher un mot, je t'arracherai au moins des gémissements. » Et tournant sa colère en rage, il commanda qu'on lui perçât les talons, et le fit ainsi déchirer et démembrer, traîné tout vif au cul d'une charrette.

115 Serait-ce que la hardiesse lui était si commune que, parce qu'il ne l'admirait point, il la respectait moins ?

Ou bien qu'il l'estimait si proprement lui appartenir qu'à ce degré, il ne pouvait souffrir de la voir chez un autre sans éprouver le dépit d'une émotion envieuse, ou que l'impétuosité natu-

120 relle de sa colère était incapable d'accepter une opposition ? À vrai dire, si cette colère avait pu être bridée, il est à croire qu'elle l'eût été lors de la prise et de la dévastation de la ville de Thèbes, à voir cruellement passer au fil de l'épée tant de vaillants hommes perdus qui n'avaient plus de moyens de défense collective. Car il y

125 eut bien six mille tués, dont on ne vit aucun ni en fuite ni demandant merci ; à l'inverse ils cherchaient, qui çà, qui là, par les rues à affronter l'ennemi victorieux, l'incitant par des provocations à les faire mourir d'une mort honorable. On n'en vit aucun assez accablé de blessures pour ne pas essayer à son dernier soupir de se ven-

130 ger encore, et avec les armes du désespoir de compenser sa mort

---

notes

8. Texte de 1588 : « *il l'estimast & respectast moins* ».
9. peut, fut : subjonctif imparfait (formes actuelles : *pût* et *fût*).

10. La source de cette remarque est à nouveau Diodore de Sicile (ici, livre XXVII).
11. atout : avec (en principe écrit *à tout*).

desespoir consoler sa mort en la mort de quelque enemi. Si[1] ne trouva l'affliction de leur vertu aucune pitie et ne suffit la longur d'un jour a assouvir sa vanjance Dura ce carnage jusques a la derniere goutte de sang qui se trouva espandable et ne s'arreta que aus persones desar-

120 mees vieillars fames et enfans pour en tirer trante mille esclaves.

II, 14 : Comme nostre esprit s'empesche[2] soy-mesmes.

C'est une plaisante imagination, de concevoir un esprit balancé justement entre-deux pareilles envyes. Car il est indubitable qu'il ne prendra jamais party, d'autant que l'**application**[3] & le chois porte inequalité de pris[4] : & qui nous logeroit[5] entre la bouteille & le jambon, avec **egal appetit**[6] de boire

5 & de menger, il n'y auroit sans doute[7] remede que de mourir de soif & de fain[8]. Pour pourvoir à cet inconvenient, les Stoïciens, quand on leur demande d'où vient en nostre ame l'**eslection**[9] de deux choses indiffe-rentes, & qui faict que[10] d'un grand nombre d'escus nous en prenions plustost l'un que l'autre, estans tous pareils, & n'y ayant **aucune** raison qui

10 nous **incline a la preference**[11] : respondent[12] que ce mouvement de l'ame est extraordinaire & déreglé, venant en nous d'une impulsion estrangiere, accidentale, & fortuite. Il se pourroit dire, ce me semble, plustost, que **aucune**[13] chose ne se presente à nous, ou il n'y ait quelque difference, pour legiere qu'elle soit : & que ou à la veuë, ou à l'atouchement, il y à tous-

15 jours quelque **plus**[14] qui nous attire[15], quoy que ce soit imperceptiblement.

notes

1. **Si** : si pourtant.
2. **s'empesche** : se fait obstacle, s'embarrasse.
3. Texte de 1580 et 1588 : « *l'inclination* ».
4. **inequalité de pris** : inégalité de valeur.
5. **qui nous logeroit** : si l'on nous logeait.
6. Texte de 1580 et 1588 : « *avec pareille envie* ».
7. **sans doute** : sans aucun doute.
8. **mourir de soif & de fain** : c'est le dilemme de « l'âne de Buridan », animal qui, ayant aussi faim que soif et placé à égale distance d'un seau d'eau et d'une botte de foin, ne

parvient pas à choisir. Cet exemple, popularisé probablement par les cours de Jean Buridan (milieu du XIVᵉ s.), car on n'en trouve pas trace dans son œuvre, aurait servi au philosophe scolastique, contre les partisans du déterminisme (soutenant que l'âne mourra de faim et de soif) et ceux, à l'inverse, du libre arbitre (qui prêtent à l'âne une liberté d'indifférence), à prouver qu'une bête est incapable de se déterminer sans motif sensible, par opposition à l'homme. Mais justement Montaigne s'amuse à détourner le

par la mort de quelque ennemi. Pourtant la détresse de leur vertu ne trouva aucune pitié, et la longueur d'un jour ne suffit pas à assouvir la vengeance d'Alexandre. Ce carnage dura jusqu'à la dernière goutte de sang que l'on put répandre, et ne s'arrêta
135 qu'aux personnes désarmées, vieillards, femmes et enfants, dont on tira trente mille esclaves.

II, 14 : Comment notre esprit s'embarrasse lui-même

C'est une idée cocasse d'imaginer un esprit en stricte balance entre deux envies de même force. Car il est indubitable qu'il ne prendra jamais parti, dans la mesure où l'adhésion et le choix impliquent une inégalité sur l'appréciation, et si l'on nous plaçait entre la bouteille
5 et le jambon avec un égal appétit de boire et de manger, il n'y aurait, à n'en pas douter, d'autre remède que de mourir de soif et de faim. Pour surmonter cette difficulté, les Stoïciens, quand on leur demande d'où vient, en notre âme, l'option qui départage deux choses indifférentes, et ce qui fait que, sur un grand nombre d'écus,
10 nous prenions plutôt l'un que l'autre alors qu'ils sont tous similaires et qu'il n'y a aucune raison qui nous incline à avoir une préférence, répondent que ce mouvement de l'âme est anormal et déréglé, qu'il procède en nous d'une impulsion étrangère, accidentelle et fortuite. On pourrait dire plutôt, me semble-t-il, qu'aucune chose ne se
15 présente à nous qui ne comporte une quelconque spécificité, si légère soit-elle, et qu'à la vue ou au toucher il y a toujours un plus quelconque qui nous attire, quoique ce soit imperceptiblement.

notes

raisonnement en l'appliquant à l'homme – ce à quoi n'aurait certes pas souscrit Buridan.
9. Texte de 1580 et 1588 : « *le chois* ».
10. & qui faict que : et ce qui fait que.
11. Texte de 1580 et 1588 : « *pousse au chois* ».
12. Texte de 1580 : « *Ils respondent* ».

13. aucune [...] aucune : « *nulle [...] nulle* » (texte de 1580).
14. Texte de 1580 et 1588 : « *chois* ».
15. Texte de 1580 et 1588 : « *qui nous touche & attire* ».

Pareillement qui presupposera une fisselle egalement forte par tout, il est impossible de toute impossibilité qu'elle rompe, car par ou voulez vous, que la faucée[1] commence : & de rompre par tout ensemble, il n'est pas **en nature**[2]. Qui joindroit encore à cecy les propositions Geometriques, qui concluent par la certitude de leurs demonstrations, le contenu plus grand que le contenant, le centre aussi grand que sa circonference, & qui trouvent deux lignes s'approçhant sans cesse l'une de l'autre & ne se pouvant jamais joindre[3], & la pierre philosophale[4], & quadrature du cercle[5], ou la raison & l'effect[6] sont si opposites, en tireroit à l'adventure quelque argument pour secourir ce mot hardy de Pline, *solum certum nihil esse certi, et homine nihil miserius aut superbius*[7].

II, 22 : Des Postes[8].

Je n'ay pas esté des plus foibles en cet exercice[9], qui est propre à gens de ma taille, ferme & courte : mais j'en quitte le mestier : il nous essaye[10] trop pour y durer long temps.

Je lisois à cette heure, que le Roy Cyrus, pour recevoir plus facilement nouvelles de tous les costez de son Empire, qui estoit d'une fort grande estandue, fit regarder combien un cheval pouvoit faire de chemin en un

notes

1. faucée : rupture.
2. il n'est pas en nature : ce n'est pas conforme aux lois de la nature. Texte de 1580 : « *il n'est pas possible* ».
3. ne se pouvant jamais joindre : c'est la définition de l'asymptote, que Montaigne évoque également dans le chapitre II, 12 : « Apologie de Raimond Sebond », telle que la lui avait expliquée Jacques Peletier du Mans, dans sa jeunesse membre de la Pléiade avec Ronsard et Du Bellay.
4. pierre philosophale : substance longtemps recherchée par les alchimistes et qui était censée posséder des propriétés merveilleuses, notamment celle de transmuer tous les métaux en or.
5. quadrature du cercle : problème insoluble depuis l'Antiquité mais dont la démonstration tentait encore les mathématiciens de la Renaissance, comme

Nicolas de Cues ou Joseph Scaliger. L'idée était de construire à la règle et au compas un carré et une cercle qui aient le même périmètre – les nombres répondant à ce type de construction étant dits « algébriques ». Mais, en 1922, Lindemann a définitivement démontré que π est « transcendant », c'est-à-dire non algébrique, donc non constructible à la règle et au compas.
6. l'effect : l'expérience.
7. Cette sentence de Pline l'Ancien avait été traduite par Montaigne lui-même dans l'édition de 1580 des *Essais*, reprise avec légère modification en 1588 puis biffée à la plume : « *qu'il n'est rien certain que l'incertitude, & rien plus miserable & plus fier que l'homme* ». Texte de 1580 : « *il n'y a rien de certain que* ». Par ailleurs, l'essayiste avait fait peindre la citation sur l'une des poutres de sa « *librairie* ».

De la même manière, si l'on présuppose une ficelle également forte partout, il est impossible − d'une impossibilité absolue − qu'elle se rompe − car par où voulez-vous qu'elle commence à lâcher ? − et qu'elle se rompe partout, cela ne se voit pas dans la nature. Si l'on ajoutait encore à ceci les propositions géométriques qui concluent, sur la base de leurs démonstrations certaines, que le contenu est plus grand que le contenant, le cadre aussi grand que sa circonférence, et qui établissent la découverte de deux lignes s'approchant constamment l'une de l'autre sans pouvoir jamais se rejoindre, et de la pierre philosophale, et de la quadrature du cercle, où la raison et l'expérience se contredisent de manière si flagrante, on en tirerait peut-être un quelconque argument pour appuyer ce mot hardi de Pline, *« que la seule certitude est qu'il n'est rien de certain et que rien n'est plus misérable et plus orgueilleux que l'homme »* (Pline l'Ancien, *Histoire naturelle*, II, 7, 25).

II, 22 : Des relais de poste

Je n'ai pas été des plus faibles dans cet exercice qui convient bien à des gens de ma taille, solide et courte ; mais je rends mon tablier de cette besogne : elle nous éprouve trop pour que nous y demeurions longtemps.

Je lisais à l'instant que le roi Cyrus, pour recevoir plus facilement des nouvelles de tous les points de son empire, qui était d'une très grande étendue, fit regarder combien un cheval pouvait faire de route

notes

8. Des Postes : ce terme désigne à la fois les courriers qui allaient rapidement de poste en poste − sauf exception, à cheval à l'époque de Montaigne en Europe (par opposition au Nouveau Monde : voir ce que dit l'essayiste sur les transports incas, non seulement ci-dessous, mais au livre III, chap. 6 : « Des coches ») − et les bâtiments eux-mêmes qui servaient de relais de chevaux. Au sens strict, le courrier était celui qui précédait les voitures de poste pour préparer les relais. De même, le terme *relais* a désigné d'abord les chevaux frais postés pour remplacer ou renforcer les chevaux fatigués, avant de signifier le lieu, la poste, où ces chevaux étaient préparés.

9. cet exercice : celui qui consiste à courir la poste, à faire le courrier de poste en poste.

10. essaye : éprouve.

jour, tout d'une traite, & à cette distance il establit des hommes, qui avoient charge de tenir des chevaux prets, pour en fournir à ceux qui viendroient vers luy. **Et disent aucuns[1] que cette vistesse d'aler vient a[2]**

10 **la mesure du vol des grues.** Cæsar dit[3] que Lucius Vibulus Rufus ayant haste de porter un advertissement à Pompeius, s'achemina vers luy jour & nuict, changeant de chevaux, pour faire diligence. Et luy mesme, à ce que dit Suetone[4], faisoit cent mille[5] par jour, sur un coche de louage : **M**ais c'estoit un furieux courrier : car là où les rivieres luy tranchoient son

15 chemin, il les franchissoit à nage. **et ne se destournoit du droit[6] pour aller querir[7] un pont ou un gue.** Tiberius Nero allant voir son frere Drusus, malade en Allemaigne, fit deux cens mille, en vingt-quatre heures, **ayant[8] trois coches[9].**

En la guerre des Romains contre le Roy Antiochus, T. Sempronius

20 **Gracchus, dict Tite Live[10],** *per dispositos equos propre incredibili celeritate ab Amphissa tertio die Pellam pervenit* : **et appert a voir le lieu[11] que c'estoint postes assises[12] non ordonees frechemant pour cette course.**

L'invention de Cecinna[13] a[14] renvoyer des nouvelles à ceux de sa maison, avoit bien plus de promptitude : il emporta quand & soy, des

25 arondeles[15], & les relaschoit vers leurs nids, quand il vouloit r'envoyer de ses nouvelles, en les teignant de marque de couleur propre à signifier ce qu'il vouloit, selon qu'il avoit concerté avec les siens.

notes ....

1. aucuns : certains. Il s'agit de Xénophon, qui, dans la *Cyropédie* (VIII, 6), décrit la poste de Cyrus tout en proposant la comparaison avec la vitesse des grues.
2. vient a : équivaut, revient à.
3. Cæsar dit : c'est un passage des *Commentaires de la guerre civile* (III, 11), dans lequel le général évoque un personnage dont le nom exact était Lucius Vibullius Rufus.
4. Suetone : tout ce développement s'inspire de la *Vie de César* (§ 57).
5. cent mille : environ 150 km.
6. ne se destournoit du droit : ne faisait aucun détour, ne déviait pas de la ligne droite. L'imparfait semble avoir ici soit une valeur d'habitude, soit peut-être, et simultanément, une valeur conditionnelle – nous prenons cette option pour rendre le texte en français moderne – qui renforce l'assertion, en l'envisageant comme une hypothèse totalement invraisemblable.

7. querir : chercher.
8. Texte de 1580 : « *en vint-quatre heures avec trois coches* ».
9. Cette anecdote est relatée non seulement chez Valère Maxime, *Faits et Dits mémorables* (V, 5, 3), mais chez Pline l'Ancien, *Histoire naturelle* (VII, 20, 84), qui, encore qu'il ne parle, pas plus que le premier, des trois véhicules utilisés par Tibère, semble bien être la source de Montaigne. Car ce détail pourrait venir d'une leçon fautive de plusieurs éditions anciennes de l'*Histoire naturelle*, remplaçant l'abréviation « Tib » (pour *Tiberius*) par « trib » (pour *tribus*), lequel, accordé alors à « *vehiculis* », expliquerait la traduction choisie par Montaigne de « *trois coches* ». La distance parcourue par l'empereur romain correspond à 296 km.
10. dict Tite Live : voir *Histoire romaine* (XXXVII, 7, 11).

en un jour, tout d'une traite, et à cette distance il établit des
hommes qui avaient la charge de tenir prêts des chevaux pour en
10 fournir à ceux qui s'achemineraient vers lui. Et d'aucuns disent que
ce mode de déplacement est comparable pour la vitesse au vol des
grues. César dit que Lucius Vibulus Rufus, voulant en toute hâte
porter une information à Pompée, fit route vers lui jour et nuit en
changeant de chevaux pour gagner du temps. Et lui-même, à ce
15 que dit Suétone, faisait cent milles par jour dans une voiture de
louage. Mais c'était un courrier déchaîné ; car là où les rivières lui
barraient le chemin, il les franchissait à la nage et n'aurait pas dévié
de la ligne droite pour aller chercher un pont ou un gué. Tibérius
Néron, allant voir son frère Drusus qui était malade en Allemagne,
20 fit deux cents milles en vingt-quatre heures avec trois voitures.

Dans la guerre des Romains contre le roi Antiochus, Titus
Sempronius Gracchus, selon les mots de Tite-Live, « sur des
chevaux de relais se rendit à une vitesse presque incroyable
d'Amphissa à Pella en trois jours » ; et il apparaît clairement, à voir
25 le passage du texte, que c'étaient des relais de poste permanents et
non pas disposés de fraîche date pour cette course.

La trouvaille de Cecinnus pour envoyer des nouvelles aux gens de
sa maison offrait bien plus de promptitude ; il emporta avec lui des
hirondelles, et il les relâchait vers leurs nids quand il voulait donner
30 de ses nouvelles, en bariolant les volatiles de marques colorées propres
à indiquer ce qu'il voulait suivant un code convenu avec les siens.

---

notes

11. le lieu : le passage du livre, l'extrait
concerné. On pourrait aussi comprendre « à voir
l'endroit », c'est-à-dire « étant donné la nature
du pays ». Mais il semble difficile de concevoir
comment Montaigne en aurait connaissance.
12. assises : établies à demeure, fixes.
Montaigne avait d'abord écrit : « assises
ordinere ».
13. Cette anecdote, qui vient de Pline
l'Ancien, *Histoire naturelle* (X, 24, 71),
a été trouvée, comme les deux suivantes,
par Montaigne chez son ami l'humaniste

flamand Juste Lipse, *Saturnales* (II, 26).
Cecinna, chevalier de Volterra et possesseur
d'un quadrige, teignait ses hirondelles de la
couleur des vainqueurs des courses pour en
informer ses familiers.
14. a : à, pour.
15. arondeles : hirondelles.

Au theatre à Romme, les maistres de famille, avoient des pigeons dans
leur **sein**[1], ausquels ils attacheoyent des lettres, quand ils vouloient man-
30   der quelque chose à leurs gens au logis : & estoient dressez[2] à en raporter responce. D. Brutus en usa assiegé à Mutine[3], & autres ailleurs. Au
Peru[4], ils couroyent sur les hommes, qui les chargeoient sur les espaules
à tout[5] des portoires[6], par telle agilité, que tout en courant les premiers
porteurs rejettoyent aux seconds leur charge sans arrester un pas.

35   **Jentans**[7] que les Valachi courriers du grand seignur[8] font des
extremes diligences d'autant qu'ils ont loy[9] de desmonter[10] le premier
passant qu'ils treuvent en leur chemin en luy donnant leur cheval recreu
et que, pour se garder de lasser ils se serrent a travers le corps bien
estroitement d'une bande large[11].

II, 26 : Des pouces.

Tacitus recite[12] que parmy certains Roys barbares, pour faire une obligation asseurée[13], leur maniere estoit, de joindre estroictement leurs mains
droites l'une à l'autre, & s'entrelasser les pouces & quand à force de les
presser le sang en estoit monté au bout, ils les blessoient de quelque
5   legere pointe, & puis se les entresuçoient. Les medecins disent, que les
pouces sont les maistres doigts de la main, & que leur etymologie Latine

notes
....

1. Texte de 1588 : « *sain* ».
2. Texte de 1588 : « *& estoient dressez lesdits
pigeons* ».
3. Mutine : actuelle Modène. Juste Lipse se
réfère encore ici à Pline l'Ancien, *op. cit.* (X,
38).
4. Au Peru : au Pérou. Sur cet épisode, voir,
dans la traduction de Martin Fumée de 1587,
Francisco Lopez de Gomara, *Histoire générale
des Indes* (V, 7) : « *Ils se faisaient porter
dedans des portoires, et allaient comme ont
accoutumé de courir les courriers, parce que
de certains lieux en autre lieu, ils changeaient
de porteurs, par telle subtilité que même en
courant la portoire se baillait* [était transmise,
passée] *à ceux du lieu qui la devaient porter
sur leurs épaules sans s'arrêter d'un pas.* »

5. à tout : avec.
6. portoires : brancards.
7. Jentans : j'entends, j'apprends.
Cf. l'historien Laonikos Chalcocondyle
(1452-1490), alors connu sous le nom de
Chalcondyle (comme son homonyme avec
lequel il ne faut pas le confondre, Démétrios
Chalcondyle [1424-1511], grammairien
réfugié en Italie après la prise de
Constantinople et appelé dans la Florence
des Médicis par Laurent le Magnifique), et
son ouvrage *Histoire de la décadence de
l'Empire* (XIII, 19, trad. ici de Blaise de
Vigenère de 1577) : « *Or ont les courriers du
Turc qu'on appelle Vlachi cette coutume
quand il est question de faire diligence, de
n'épargner point leurs montures : car le*

Au théâtre, à Rome, les chefs de famille avaient des pigeons dans leur sein, auxquels ils attachaient un message quand ils voulaient mander quelque chose à leurs gens au logis ; et ces pigeons étaient
35 dressés pour rapporter de là-bas la réponse. Decimus Brutus, assiégé à Modène, se servit de ce moyen, et d'autres firent ainsi ailleurs. Au Pérou, les messagers menaient leurs courses à dos d'hommes. Les porteurs les chargeaient sur leurs épaules à l'aide de brancards, avec une agilité telle que, tout en courant, les premiers porteurs
40 repassaient leur charge aux seconds sans s'arrêter d'un pas.

J'apprends que les Valaques, courriers du Grand Turc, font leur mission en un temps record, d'autant qu'ils ont licence de faire descendre de sa monture le premier passant venu qu'ils trouvent sur leur chemin, en lui donnant en échange leur cheval épuisé, et
45 que, pour éviter de céder à la fatigue, ils se serrent bien étroitement le corps en travers avec un large bandage.

II, 26 : Des pouces

Tacite raconte que, entre certains rois barbares, pour conclure un contrat ferme, leur façon de faire consistait à échanger une puissante poignée de la main droite en s'entrelaçant les pouces ; et quand, à force de se les comprimer, ils en avaient fait monter le
5 sang à l'extrémité, ils y pointaient une certaine piqûre légère puis se les suçaient réciproquement. Les médecins disent que les pouces sont les maîtres doigts de la main et que leur étymologie

notes
....

premier passant qu'ils rencontrent il faut qu'il mette pied à terre, et quitte là son cheval, prenant en lieu celui qui est recru, et ainsi relaient de main en main, comme si c'étaient postes assises. Mais de peur que le branle et agitation ne leur froisse l'estomac, à cause de l'extrême diligence qu'ils font, ils se serrent à travers le corps fort étroitement avec une bande large. »

8. du grand seignur : du Grand Seigneur, du Grand Turc.
9. ils ont loy : ils ont le droit, l'autorisation.
10. desmonter : faire descendre de cheval.
11. L'édition de 1595 ajoute : « *comme font assez d'autres. Je n'ay trouvé nul sejour* [soulagement] *à cet usage.* »
12. recite : raconte. Voir *Annales* (XII, 47).
13. faire une obligation asseurée : conclure un contrat ferme.

vient de *pollere*[1]. Les Grecs l'appellent ἀντίχειρ, comme qui diroit une autre main. Et il semble que par fois les Latins les prennent aussi en ce sens, de main entiere,

> 10   *Sed nec vocibus excitata blandis*
> *Molli pollice nec rogata surgit.*

C'estoit à Rome une signification de faveur, de comprimer & baisser les pouces,

> *Fautor utróque tuum laudabit pollice ludum :*

15 & de desfaveur, de les hausser & contourner[2] au dehors,

> *converso pollice vulgi*
> *Quemlibet occidunt populariter.*

Les Romains dispensoient de la guerre, ceux qui estoient blessez au pouce, comme s'ils[3] n'avoient plus la prise des armes assez ferme. 20 Auguste confisqua les biens à un chevalier Romain, qui avoit par malice[4], couppé les pouces à deux siens jeunes enfans, pour les **excuser[5] d'aler aux armees**[6] : & avant luy, le Senat du temps de la guerre Italique, avoit condamné Caius Vatienus à prison perpetuelle, & luy avoit confisqué tous ses biens, pour s'estre à escient[7] couppé le pouce de la main gauche, 25 pour s'exempter de **ce voiage**[8]. Quelcun[9], de qui il ne me souvient point, ayant gaigné une bataille navale, fit couper les pouces à ses ennemis vaincus, pour leur oster le moyen de combatre & de tirer la rame. **Les Atheniens les firent coupper aus Æginetes pour leur oster la præferance**[10] **en l'art de marine. En Lacedemone le maistre chatioit les enfans en leur** 30 **mordant le pouce.**

notes

1. Montaigne explique cette étymologie dans les éditions publiées de son vivant : « *qui signifie exceller sur les autres.* »
2. contourner : détourner, tourner.
3. comme s'ils : dans l'idée qu'ils.

4. Texte de 1580 et 1588 : « *par malice, & pour faire fraude à la loy* ».
5. les excuser : leur obtenir d'être dispensés.
6. Texte de 1580 et 1588 : « *pour les dispenser des guerres* ».
7. à escient : exprès, volontairement.
8. Texte de 1580 et 1588 : « *de cette guerre* ».

latine vient de *pollere*. Les Grecs appellent le pouce *antikheir*,
comme si l'on disait « une autre main ». Et il semble que parfois
les Latins prennent aussi le mot en ce sens de « main entière » :

> « *Mais ni sous l'effet de paroles lascives,*
> *ni sur les sollicitations d'un pouce caressant elle ne se dresse.* »
> (Martial, *Épigrammes*, XII, 98, v. 8-9.)

C'était à Rome un signe de faveur que de serrer et baisser les
pouces,

> « *L'admirateur approuvera ton jeu des deux pouces ;* »
> (Horace, *Épîtres*, I, 18, v. 66)

et de défaveur que de les lever et les détourner vers l'extérieur,

> « *dès que la foule a tourné le pouce, ils égorgent n'importe qui*
> *pour se faire bien voir.* » (Juvénal, *Satire*, III, v. 36.)

Les Romains dispensaient d'aller à la guerre ceux qui étaient
blessés au pouce, comme s'ils n'avaient plus sur les armes une prise
assez forte. Auguste confisqua les biens d'un chevalier romain qui
avait par malignité coupé les pouces à deux jeunes enfants qu'il
avait, pour leur éviter le service des armées, et avant lui, le Sénat,
du temps de la guerre italique, avait condamné Caius Vatienus et
lui avait confisqué tous ses biens, pour s'être coupé sciemment le
pouce de la main gauche pour s'exempter de cette expédition.
Quelqu'un dont je ne me rappelle pas le nom, après avoir gagné
une bataille navale, fit couper les pouces à ses ennemis vaincus
pour leur ôter le moyen de combattre et de manier la rame.
Les Athéniens les firent couper aux Égéates pour leur ôter la prééminence dans l'art maritime. À Lacédémone, le maître d'école
punissait les enfants en leur mordant le pouce.

notes

9. Peut-être une allusion à Philoclès, général athénien au temps de la guerre du Péloponnèse (431-404 av. J ;-C.). D'après Plutarque, *Vie de Lysandre* (chap. 16, trad. d'Amyot, 1559), ce « capitaine des Athéniens [Philoclès] *mit en avant et persuada au peuple d'Athènes de faire couper le pouce de la main droite, afin qu'ils ne puissent plus manier la pique, mais bien servir à tirer la rame* ».
10. præferance : supériorité.

II, 30 : D'un enfant monstrueux.

Ce conte[1] s'en ira tout simple : car je laisse aux medecins d'en discourir[2]. Je vis avant hier un enfant que deux hommes & une nourrice, qui se disoient estre le pere, l'oncle, & la tante, conduisoyent, pour tirer quelque
5 **sou de**[3] le montrer, à cause de son estrangeté. Il estoit en tout le reste d'une forme commune, & se soustenoit sur ses pieds, marchoit & gasouilloit, à **peu** pres[4] comme les autres de mesme aage : il n'avoit encore voulu prendre autre nourriture, que du tetin de sa nourrice : & ce qu'on essaya en ma presence de luy mettre en la bouche, il le maschoit
10 un peu, & le rendoit sans avaller : ses cris sembloient bien avoir quelque chose de particulier : il estoit aagé de quatorze mois justement. Au dessoubs de ses tetins, il estoit pris & collé à un autre enfant, sans teste, & qui avoit le conduict du dos estoupé[5], le reste entier[6] : car il avoit bien l'un bras plus court, mais il luy avoit esté rompu par accident, à leur naiss-
15 sance : ils estoient joints face à face, & comme si un plus petit enfant en vouloit accoler[7] un plus **grandelet**[8]. La jointure & l'espace par où ils se tenoient n'estoit que de quatre doigts, ou environ, en maniere que si vous retroussiez[9] cet enfant imparfait, vous voyez[10] au dessoubs le nombril de l'autre : ainsi la cousture se faisoit entre les tetins & son nombril. Le nom-
20 bril de l'imparfaict ne se pouvoit voir, mais ouy bien tout le reste de son ventre. Voyla comme ce qui n'estoit pas attaché, comme bras, fessier, cuisses & jambes de cet imparfait, demouroient pendants & branlans sur l'autre, & luy pouvoit aller sa longueur jusques à my jambe. La nourrice nous adjoustoit qu'il urinoit par tous les deux endroicts : aussi estoient les
25 membres de cet autre, nourris, & vivans, & en mesme point[11] que les

---

notes

1. **conte :** ici, récit, fait divers.
2. **discourir :** disserter, faire l'analyse de.
3. Texte de 1580 : « *quelque liard pour* ».
4. Texte de 1580 et 1588 (coquille apparemment) : « *à plus pres* ».

5. **conduict du dos estoupé :** canal du dos bouché, anus fermé.
6. **entier :** intègre, intact.
7. **accoler :** embrasser.
8. Texte de 1580 : « *grandet* ».
9. **retroussiez :** releviez les vêtements de.

II, 30 : D'un enfant monstrueux

Ce récit sera tout simple, car je laisse aux médecins le soin d'en discourir. J'ai vu avant-hier un enfant, que deux hommes et une nourrice, qui disaient être respectivement son père, son oncle et sa tante, conduisaient pour le montrer en public à cause de son
5 étrangeté et tirer de là quelque obole. Il était, pour tout le reste, d'une forme ordinaire et il se tenait sur ses pieds, marchait et gazouillait à peu près comme les autres enfants du même âge. Il n'avait encore voulu prendre aucune autre nourriture que celle qui venait du sein de sa nourrice, et ce qu'on a essayé en ma pré-
10 sence de lui mettre dans la bouche, il le mâchait un peu et le rendait sans l'avaler. Ses cris semblaient bien avoir quelque chose de particulier ; il était âgé de quatorze mois tout juste. Au-dessous de ses seins, il était soudé et collé à un autre enfant qui avait le canal du dos bouché, le reste intact, car il avait bien un bras plus court
15 que l'autre, mais c'est accidentellement que ce bras lui avait été rompu à leur naissance. Ils étaient joints face à face et comme si un plus petit enfant voulait en embrasser un second un peu plus grand. La jointure et l'espace par où ils se tenaient n'étaient que de quatre doigts environ, de sorte que, si vous retroussiez cet
20 enfant incomplet, vous pouviez voir au-dessous le nombril de l'autre : ainsi la couture se faisait-elle entre les seins et le nombril. Le nombril de l'enfant incomplet ne pouvait pas se voir, mais on voyait bien tout le reste de son ventre. Voilà comment s'explique que ce qui n'était pas attaché, comme les bras, le fessier, les cuisses
25 et les jambes de cet enfant incomplet, restait suspendu et oscillant sur l'autre, et pouvait lui aller, en longueur, jusqu'à mi-jambe. La nourrice nous a ajouté qu'il urinait par les deux endroits ; d'ailleurs les membres de cet autre enfant étaient nourris et vivants, et dans le même état que ceux du premier, sauf qu'ils

notes

10. **voyez** : la forme actuelle serait *voyiez* (imparfait de l'indicatif).

11. **en mesme point** : en même état.

siens, sauf qu'il estoient plus petits & menus. Ce double corps, & ces membres divers se rapportans à une seule teste, pourroient bien fournir de favorable prognostique au Roy[1], de maintenir[2] sous l'union de ses loix, ces pars[3] & pieces diverses de nostre estat : **M**ais de peur que l'evene-
30 ment ne le démente, il vaut mieux le laisser passer devant : car il n'est que de deviner en choses faictes : *Ut quum facta sunt, tum ad conjecturam aliqua interpretatione revocantur.* comme on dict[4] d'Epimenides qu'il devinoit à reculons. Je vien de voir un pastre en Medoc, de trente ans ou environ, qui n'a aucune montre des parties genitales, il a trois
35 trous par où il rend son eau incessamment, il est barbu, a desir, & recherche l'attouchement des femmes.

Ce que nous apelons monstres, ne le sont pas a[5] dieu qui voit en l'immansité de son ouvrage l'infinité des formes qu'il y a comprinses[6] et est a croire que cette figure qui nous estone se raporte et tient a quel-
40 qu'autre figure[7] de mesme genre inconu a l'homme. De sa toute sagesse[8] il ne part rien que bon et commun & reglé mais nous n'en voïons pas l'assortimant et la relation. *Quod crebro videt non miratur etiam si cur fiat nescit – quod ante non vidit id si evenerit ostentum esse censet.* Nous apelons contre nature ce qui avient contre la costume. Rien n'est
45 que selon elle[9] quel qu'il soit[10]. Que cette raison universelle et naturelle chasse de nous lerrur et lestonement que la nouvellete nous apporte.

notes

1. fournir de favorable prognostique au Roy : annoncer pour le roi un présage favorable. La tendance à l'interprétation des prodiges et des figures monstrueuses était très importante au XVIᵉ siècle, comme en témoignent les *Histoires prodigieuses* (1560) de Pierre Boaistuau ou l'étude d'Ambroise Paré sur les *Monstres tant terrestres que marins* (1573). En France, surtout après la mort d'Henri II (1559), la tension sociale provoquée par les guerres de Religion contribua peut-être à cette montée de l'inquiétude et d'une certaine fièvre interprétative. En 1570, par exemple, deux bébés siamois soudés par le bassin, avec des têtes distinctes mais un seul corps, naissaient à Paris, chose que l'érudit Jean Dorat, savant

reconnu, interpréta comme une dénonciation par avance, sur le plan politique, de la paix de Saint-Germain qui se négociait alors entre protestants et catholiques.
2. de maintenir : qu'il maintiendra, selon lequel [pronostic] il maintiendra.
3. pars : partis, factions.
4. comme on dict : voir Aristote, *Rhétorique* (III, 17, § 24-26), expliquant qu'Épiménide n'appliquait sa divination qu'à l'interprétation des événements restés obscurs une fois advenus, et non pas à l'annonce du futur.
5. a : à, pour.
6. comprinses : comprises, fait entrer, englobées. Idée déjà exprimée – une citation

30 étaient plus petits et menus. Ce double corps et ces membres divergents se raccordant à une seule tête pourraient bien fournir au roi un présage favorable pour maintenir sous l'union de ses lois ces partis et ces factions divergentes de notre État. Mais de peur que l'événement ne démente pareille assertion, il vaut mieux le
35 laisser passer devant, car il n'est rien comme de deviner en matière de choses faites. *« Ainsi quand les faits se sont produits, on les rapporte à une conjecture par quelque interprétation. »* (Cicéron, *De divinatione*, II, 31.) De même qu'on dit d'Épiménide qu'il devinait à reculons. Je viens de voir dans le Médoc un pâtre, de trente ans environ, qui
40 n'a aucune émanation de parties génitales qu'il puisse montrer : il a trois trous par où il évacue continuellement son eau ; il est barbu, éprouve du désir et recherche la compagnie des femmes.

Ce que nous appelons « monstres » ne le sont pas pour Dieu, qui voit dans l'immensité de Son ouvrage l'infinité des formes
45 qu'Il y a englobées, et il est à croire que cette figure qui nous stupéfie se raccorde et se rattache à quelque autre figure d'un même genre, inconnu à l'homme. De Sa parfaite sagesse il ne vient rien que de bon, d'ordinaire et de régulier, mais nous n'en voyons pas l'arrangement et l'adéquation. *« Ce qu'il voit fréquemment ne l'étonne*
50 *pas, même s'il en ignore le pourquoi ; ce qu'il n'a pas vu auparavant, il décrète, si cela se produit, que c'est un prodige. »* (Cicéron, *De divinatione*, II, 27.) Nous appelons « contre nature » ce qui arrive contre la coutume. Il n'est rien, quoi que ce puisse être, qui ne soit selon la nature. Que cette raison universelle et naturelle nous libère de
55 l'erreur et de la stupéfaction que la nouveauté provoque en nous.

notes

de cet auteur est d'ailleurs glissée en fin de chapitre – par Cicéron (*De diuinatione*, II, 27, 60) : « Tout être qui naît, quel qu'il soit, doit nécessairement avoir une cause naturelle, de sorte que, même si son apparition heurte l'ordinaire, elle ne peut cependant pas être contraire à la nature » ; mais surtout par saint Augustin (*Cité de Dieu*, XXI, 8) : « Le prodige n'est pas contre la nature, mais contre la nature telle qu'elle nous est connue. »
7. figure : forme.
8. Montaigne avait d'abord écrit « *bonté* ».
9. selon elle : selon la nature.
10. quel qu'il soit : quoi que ce soit.

I, 26 : De l'institution[1] des enfans, à Madame Diane de Foix Contesse de Gurson[2].

Je ne vis jamais pere, pour **teigneux ou bossé**[3] que fut[4] son fils, qui **laissast** de[5] l'avoüer[6] : **N**on pourtant, s'il n'est du tout[7] enyvré de cet' affection[8], qu'il[9] ne s'aperçoive de sa defaillance[10] : mais tant y à qu'il est sien. Aussi moy, je voy mieux que tout autre, que ce ne sont icy
5 que resveries d'homme, qui n'a gousté des sciences que la crouste premiere en son enfance, & n'en à retenu qu'un general & informe visage : un peu de chaque chose & rien du tout[11], à la Françoise. Car en somme, je sçay qu'il y à une Medecine, une Jurisprudence, quatre parties en la Mathematique[12], et **grossierement**[13] ce à quoy elles visent : **Et a**

notes

1. institution : éducation.
2. Diane [...] Gurson : Charlotte-Diane de Foix de Candale (1558-1587) – mariée en 1579 à son cousin Louis de Foix, comte de Gurson (1556-1587), lui-même fils du protecteur de Montaigne, le marquis de Trans, Gaston de Foix (1509-1591) – était une jeune femme fort instruite, pleine de charme et d'esprit. Elle rencontrait régulièrement Montaigne au château de Puy-Paulin à Bordeaux. L'éducation de la comtesse avait été parfaite par son oncle et tuteur, l'évêque d'Aire-sur-l'Adour François de Foix de Candale, savant mathématicien dont Montaigne parle un peu plus loin. Diane de Foix donna naissance, en 1580, à un garçon prénommé Frédéric, futur comte de Gurson, qui devait mourir en 1655, et à qui était donc destiné ce chapitre.
3. bossé : bossu. Texte de 1580 et 1588 : « bossé ou boiteux ».
4. fut : fût (subjonctif imparfait, par concordance des temps après le passé simple « Je ne vis »).

I, 26 : De l'éducation des enfants

Je n'ai jamais vu de père, pour teigneux ou bossu que fût son fils, qui refusât de le reconnaître pour sien. Non pourtant – sauf s'il est tout à fait enivré de cette affection – qu'il ne s'aperçoive de son incapacité ; mais toujours est-il que c'est son fils. Aussi moi, je vois
5 mieux que quiconque que ce ne sont ici que les divagations d'un homme qui n'a, en son enfance, tâté que la croûte première des sciences et n'en a retenu qu'un aspect général et informe : un peu de chaque chose et rien à fond, à la française. Car, en somme, je sais qu'il y a une médecine, une jurisprudence, quatre parties dans
10 le cycle mathématique, et grossièrement à quoi elles visent. Et

notes

5. **laissast de :** refusât de (subjonctif imparfait, toujours par concordance des temps). Texte de 1588 : « *laissaist* ».
6. **l'avoüer :** le reconnaître pour sien.
7. **du tout :** entièrement, complètement.
8. **de cet' affection :** de cette affection [paternelle].
9. **Non pourtant […] qu'il :** ce n'est pas qu'il.
10. **sa defaillance :** celle de son fils.
11. **du tout :** entièrement, à fond.

12. **quatre parties en la Mathematique :** l'arithmétique, la musique, la géométrie et l'astronomie formaient le *quadrivium* des *artes numerales* ou disciplines fondées sur le nombre, venant compléter le *trivium* des *artes sermocinales* (grammaire, rhétorique, dialectique) ou disciplines fondées sur la parole, selon une distinction qui remontait à Boèce (Vᵉ-VIᵉ s. ap. J.-C.).
13. **grossierement :** grosso modo. Texte de 1580 et 1588 : « *en gros* ».

10 **lavanture encore sçai je la pretantion**[1] **des sciances en general au service de nostre vie** mais d'y enfoncer plus avant, de m'estre rongé les ongles à l'estude d'Aristote[2], **monarche de la doctrine**[3] **moderne.** ou opiniatré apres quelque science[4], je ne l'ay jamais faict : **ny n'est art de quoi je sceusse peindre sulement les premiers lineamans**[5] **Et n'est enfant des**
15 **classes moienes**[6] **qui ne se puisse dire plus sçavant que moy – Qui n'ay sulement pas de quoi l'examiner sur sa premiere leçon : aumoins selon icelle. Et, si lon m'y force : je suis contreint, asses ineptement, d'en**[7] **tirer quelqe matiere de propos universel, surquoi jexamine son jugement naturel. Leçon qui leur est autant inconue come a moi, la leur. Je n'ay**
20 **dressé commerce**[8] **aveq aucun livre solide, sinon Plutarque et Seneque: ou je puise come les Danaides remplissant et versant sans cesse. J'en attache quelquechose a ce papier. A moi, si peu que rien**[9]**.**

L'Histoire c'est **plus** mon gibier[10], ou la poësie, que j'ayme d'une particuliere inclination : Car, comme disoit Cleantes[11], tout ainsi que la voix[12]
25 contrainte[13] dans l'étroit canal d'une trompette sort plus aigue & plus forte, ainsi me semble il que la sentence[14] pressée aux pieds[15] nombreux[16] de la poësie s'eslance bien plus brusquement, & me fiert[17] d'une plus vive secousse. Quant aux facultez naturelles qui sont en moy, dequoy c'est icy l'essay[18], je les sens flechir sous la charge : **M**es
30 conceptions & mon jugement ne marche qu'à tastons, chancelant, bronchant & chopant[19] : **Et**[20] quand je suis allé le plus avant que je puis, si ne

1. pretantion : ambition.
2. On lit dans les éditions publiées du vivant de Montaigne : « *estude de Platon, ou d'Aristote* ». Il a supprimé Platon après 1588, parce qu'il l'a étudié très attentivement à cette époque.
3. doctrine : ensemble de savoirs, école philosophique.
4. Texte de 1580 et 1588 : « *quelque science solide* ».
5. lineamans : traits élémentaires, rudiments, bases.
6. classes moienes : classes intermédiaires entre celles de grammaire et celles d'humanités. Montaigne développe vers la fin du chapitre une description peu reluisante du système éducatif de son temps.
7. en : de cette leçon.

8. dressé commerce : pratiqué, lu assidûment (littéralement, « entretenu une relation avec »).
9. si peu que rien : pratiquement rien, si peu que cela équivaut à rien.
10. Texte de 1580 et 1588 : « *mon gibier en matiere de livres* ».
11. Cleantes : voir Sénèque, *Lettres à Lucilius*, lettre 108 : « *Car, comme disait Cléanthe, de même que notre souffle rend un son plus éclatant lorsqu'il circule tout du long de l'étroit canal d'une trompette, d'où il jaillit enfin par un plus large orifice, ainsi l'étroite contrainte du vers rend nos sens plus acérés.* » Cléanthe, plus exactement, disait que la vibration des mots passant par la voix du poète aiguise et rend plus réceptive la sensibilité de l'auditeur.

peut-être que je sais encore l'ambition des sciences en général au service de notre vie ; mais de m'y engager plus avant, de m'être rongé les ongles à l'étude d'Aristote, monarque de la théorie moderne, ou de m'être entêté à la poursuite d'une science don-
15 née, je ne l'ai jamais fait, et il n'est pas un art dont je saurais peindre seulement les bases premières. Et pas un enfant des classes intermédiaires qui ne puisse se dire plus savant que moi. Car je ne suis pas à même de l'examiner seulement sur sa première leçon, du moins en me conformant à ce qu'elle dit. Et si l'on m'y force,
20 je suis contraint, d'une manière assez inepte, d'en tirer un quel-conque sujet de portée universelle d'après lequel j'examine le jugement naturel de l'élève, leçon qui est aussi inconnue de nos écoliers qu'à moi la leur. Je n'ai fréquenté aucun livre solide, sinon Plutarque et Sénèque, où je puise comme faisaient les Danaïdes, à
25 remplir et verser sans cesse. J'en incorpore une partie à ce papier ; à moi, si peu que rien.

L'histoire, c'est davantage mon gibier, ou encore la poésie, que j'aime avec une inclination particulière. Car, comme disait Cléanthe, de même que le son, resserré dans l'étroit tuyau d'une
30 trompette, sort plus aigu et plus fort, de même il me semble que la sentence, comprimée par les mesures rythmées de la poésie, s'élance bien plus brusquement et me frappe d'une secousse plus vive. Quant aux facultés naturelles qui sont en moi et dont c'est ici l'essai, je les sens fléchir sous le fardeau. Mes réflexions et mon
35 jugement ne marchent qu'à tâtons, chancelant, bronchant et tré-buchant. Et même quand je me suis avancé au maximum de ce

notes

12. **la voix** : le son (latin *vox*).
13. **contrainte** : resserrée.
14. **sentence** : phrase, mais aussi formule, pensée brillante (double sens du latin *sententia*).
15. **pieds** : longueur ou quantité des syllabes, cadences.
16. **nombreux** : soumis au « nombre » au sens rhétorique du terme, c'est-à-dire à l'harmonie du rythme.

17. **fiert** : frappe (3e pers. du singulier du présent de l'indicatif de *férir* ; cf. *sans coup férir*).
18. **essay** : examen, mise à l'épreuve.
19. **chopant** : achoppant, butant, faisant des faux pas.
20. **Et** : et même (latin *etiam*).

me suis-je aucunement satisfaict : **Je** voy encore du païs au delà : mais d'une veuë trouble, & en nuage[1], que je ne puis desmeler : **Et[2] entreprenant de[3]** parler indifferemment de tout ce qui se presente à ma fantasie,

35 & n'y employant que mes propres & naturels moyens, s'il m'advient, comme il faict[4] **souvant[5]**, de rencontrer de fortune dans les bons autheurs ces mesmes lieux[6], que j'ay entrepris de traiter, comme je vien de faire chez Plutarque tout presentement, son discours[7] de la force de l'imagination[8] : **a** me reconnoistre au prix de[9] ces gens là, si foible & si

40 chetif, si poisant[10] & si endormy, je me fay pitié, ou desdain à moy mesmes. Si[11] me gratifie-je[12] de cecy, que mes opinions ont cet honneur de rencontrer[13] **souvant** aux leurs, **et que je vois aumoins de loin apres[14], disant que voire[15]. Aussi que j'ay** cela, qu'un chacun n'a pas, de connoistre[16] l'extreme difference d'entre eux & moy : **Et** laisse ce

45 neant-moins[17] courir mes inventions ainsi foibles & basses, comme je les ay produites, sans en replastrer & **recoudre[18]** les defaux que cette comparaison m'y à descouvert[19] : **Il faut avoir les reins bien fermes pour entreprandre de marcher front a front[20] avec ces gens la. Les** escrivains indiscrets[21] de nostre siecle, qui parmy leurs ouvrages de neant[22], vont

50 semant[23] des lieux[24] entiers des anciens autheurs, pour se faire honneur, **font le** contraire[25] : **C**ar cett'infinie dissemblance de lustres[26] rend[27] un visage si pasle, si terni, & si laid à ce qui **est leur[28]**, qu'ils y perdent beaucoup plus qu'ils n'y gaignent.

notes

1. en nuage : d'une manière fumeuse, opaque.
2. Texte de 1580 et 1588 : « *& puis* ».
3. Texte de 1580 : « *me meslant de* ».
4. comme il faict : comme il m'advient (le « *il* » est impersonnel).
5. Texte de 1580 et 1588 : « *à tous coups* ».
6. lieux : thèmes, lieux communs.
7. discours : analyse, exposé.
8. de la force de l'imagination : il s'agit, semble-t-il, d'un passage des *Propos de table* de Plutarque (trad. d'Amyot, 1572), livre V, question 7, « De ceux dont on dit qu'ils charment », où Metrius Florus déclare : « *Car nous savons & cognoissons des hommes qui par regarder fichément des petits enfans, les offensent grievement* » – ce qui correspond

dans le principe à l'anecdote du médecin Simon Thomas relatée au chapitre « De la force de l'imagination » (I, 21) des *Essais*.
9. au prix de : en comparaison de.
10. poisant : pesant, poussif.
11. Si : et encore, cependant.
12. me gratifie-je : je tire satisfaction, je me fais gloire.
13. rencontrer [à] : concorder avec.
14. apres : à leur suite. Texte de 1580 et 1588 : « *& dequoy aussi j'ay au moins cela, qu'un chacun* […] ».
15. disant que voire : disant que c'est vrai, approuvant (leur opinion).
16. connoistre : avoir conscience de, reconnaître.
17. ce neant-moins : malgré cela.

que je pouvais, je ne suis nullement satisfait pour autant : je vois encore du pays au-delà, mais d'une vue trouble et en un nuage que je ne puis dissiper. Et comme j'entreprends de parler indiffé-
40 remment de tout ce qui se présente à mon inspiration et que je n'y emploie que mes moyens propres et naturels, s'il m'arrive, ce qui est souvent le cas, de tomber par rencontre chez les bons auteurs sur ces mêmes thèmes que j'ai entrepris de traiter, comme je viens de le faire tout de suite avec Plutarque pour son analyse
45 de la force de l'imagination, à me reconnaître en comparaison de ces gens-là si faible et si chétif, si lourd et si endormi, je me fais pitié ou dédain à moi-même. Encore, je me félicite d'une chose : c'est que mes opinions ont cet honneur de rejoindre souvent les leurs, et que je vais, au moins de loin, à leur rencontre, en disant
50 qu'ils disent vrai. J'ai aussi cet atout, que tout un chacun n'a pas, de reconnaître l'extrême différence qu'il y a entre eux et moi. Et je laisse néanmoins courir mes conceptions, faibles et basses comme je les ai produites, sans en replâtrer ni recoudre les défauts que cette comparaison m'a révélés. Il faut avoir les reins bien
55 fermes pour entreprendre de marcher côte à côte avec ces gens-là. Les écrivains inconsidérés de notre siècle qui, parmi leurs ouvrages de néant, vous sèment des passages entiers tirés des auteurs antiques pour se faire honneur, font le contraire : car cette infinie dissonance d'éclat rend un aspect si pâle, si terni et si laid
60 à ce qui est de leur main qu'ils y perdent beaucoup plus qu'ils n'y gagnent.

notes ....

18. Texte de 1580 : « *resouder* ».
19. Les éditions publiées du vivant de Montaigne ajoutent : « *car autrement j'engendrerois des monstres : comme font les escrivains* [...] ».
20. front a front : sur la même ligne, de front.
21. indiscrets : sans discernement, malavisés.
22. de neant : de rien du tout, de nulle valeur.
23. vont semant : sèment par poignées, sèment à pleine main, constamment.

24. lieux : passages (connus), développements.
25. font le contraire : font le contraire de se faire honneur. Texte de 1580 et 1588 : « *se faire honneur de ce larrecin : & c'est au contraire* ».
26. lustres : reflets, relief dans le style.
27. rend : donne.
28. Texte de 1580 : « *qui est du leur* ».

C'estoit deus contreres fantasies. Le philosofe Chrysippus mesloit a
55 ses livres non les passages sulement mais des ouvrages entiers d'autres
autheurs, et en un, la Medée d'Euripides : et disoit Apollodorus que qui
en retrancheroit[1] ce qu'il y avoit d'estranger, son papier demeureroit en
blanc. Epicurus au rebours, en trois cens volumes qu'il laissa n avoit pas
seme une sule allegacion estrangiere.

60 Il m'advint l'autre jour de tomber sur un tel passage : J'avois trainé lan-
guissant apres des parolles Françoises, si exangues, si descharnées, &
si vuides de matiere & de sens, que ce n'estoient voirement[2] que paroles
Françoises : au bout d'un long & ennuyeux[3] chemin, je vins à rencontrer
une piece[4] haute, riche & eslevée jusques aux nuës : Si j'eusse trouvé la
65 pente douce & la montée un peu alongée, cela eust esté excusable :
C'estoit un precipice si droit & si coupé que des six premieres paroles je
conneuz[5] que je m'envolois en l'autre monde : De la je descouvris la fondriere[6] d'où je venois, si basse & si profonde, que je n'eus onques plus le
cœur de m'y ravaler[7]. Si j'estoffois[8] l'un de mes discours de ces riches
70 despouilles[9], il esclaireroit par trop la bestise des autres.

Reprendre en autrui mes propres fautes ne me semble non plus incom-
patible que de reprendre come je fois souvant celles d'autruy en moy. Il
les faut accuser[10] par tout et leur oster tout lieu de franchise[11]. Si sçai
je bien[12] combien audacieusement j'entreprans moy moimesmes a tous
75 coups de m'esgaler à mes larrecins[13], d'aller pair a pair quand et[14] eux
non sans une temerere esperance que je puisse tromper les yeus des
juges a les discerner. Mais c'est[15] autant par le benefice de mon application[16] que par le benefice de mon invantion[17] et de ma force. Et puis,

1. qui en retrancheroit : si l'on en retranchait.
2. voirement : vraiment.
3. ennuyeux : fâcheux, assommant.
4. piece : morceau (littéraire), partie (de texte).
5. je conneuz : je reconnus, je me rendis compte.
6. fondriere : affaissement de terrain, trou plein d'eau et de boue dans un chemin défoncé.
7. de m'y ravaler : d'y redescendre (*cf. val, aval, dévaler*).
8. Texte de 1580 et 1588 : « *je fardois* ».
9. Texte de 1580 et 1588 : « *peintures* ».

10. accuser : blâmer, débusquer.
11. franchise : refuge, liberté.
12. Si sçay je bien : je sais pourtant bien.
13. larrecins : vols, emprunts de textes étrangers.
14. quand et : en même temps que, avec.
15. c'est : le « *c* » renvoie, par une tournure très elliptique, à « *téméraire espérance* » (ou du moins la capacité présumée de faussaire littéraire qu'elle désigne). D'où le sens : « cette téméraire espérance est motivée dans mon imagination par… ».

Ces deux inspirations contraires avaient cours : le philosophe Chrysippe mêlait à ses livres non seulement des extraits, mais des ouvrages entiers d'autres auteurs, et dans l'un d'eux il a mis la
65 *Médée* d'Euripide, au point qu'Apollodore disait que, si l'on retranchait de sa production ce qui lui était étranger, sa page demeurerait blanche. Épicure, à l'inverse, dans les trois cents volumes qu'il a laissés, n'avait pas semé une seule référence étrangère.

Il m'est arrivé, l'autre jour, de croiser dans ma lecture un extrait
70 dans ce genre. Je n'avais fait que me languir à la traîne d'un langage français si exsangue, si décharné et si vide de matière et de sens, que ce n'était vraiment que du langage français ; au bout d'un chemin long et fastidieux, je me suis retrouvé en face d'un fragment supérieur, riche et élevé jusques aux nues. Si j'avais rencontré une pente
75 douce et une montée un peu allongée, cela aurait pu fournir une excuse ; c'était un précipice si raide et si abrupt que, dès les six premiers mots, j'ai compris que je m'envolais dans l'autre monde. À partir de là, j'ai découvert la fondrière d'où je venais : elle était si encaissée et si profonde que je n'ai plus eu le cœur d'y redescendre
80 jamais. Si j'étoffais l'une de mes analyses avec ces riches dépouilles, elle mettrait par trop en lumière la bêtise des autres.

Critiquer chez autrui mes propres fautes ne me semble pas plus contradictoire que de critiquer – ce qui est souvent mon cas – celles d'autrui chez moi. Il faut les dénoncer partout et leur ôter
85 tout lieu de refuge. Cela ne m'empêche pas de mesurer la hardiesse avec laquelle j'entreprends moi-même à tout propos de me placer au niveau de mes larcins, de marcher d'égal à égal avec eux, non sans caresser le téméraire espoir de pouvoir tromper les yeux des juges qui chercheraient à les discerner. Mais je compte autant
90 sur la façon d'appliquer ces larcins à mon texte que sur ma capacité d'invention et ma force. Et puis je n'engage point une lutte

notes

16. par le benefice de mon application : grâce à la manière dont je les applique à mon texte.

17. invantion : conception, inspiration, capacité à trouver des idées. Rappelons que l'invention est traditionnellement la première des cinq parties de la rhétorique : invention, disposition, élocution, mémoire et action.

je ne luite point en gros[1] ces vieus champions[2] la : et corps a corps :
80 c'est par reprinses, menues et legieres atteintes[3]. Je ne m'y ahurte pas[4]
je ne fois que les taster : et ne vois point, tant, come je marchande[5] d'aller.
Si je leur pouvoy tenir palot[6] je serois honeste home[7], car je ne les
entreprens[8] que par ou ils sont les plus roiddes[9]. De faire ce que j'ay
descouvert d'aucuns[10] Se couvrir des armes d'autruy, jusques à ne mon-
85 trer pas seulement le bout de ses doits, conduire son dessein com'il est
aise aus sçavans[11] en[12] une matiere commune[13], sous les inventions
anciennes rappiecées par cy par là : à ceux[14] qui les veulent cacher et
faire propres[15], c'est premierement injustice et lascheté, que n'ayant
rien en leur vaillant[16] par où se produire, ils cherchent à se presenter
90 par une valur estrangiere: et puis grande sottise se contentant par piperie[17] de s'acquerir l'ignorante approbation du vulguere se descrire
envers les gens d'entandement qui hochent du nez[18] nostre incrustation
empruntée[19], des quels[20] suls la loange a du pois. De ma part il n'est
rien que je veuille moins faire. Je ne dis les autres, sinon pour d'autant
95 plus me dire. Cecy ne touche pas des centons[21] qui se publient pour[22]
centons : et j'en ai veu de tres-ingenieux en mon temps, entre autres un,

notes

1. en gros : de manière frontale, déclarée, dans les grandes largeurs.
2. luite [...] ces champions : lutte contre ces champions, rivalise avec eux.
3. atteintes : attaques.
4. je ne m'y ahurte pas : je ne m'obstine pas contre eux, je ne les heurte pas de front, je ne viens pas buter contre eux.
5. marchande [de] : hésite, balance à ; prétend en tergiversant à, délibère de. C'est l'idée d'une négociation (avec soi-même comme avec autrui) avant de faire quelque chose. Il ne s'agit pas seulement de « faire mine de » s'avancer – traduction tentante mais réductrice – mais de s'interroger sur une décision effective à prendre.
6. leur [...] tenir palot : rivaliser avec eux, me montrer leur égal. Image sportive : le *palot* était une petite pelle utilisée au jeu de paume, ancêtre du tennis. D'où notre traduction « soutenir l'échange ».
7. honeste home : homme de valeur, homme de culture honorable. C'est déjà l'idéal du XVIIe siècle qui prend ici consistance.

8. je ne les entreprens : je ne les attaque (comme on commence l'ascension d'une montagne).
9. les plus roiddes : les plus forts, les plus difficiles. L'idée est que Montaigne ne cite que les meilleurs passages des auteurs en question.
10. d'aucuns : chez certains.
11. aus sçavans : aux doctes, aux spécialistes. L'emploi, souvent péjoratif, du mot *savant* comme substantif est encore relativement rare à l'époque de Montaigne ; l'essayiste utilise beaucoup plus souvent le mot comme adjectif.
12. en : deux lectures sont possibles. La première consisterait à faire de « en » le complément de « sçavans », avec le sens de « spécialistes de » (mais un tel emploi ne se retrouve pas dans d'autres passages des *Essais*) ; la seconde interprétation fait de « en » le complément de « il est aysé », avec la signification « dans » ou « sur ».
13. commune : répandue, banale.
14. à ceux : de la part de ceux.

en grand avec ces vieux champions-là, et au corps à corps : je procède par reprises, avec de faibles et légères attaques. Je ne vais pas
me colleter à eux, je ne fais que les sonder et je ne m'avance point
95 autant que je marchande de m'avancer. Si je pouvais soutenir
l'échange avec eux, je serais honnête homme, car je ne les entreprends que par où ils sont les plus rudes. Faire ce que j'ai découvert
chez certains : se couvrir de l'armure d'autrui jusqu'à ne pas montrer seulement le bout de ses doigts, conduire son projet, comme
100 peuvent le faire aisément les doctes spécialistes d'un sujet connu
de tous, sous la protection de conceptions antiques rapiécées de
bric et de broc − les gens qui veulent cacher de tels emprunts et
les faire passer pour des biens propres, c'est d'abord de leur part
une injustice et une lâcheté : ils n'ont rien qui vaille en eux par
105 où se faire connaître et ils cherchent à se présenter au monde en
recourant à de la valeur étrangère ; et puis c'est une grande sottise,
en se contentant par supercherie d'obtenir l'ignorante approbation du vulgaire, que de se discréditer aux yeux des gens d'entendement, qui plissent le nez à notre incrustation empruntée, eux,
110 seuls dont la louange a du poids. Pour ma part, il n'est rien que je
veuille moins faire. Je ne dis les autres que pour d'autant plus me
dire. Cette condamnation ne vise pas des centons qui se publie-
raient pour centons ; et j'en ai vu de très ingénieux à mon époque

notes

15. les [...] faire propres : les faire passer pour
leurs, s'en attribuer la propriété.
16. en leur vaillant : qui soit à eux (*cf. n'avoir
pas un sou vaillant* : « n'avoir pas un sou en
fait de valeur »).
17. piperie : tromperie, truquage (*cf. les dés
sont pipés*).
18. hochent du nez : font la grimace, la moue
devant ; dédaignent, méprisent.
Littéralement, « secouent par le nez (comme
on fait avec un enfant désobéissant) ».
19. incrustation empruntée : citation
déguisée.
20. des quels : [les gens d'entendement] dont...
21. centons : recueils de citations qui
constituent des florilèges de sagesse.

Le terme latin *cento*, ou en grec *kentrôn*,
s'employait à l'origine pour les guenilles
maintes fois rapiécées. Au sens figuré, un
cento est un ouvrage composé de vers − et
plus tard, aussi, de citations en prose −
empruntés çà et là, à un ou plusieurs auteurs,
en les rangeant dans un ordre nouveau qui
les détourne de leur sens initial.
22. des centons qui se publient pour : des
centons conçus pour être publiés comme. Le
verbe « *se publient* » a vraisemblablement ici
un sens subjonctif à valeur de conséquence.
L'idée implicite est : « des centons dont les
auteurs soient assez honnêtes pour les
publier comme... ».

sous le nom de Capilupus[1], outre les anciens[2]. Ce sont des esprits qui se font voir et par ailleurs et par là, comme Lipsius[3] en ce docte et laborieux tissu de ses Politiques.

100   Quoy qu'il en soit, veux-je dire, & **qu'elles[4]** que soyent ces inepties[5], je n'ay pas deliberé de les cacher, non plus qu'un mien pourtraict chauve & grisonnant, ou le peintre auroit mis non un visage parfaict, mais le mien. Car aussi ce sont ici mes humeurs & opinions : **Je** les donne, pour ce qui est en ma creance[6], non **pource**[7] qui est à croire : **Je** ne vise icy qu'à

105   découvrir moy mesmes, qui seray par adventure autre demain, si nouveau apprentissage me change. Je n'ay point l'authorité d'estre creu, ny ne le[8] desire, me sentant trop mal instruit pour instruire autruy. Quelcun donq' ayant veu l'article precedent[9], me disoit chez moy l'autre jour, que je **me** devoy estre un peu estendu[10] sur le discours[11] de l'institution des

110   enfans. Or Madame, si j'avoy quelque suffisance[12] en ce subject, je ne pourroi la mieux employer que d'en faire un present à ce petit homme, qui vous menasse de faire tantost une belle sortie de chez vous (vous estes trop genereuse[13] pour commencer autrement que par un masle) Car ayant eu tant de part à la conduite[14] de vostre mariage, j'ay quelque

115   droit & interest à la grandeur & prosperité de tout ce qui en viendra : **O**utre ce que l'ancienne possession que vous avez[15] sur ma servitude[16],

---

notes

1. Capilupus : Lelio Capilupi (1498-1560), originaire de Mantoue, avait écrit des satires contre les moines et les femmes dans lesquelles il réutilisait des vers héroïques de Virgile avec une intention de simple parodie.
2. les anciens : parmi les centons les plus connus de l'Antiquité tardive, période d'épanouissement du genre, on peut citer au IVe siècle le *Centon nuptial* (368 ap. J.-C.) d'Ausone composé à la demande de l'empereur Valentinien et, dans la production chrétienne, quelques années auparavant, les *Centons* de Proba Falcona, dame de la haute société romaine qui avait raconté le début de la Genèse et la vie du Christ en n'utilisant que des vers ou parties de vers empruntés à Virgile. Cette dernière œuvre suscita beaucoup d'imitations contribuant à faire fusionner les traditions païenne et chrétienne au cours du Moyen Âge et à la Renaissance.

3. Lipsius : Juste Lipse (1547-1606), célèbre humaniste flamand d'orientation néostoïcienne, éditeur de Sénèque et de Tacite, avec qui Montaigne entretint une correspondance. Les six livres de ses *Politiques* (1589), qui connurent un vif succès, étaient formés uniquement d'extraits d'auteurs antiques. Lipse adhéra au protestantisme en 1570 mais, suspect aux yeux des réformés eux-mêmes, il revint au catholicisme après 1590.
4. Texte de 1580 et 1588 : « *quelles* ».
5. ces inepties : Montaigne parle des *Essais*.
6. creance : croyance, conviction, point de vue.
7. Texte de 1580 et 1588 : « *pour ce* ».
8. le : peut renvoyer à « *estre creu* » – ce qui donnerait le sens « ni ne désire être cru » (hypothèse peu vraisemblable) – ou à « *n'ay point l'authorité* » – impliquant comme interprétation « ni ne désire avoir cette autorité » (c'est l'hypothèse que nous retenons pour notre translation).

– un notamment, signé *Capilupi* – sans compter ceux de
l'Antiquité. Vous trouvez des esprits qui donnent à voir leur personnalité, et par d'autres biais, et par celui-là, comme Lipse dans
ce tissu savamment ouvragé de ses *Politiques*.

Quoi qu'il en soit, je tiens à le dire, et quelles que soient ces
inepties, je n'ai pas l'intention de les cacher, pas plus que je ne
ferais d'un portrait me représentant chauve et grisonnant, où le
peintre aurait mis non un visage parfait, mais le mien. Car aussi ce
sont ici mes humeurs et mes opinions : je les donne pour ce que
je crois, non pour ce qui est à croire. Je ne vise ici qu'à découvrir
ma personne, et je serai peut-être autre demain, si un nouvel
apprentissage me change. Je n'ai point une autorité d'homme à
être cru, ni ne désire l'avoir, me sentant trop mal instruit pour instruire autrui. Quelqu'un, donc, qui avait vu l'article précédent, me
disait chez moi l'autre jour que j'aurais dû m'étendre un peu sur
l'analyse de l'éducation des enfants. Or, Madame, si j'avais une
quelconque compétence en cette matière, je ne pourrais mieux
l'employer que d'en faire présent à ce petit homme qui menace
de faire bientôt une belle sortie de chez vous (vous êtes d'un sang
trop généreux pour commencer autrement que par un mâle). Car,
ayant eu tant de part à la conclusion de votre mariage, j'ai quelque
titre et intérêt à la grandeur et à la prospérité de tout ce qui en
résultera, sans compter que l'ancien droit de servitude que vous

notes

9. l'article precedant : l'essai précédent. Il s'agit du chapitre I, 25 : « Du pédantisme », dont « De l'institution des enfans » apparaît ainsi comme le prolongement explicite.
10. je me devoy estre un peu estendu : j'aurais dû m'étendre un peu.
11. discours : analyse, exposé rationnel.
12. suffisance : capacité, aptitude.
13. trop genereuse : trop noble de naissance, trop bien née. Compliment phallocrate de courtoisie, suivant une tendance traditionnelle dans l'aristocratie. Texte de 1580 et 1588 : « trop genereuse Madame pour [...] ».
14. conduite : réalisation, mise en forme. Montaigne avait représenté le marquis de Trans, beau-père de la comtesse, lors de la signature du contrat de mariage.

15. Texte de 1580 et 1588 : « que vous avez de tout temps sur [...] ».
16. ma servitude : la terre noble de Montaigne, acquise en 1477 par l'arrière-grand-père de Michel, Ramon Eyquem, était un ancien fief de la famille de Foix-Candale. Mais il y a là peut-être aussi un hommage galant et mondain parodiant le vocabulaire de l'amour pétrarquiste. Le pétrarquisme, poésie des imitateurs de Pétrarque (1304-1374) et de son *Canzoniere*, très nombreux en Italie aux xve et xvie siècles, était un courant mettant en avant la douloureuse blessure d'amour : il fut mis à la mode en France par Joachim du Bellay notamment, dans son recueil *L'Olive* (1549).

m'obligent assez[1] à desirer honneur, bien & advantage à tout ce qui vous touche : **M**ais à la verité je n'y entens sinon cela, que[2] la plus grande difficulté & importante de l'humaine science semble estre en cet endroit,
120 ou il se traite de la nourriture[3] & institution des enfans.

Tout ainsi qu'en[4] l'agriculture les façons[5] qui vont avant le planter sont certaines[6] et aysées et le planter mesmes. Mais depuis que ce qui est planté vient a prandre vie : a l'eslever il y a une grande varieté de façons et difficulté Pareillemant aus homes, il y a peu d'industrie a les
125 **planter mais despuis qu'ils sont nais on se charge d'un soin divers plein d'enbesouignement et de creinte a les dresser et nourrir.**

La montre[7] de leurs inclinations est si tendre[8] en ce bas aage & si obscure : les promesses si incertaines & fauces, qu'il est mal-aisé d'y establir **aucun**[9] solide jugement.

130 **Voyez** Cimon voyez Themistocles & mille autres, combien ils se sont disconvenuz[10] à eux mesme. Les petits des ours, des chiens, mo**ntrent**[11] leur inclination naturelle, mais les hommes se jettans incontinent[12] en des accoustumances, en des opinions, en des loix, se changent ou se deguisent[13] facilement.

135 Si est-il difficile de forcer les propensions naturelles : **D**'où il advient que par faute d'avoir bien choisi leur route, pour neant se travaille on[14] souvent & employe l'on beaucoup d'aage[15], à dresser des enfans aux choses, ausquelles ils ne peuvent prendre **pied**[16]. Toutesfois en[17] cette difficulté, mon opinion est, de les acheminer tousjours aux meilleures
140 choses & plus profitables, & qu'on **se** doit **peu** appliquer[18] à ces legieres

notes

1. assez : beaucoup, avec une force certaine (latin *aliquantum*).
2. je n'y entens sinon cela, que : je n'y entends rien sinon que.
3. nourriture : instruction, entretien.
4. Tout ainsi qu'en : tout comme en.
5. façons : méthodes.
6. certaines : déterminées.

7. montre : manifestation.
8. tendre : ténue, molle, friable, malléable.
9. Texte de 1580 : « *nul* ».
10. combien ils se sont disconvenuz : combien ils se sont avérés différents d'eux-mêmes.
11. Texte de 1580 : « *monstrent* ».
12. incontinent : immédiatement, aussitôt.

13. Texte de 1588 : « *& masquent* ».
14. se travaille on : s'efforce-t-on.
15. beaucoup d'aage : beaucoup de temps (latin *aetas*).
16. prendre pied : se repérer, accéder. Texte de 1580 : « *prendre nul goust* » ; texte de 1588 : « *prendre goust* ».
17. en : face à, devant.

avez sur moi m'oblige fort à désirer honneur, bien et avantage pour tout ce qui vous touche. Mais, à la vérité, je n'entends rien à cette question, sinon que la plus grande et importante difficulté
140 de la science humaine semble résider en ce point où l'on traite du développement et de l'éducation des enfants.

De même que, dans l'agriculture, les façons de faire pour ce qui précède la plantation sont précises et aisées à mettre en œuvre, ainsi que la plantation elle-même, mais que, une fois que ce qui est
145 planté vient à prendre vie, pour le faire pousser il y a une grande variété de méthodes et façons et beaucoup de difficulté : de même, semblablement, en ce qui regarde les hommes il y a peu d'ingéniosité à avoir pour les planter, mais une fois qu'ils sont nés, on s'impose le fardeau d'une sollicitude diverse, pleine d'implica-
150 tion et de crainte, pour les élever et les développer.

L'apparence que montrent leurs inclinations est si tendre en ce bas âge et si obscure, les promesses qu'ils incarnent si incertaines et trompeuses, qu'il est malaisé d'établir sur ce fondement le moindre jugement solide.

155 Voyez Cimon, voyez Thémistocle et mille autres, voyez comme ils se sont éloignés de ce qu'ils étaient eux-mêmes. Les petits des ours, des chiens montrent leur inclination naturelle, mais les hommes, qui se jettent à l'instant dans des coutumes reçues, dans des opinions, dans des lois, changent ou déguisent facilement leur manière d'être.

160 Et pourtant il est difficile de forcer leurs penchants naturels. Si bien qu'il arrive ceci : faute d'avoir bien choisi leur route, c'est en vain, souvent, qu'on se fatigue et qu'on emploie beaucoup de son temps à élever des enfants pour des choses dans lesquelles ils ne peuvent trouver leurs marques. Toutefois, sur cette difficulté, mon
165 opinion est qu'il faut les acheminer toujours aux choses les meilleures et les plus profitables, et qu'on doit peu s'attacher à ces prévisions et pronostics pleins de légèreté que nous tirons des

notes

18. Texte de 1580 et 1588 : « on ne doit s'appliquer aucunement ».

divinations, & prognostiques, que nous prenons des mouvemens de leur enfance. **Platon mesme en sa république[1] me semble leur donner beaucoup trop d'authorité.** Madame c'est un grand ornement que la science, & un util[2] de merveilleux service, notamment[3] aux personnes élevées en tel degré de fortune[4], comme vous estes. A la verité elle[5] n'a point son vray usage en mains viles & basses. Elle est bien plus fiere, de préter ses moyens à conduire une guerre ; à commander un peuple ; à pratiquer[6] l'amitié d'un prince, où d'une nation estrangiere, qu'à dresser un argument dialectique ; ou à plaider un appel ; ou ordonner une masse de pillules. Ainsi Madame, par ce que je croy que vous n'oublierez pas cette partie en l'institution des vostres, vous qui en avez savouré la douceur, & qui estes d'une race[7] lettrée : **C**ar nous avons encore les escrits[8] de ces anciens Comtes de Foix[9], d'où monsieur le Comte vostre mary & vous, estes descendus : **Et** François monsieur de Candale, vostre oncle en faict naistre tous les jours d'autres[10], qui estendront la connoissance de cette qualité de vostre famille, à plusieurs siècles. **J**e vous veux dire là dessus une seule fantasie, que j'ay contraire au commun usage : **C**'est tout ce que je puis conferer[11] à vostre service en cela. La charge du gouverneur, que vous luy donrez[12], du chois duquel depend tout l'effect de son institution, ell'à plusieurs autres grandes parties[13], mais je n'y touche point, pour n'y sçavoir rien apporter qui vaille : **&** de cet article, sur lequel je me mesle de luy donner advis, il m'en croira autant qu'il y verra d'apparence[14].

A un enfant de maison[15], qui recherche les lettres[16], non pour le gaing (car une fin si abjecte, est indigne de la grace & faveur des **M**uses,

notes ....

1. Voir Platon, *République*, livre III (415a-c) : « *La première et la principale injonction du dieu à l'adresse de ceux qui commandent est de n'être, à l'égard de personne, gardiens aussi vigilants, de ne rien garder non plus avec autant de zèle, que les rejetons.* »
2. util : outil.
3. Texte de 1580 et 1588 : « *& notamment* ».
4. fortune : avant tout ici le sort, mais aussi par suite la richesse.
5. elle : la science.
6. pratiquer : ici, ménager, gagner, assurer. *Cf. pratiquer une ouverture, pratiquer un chemin* (en écartant les obstacles).

7. race : famille, tradition familiale.
8. Texte de 1580 et 1588 : « *nous avons encore en main les escrits* ».
9. anciens Comtes de Foix : le plus célèbre reste Gaston III de Foix (1331-1391), dit Phœbus en raison de sa chevelure blonde, auteur d'un traité sur la chasse et la fauconnerie intitulé *Miroir de Phébus, des déduiz de la chasse des bestes sauvaiges et des oyseaux de proye*, dont la première publication s'était faite à Poitiers en 1560.
10. tous les jours d'autres : François de Candale, évêque d'Aire-sur-l'Adour et tuteur de Diane de Foix, avait traduit en français

mouvements de leur enfance. Platon lui-même, dans sa *République*,
me semble leur accorder beaucoup trop d'autorité. Madame, c'est
170 un grand ornement que la science, et un outil qui rend de merveilleux services, en particulier aux personnes que la fortune a élevées à un rang comparable au vôtre. À la vérité, la science n'a point
son vrai usage entre des mains viles et basses. Elle est bien plus fière
de prêter ses moyens pour conduire une guerre, pour commander
175 un peuple, pour pratiquer l'amitié d'un prince ou d'une nation
étrangère que pour élaborer un argument dialectique, plaider un
appel ou faire une ordonnance de pilules en masse. Ainsi Madame,
parce que je crois que vous n'oublierez pas ce point dans l'éducation de vos propres enfants, vous qui avez savouré la douceur d'un
180 tel usage et qui êtes d'une race lettrée – car nous avons encore les
écrits de ces anciens comtes de Foix dont Monsieur le comte, votre
mari, et vous-même êtes les descendants ; et votre oncle François,
M. de Candale, en fait naître tous les jours d'autres qui étendront à
plusieurs siècles la notoriété de ce talent littéraire propre à votre
185 famille –, je veux vous dire là-dessus une seule idée personnelle
dont l'inspiration prend chez moi le contre-pied de l'usage commun ; c'est la seule contribution que je puis apporter à votre service
en cela. Les fonctions du précepteur que vous donnerez à votre
enfant, précepteur dont le choix conditionne toute l'efficacité de
190 son éducation, comportent plusieurs autres points importants, mais
je me garde d'y toucher parce que je ne saurais rien fournir qui
vaille à leur sujet ; et quant à l'article sur lequel je me mêle de lui
donner un avis, il me croira autant qu'il trouvera que l'ensemble de
mon propos se tient. S'agissant d'un enfant de noble maison qui
195 cherche à se cultiver, non pour l'argent à y gagner (car une poursuite aussi vile est indigne de la grâce et de la faveur des Muses,

le *Pimandre*, recueil ésotérique attribué au
légendaire Hermès Trismégiste, et en latin les
Éléments d'Euclide.
11. conferer : apporter comme contribution.
12. donrez : donnerez.
13. Que celle dont je vais parler.

14. apparence : vraisemblance, apparence de
raison.
15. de maison : de famille noble.
16. Texte de 1580 et 1588 : « *les lettres & la
discipline* ».

165 & puis elle regarde & depend d'autruy) ny tant pour les commoditez externes, que pour les sienes propres, & pour s'en enrichir et parer au dedans, ayant plustost envie d'en tirer un habil' homme, qu'un homme sçavant, je voudrois aussi qu'on fut soigneux de luy choisir un conducteur, qui eust plutost la teste bien faicte, que bien pleine, & qu'on y requit

170 tous les deux, mais plus les meurs & l'entendement[1] que la science. Et qu'il se conduisist en sa charge d'une nouvelle maniere. On ne cesse de criailler à nos oreilles, comme qui verseroit dans un antonnoir, & nostre charge[2] ce n'est que redire[3] ce qu'on nous à dict. Je voudrois qu'il corrigeast cette partie[4] : & que de belle arrivée[5], selon la portée de l'ame[6],

175 qu'il a en main, il commençast à la mettre sur **la montre**[7], luy faisant gouster les choses, les choisir, & discerner d'elle mesme[8]. Quelquefois luy **ouvrant**[9] chemin, quelquefois **le** luy laissant **ouvrir**[10]. Je ne veux pas qu'il invente[11], & parle seul, je veux qu'il escoute son disciple parler à son tour.

180 **Socrates et despuis, Archesilas faisoint premierement parler leurs disciples et puis ils parloint a eus[12]. *Obest plerumque iis qui discere volunt authoritas eorum qui docent* Il est bon qu'il le face troter davant luy pour juger de son trein[13] et juger jusques a quel point il se doit ravaler[14] pour s'accommoder a sa force. A faute de cette proportion nous**

185 **gastons tout et de la sçavoir choisir et s'y conduire bien mesureement c'est l'une des plus ardues besouignes que je sache : et est leffaict d'une haute ame et bien forte, sçavoir condescendre a ses allures pueriles et les guider Je marche plus seur et plus ferme a mont qu'a val[15] Ceus qui,**

(marge verticale) passage analysé

---

notes

1. **entendement** : intelligence, réflexion, faculté de comprendre et de concevoir.
2. **nostre charge** : notre rôle (à nous enfants).
3. Texte de 1580 : « *que de redire* ».
4. **cette partie** : ce point. Texte de 1580 et 1588 : « *qu'il corrigeast un peu cette partie* ».
5. **de belle arrivée** : de prime abord.
6. **l'ame** : ici, l'esprit, l'élève.
7. **sur la montre** : sur la piste (où le maquignon fait trotter les chevaux à vendre). Dans les premières éditions, Montaigne avait écrit : « *sur le trottoër* ».
8. **d'elle mesme** : par elle-même (par l'âme).
9. Texte de 1580 et 1588 : « *monstrant* ».

10. Texte de 1580 et 1588 : « *luy laissant prendre le devant* ».
11. **invente** : découvre sa pensée, trouve des idées, expose sa conception (latin *invenio*). Cf. le sens du mot *inventeur* pour un objet perdu ou un site archéologique.
12. Voir Cicéron, *Des termes des biens et des maux* (II, 2) : « *En demandant à être instruit, Socrate avait l'habitude de soutirer à ses interlocuteurs leurs sentiments, de façon à partir de leurs réponses, pour dire ce qu'il pouvait bien penser lui-même. Cette pratique, abandonnée par ceux qui ont suivi, fut reprise par Arcesilas.* »

et puis elle regarde autrui et vous place en sa dépendance), ni tant pour les avantages extérieurs à y trouver que pour les siens propres, et pour s'en enrichir et s'en parer au-dedans, comme j'ai plutôt envie d'en tirer un habile homme qu'un homme savant, je voudrais aussi qu'on prenne soin de lui choisir un répétiteur qui ait plutôt la tête bien faite que bien pleine, et qu'on exige l'une et l'autre chose mais davantage la valeur morale et l'entendement que la science. Et je voudrais que ce répétiteur se conduise dans sa fonction d'une nouvelle manière. On ne cesse de criailler à nos oreilles comme on verserait dans un entonnoir, et notre fonction, ce n'est que de redire ce qu'on nous a dit. Je voudrais qu'il corrige ce point, et que, d'emblée, selon l'envergure de l'âme qu'il a en main, il commence à la mettre sur la sellette, lui faisant tâter les choses, les lui faisant choisir et discerner d'elle-même ; quelquefois en lui ouvrant un chemin, quelquefois le lui laissant ouvrir. Je ne veux pas qu'il conçoive et parle seul, je veux qu'il écoute son disciple parler à son tour.

Socrate, et après lui Arcésilas faisaient d'abord parler leurs disciples, et ensuite ils prenaient la parole pour leur répondre. « *Elle nuit la plupart du temps à ceux qui veulent apprendre, l'autorité de ceux qui enseignent.* » (Cicéron, *De natura deorum*, I, 5.) Il est bon qu'il le fasse trotter devant lui pour juger de son allure, et juger jusqu'à quel niveau il doit redescendre pour s'accorder à sa force. Faute de respecter cette proportion, nous gâtons tout ; savoir la choisir et s'y conduire avec une bonne mesure, c'est une des tâches les plus ardues que je connaisse ; et c'est l'effet d'une âme supérieure, et bien forte, que de savoir s'abaisser à son rythme enfantin et le guider. Je marche d'un pas plus sûr et plus ferme en montant qu'en descendant. Ceux

passage analysé

notes

13. trein : allure. Depuis « *mettre sur la montre* » se développe ici – on l'a vu – une image équestre, l'élève étant assimilé, sinon à un cheval, au moins à un apprenti cavalier, et le répétiteur à un écuyer professeur

d'équitation ou peut-être à un dresseur de chevaux.
14. ravaler : rabaisser.
15. a mont qu'a val : en montant qu'en descendant.

190 come porte[1] nostre usage, entreprenent d'une mesme[2] leçon, et pareille mesure de conduite, regenter[3] plusieurs[4] esprits de si diverses mesures et formes[5], ce n'est pas merveille si en tout un peuple d'enfans, ils en rencontrent a peine deus ou trois qui raportent quelqe juste[6] fruit de leur discipline[7].

195 Qu'il ne luy demande pas seulement compte des mots de sa leçon, mais du sens & de la substance, & qu'il juge du profit qu'il aura fait, non par le tesmoignage de sa memoire, mais de **sa vie**[8]. Que ce qu'il viendra d'apprendre il le lui face mettre en cent visages[9], & accommoder à autant de divers subjets, pour voir s'il l'[10] a encore[11] bien pris & bien faict sien. **Prenant[12] l'instruction de son progrez[13] des pædagogismes[14] de**

200 **Platon.** C'est tesmoignage de crudité **& indigestion** que de regorger[15] la viande comme on l'a avallée : **L'**estomac n'a pas faict son operation, s'il n'a faict changer la façon & la forme, à ce qu'on luy avoit donné à cuire[16].

Nostre ame ne branle qu'à credit[17] : liée & contrainte **a l'appetit[18]** des fantasies d'autruy, **serve & captivee[19]** soubs l'authorité de leur[20] leçon. On

205 **nous** a tant assubjectis aux cordes[21], **que nous n'avons** plus de franches allures[22]. **Nostre** vigueur & liberté est esteinte. *Nunquam tutelæ suæ fiunt.* Je vy privéement[23] à Pise un honneste homme, mais si Aristotelicien, que le plus general de ses dogmes est, que la touche[24] & **regle de toutes** imaginations solides, & de toute verité, c'est la conformité à la doctrine

210 d'Aristote, que hors de là, ce ne sont que chimeres & inanité : qu'il

(passage analysé)

notes

1. porte : comporte, implique.
2. une mesme : une seule et même.
3. regenter : diriger à la manière d'un régent de collège, d'un enseignant.
4. plusieurs : beaucoup de.
5. de si diverses mesures et formes : des esprits si différents en valeur et en nature.
6. juste : correct, véritable, conforme à l'enseignement fourni.
7. discipline : enseignement, instruction (latin *disciplina*).
8. Texte de 1580 et 1588 : « *son jugement* ».
9. visages : aspects, formes (image fréquente chez Montaigne).
10. l' : ce qu'il viendra d'apprendre.
11. encore : déjà, désormais ; mais aussi : de surcroît, en outre (sens à la fois temporel et logique).

12. Prenant : ce participe présent renvoie au sujet principal « *il le lui fasse* », c'est-à-dire au précepteur.
13. progrez : progression à suivre.
14. pædagogismes : pratiques pédagogiques.
15. regorger : rendre, régurgiter. Texte de 1580 : « *& d'indigestion* ».
16. Le texte de 1588 ajoutait ici : « *On ne cherche reputation que de science. Quand ils disent c'est un homme sçavant, il leur semble tout dire : leur ame [...]. »
17. à credit : de confiance, sur la foi d'autrui, en se référant à autrui ; donc : par argument d'autorité. L'idée est que l'âme abdique toute autonomie de pensée et, en proie à une confiance aveugle, s'en remet à autrui pour se forger des convictions.

225 qui, comme le veut notre usage, entreprennent, avec la même leçon et une mesure identique dans leur conduite, de faire cours en tant que régent à beaucoup d'esprits de mesures et de formes si diverses, il n'y a pas à s'étonner si, dans toute une population d'enfants, ils en rencontrent à peine deux ou trois qui produisent

230 un juste fruit de leur instruction.

Qu'il ne lui demande pas seulement de rendre compte des mots de sa leçon, mais du sens et de la substance, et qu'il juge du profit qu'il en aura tiré, non d'après le témoignage de sa mémoire, mais d'après celui de sa vie. Que ce qu'il viendra d'apprendre, il le lui

235 fasse retourner sous cent aspects et accorder à autant de matières différentes, pour voir s'il l'a dorénavant bien saisi et bien fait sien, prenant instruction pour la progression à suivre des exemples pédagogiques de Platon. C'est témoigner de sa crudité et de notre indigestion que de recracher la viande comme on l'a avalée. L'estomac

240 n'a pas effectué son opération, s'il n'a pas modifié la façon dont est formé ce qu'on lui avait donné à cuire et digérer.

Notre âme ne s'agite que par procuration : contrainte et obéissant à la fantaisie des inspirations d'autrui, asservie et captive sous l'autorité de sa leçon. On nous a tant assujettis aux longes, que nous

245 n'avons plus de libres allures. *« Ils ne deviennent jamais leurs propres tuteurs. »* (Sénèque, *Lettres à Lucilius*, lettre 33.) J'ai vu à Pise, en visite privée, un personnage honnête homme, mais si aristotélicien que le plus général de ses dogmes, c'est que la pierre de touche et règle de toutes les représentations, et de toute vérité, est la conformité

250 à la théorie d'Aristote : hors de là, il n'y a que chimères et inanité,

passage analysé

---

notes

18. appetit : impulsivité, envie. Texte de 1588 : « *au service* ».
19. Texte de 1588 : « *basse & croupie* ».
20. leur : semble renvoyer à « *fantaisies* » – ce qui signifierait « sous l'autorité qu'elles [ces inspirations fantaisistes] imposent en leçon » (avec un effet d'insistance sur les caprices que nous subissons), mais un pluriel reprenant le terme collectif « *autruy* » est une autre interprétation possible..

21. cordes : courroies, lassos. Texte de 1588 : « *On les a tant [...]. »*
22. franches allures : libres allures, rythme librement choisi par nous-mêmes, vitesse de progression autonome (image équestre à nouveau). Texte de 1588 : « *qu'ils n'ont plus de grandes allures, Leur vigueur* [...] ».
23. privéement : familièrement, dans un cadre personnel.
24. touche : pierre de touche.

a tout veu & tout dict. Cette proposition[1], pour avoir esté un peu trop largement et **iniquement**[2] interpretée, le mit autrefois & tint long temps en grand accessoire[3] **a l'inquisition à Rome**[4].

215 Qu'il luy face tout passer par l'estamine[5], & ne loge rien en sa teste par **simple** authorité[6], & à credit[7]. Les principes d'Aristote, ne luy soyent[8] principes, non plus que ceux des Stoiciens ou Epicuriens : **Q**u'on luy propose cette diversité de jugemens : il choisira s'il peut : sinon il en demeurera en doubte, **Il n'y a que les fols certeins et resolus.**

Che non men che saper dubbiar m'aggrada.

220 Car s'il embrasse[9] les opinions de Xenophon & de Platon, par son propre discours[10], ce ne seront plus les leurs, ce seront les siennes. **Qui suit un autre, il ne suit rien. Il ne treuve rien, voire**[11] **il ne cherche rien**[12]. *Non sumus sub rege, sibi quisque se vindicet.*[13] **Qu'il sache qu'il sçait, au moins.**

225 Il faut qu'il emboive[14] leurs humeurs[15], non qu'il aprenne leurs preceptes : **Et** qu'il oublie hardiment s'il veut, d'où il les tient mais qu'il se les sçache[16] approprier. La verité & la raison sont communes à un chacun[17], & ne sont non plus à qui les à dites premierement, qu'à qui[18] les dict apres. **Ce n'est non plus selon Platon que selon moy puis que luy et moi**

230 **l'entendons**[19] **et voïons de mesmes**. Les abeilles pillotent[20] deçà delà les

notes

1. Texte de 1588 : « *cette sienne proposition* ».
2. Texte de 1588 : « *injurieusement* ».
3. **accessoire** : embarras, danger.
4. Le médecin et philosophe Girolamo Borro, né à Arezzo, professeur à Pise depuis 1553, fut emprisonné par l'Inquisition du fait de son aristotélisme extrême et dut renoncer à sa chaire en 1586. Il avait échangé avec Montaigne des visites lors du séjour de l'essayiste à Pise en juillet 1581, et lui offrit, comme en témoigne le *Journal de voyage*, un exemplaire de son traité *Del flusso e del riflusso del mare* : « *J'eus plusieurs fois à mon logis la visite de Jérôme Borro, médecin, docteur de la Sapience, et je l'allai voir à mon tour. Le 14 juillet, il me fit présent de son livre* Du flux et reflux de la mer, *qu'il a écrit en langue vulgaire, et me fit voir un autre livre de sa façon écrit en latin sur les maladies du corps.* »
5. **estamine** : étamine, tissu peu serré de crin, de fil ou de soie qui sert à filtrer ou à cribler (on passe une farine à l'étamine). Au figuré,

l'expression signifie « soumettre à un examen sévère » (*cf.* passer au crible).
6. **par simple authorité** : en jouant sur sa seule autorité morale de précepteur (et non sur des arguments fondés en raison).
7. **à credit** : de confiance, sans vérification.
8. **Les principes [...] ne luy soyent** : que les principes ne lui soient (subjonctif d'ordre).
9. **embrasse** : adopte, souscrit à, se rallie à.
10. **discours** : raisonnement, jugement.
11. **voire** : ou même, ou pour tout dire.
12. C'est Sénèque qui, dans la 33e des *Lettres à Lucilius* (d'où est d'ailleurs tirée, légèrement retouchée, la citation placée juste après), écrivait exactement cette formule : « *Qui alium sequitur, nihil invenit, immo nec quærit* » (« Qui chemine à la suite d'un autre ne découvre rien et même, pour mieux dire, ne cherche rien »). Formule dont Montaigne fournit une traduction littérale tout en surenchérissant dans le martèlement (« *il ne suit rien* »).

Aristote a tout vu et tout dit. Cette position, parce qu'elle avait été un peu trop largement et abusivement interprétée, l'a mis autrefois – et longtemps maintenu – en grand péril devant l'Inquisition à Rome.

255 Qu'il lui fasse tout passer à l'étamine et ne loge rien dans sa tête de sa seule autorité et par procuration ; les principes d'Aristote ne doivent pas être pour lui des principes, pas plus que ceux des Stoïciens ou des Épicuriens. Qu'on lui expose cette diversité de jugements : il choisira s'il peut, sinon il demeurera là-dessus dans

260 le doute. Il n'y a que les fous pour être certains et résolus.

« *C'est que, non moins que savoir, douter me plaît.* »
(Dante, *L'Enfer*, chant XI.)

Car s'il embrasse les opinions de Xénophon et de Platon par sa propre analyse, ce ne seront plus les leurs, ce seront les siennes.

265 Qui suit un autre ne suit rien. Il ne trouve rien, ou même ne cherche rien. « *Nous ne sommes pas sous un roi ; que chacun se revendique pour lui-même.* » (Sénèque, *Lettres à Lucilius*, lettre 33.) Qu'il sache qu'il sait, au moins.

Il faut qu'il s'imprègne de leurs humeurs, non qu'il apprenne

270 leurs préceptes. Et qu'il oublie hardiment, s'il veut, d'où il les tient, mais qu'il sache se les approprier. La vérité et la raison sont communes à tout un chacun et ne sont pas plus à qui les a dites premièrement, qu'à qui les dit ensuite. Ce n'est pas plus selon Platon que selon moi, puisque lui et moi comprenons et voyons

275 la chose de la même manière. Les abeilles pillotent çà et là les

notes

**13. Chez Sénèque, le verbe *vindicare* est à l'indicatif (*vindicat*) et non au subjonctif (*vindicet*) comme l'y met Montaigne. Car les stoïciens, présentant la chose comme une réalité et non comme une injonction, tiraient fierté de n'être pas soumis, contrairement aux épicuriens, à l'autorité d'un chef d'école.
14. emboive : absorbe, s'imbibe de, se plonge dans.

15. humeurs : ici, c'est plutôt le sens moral : « état d'esprit, préoccupation, attitude mentale ».
16. qu'il se les sçache : qu'il sache se les.
17. à un chacun : à tout un chacun.
18. non plus à qui [...], qu'à qui : pas plus à celui qui [...], qu'à celui qui.
19. entendons : comprenons.
20. pillotent : font leur provision, butinent (fréquentatif du verbe *piller*, de même que *butiner* est un verbe tiré du mot *butin*).

fleurs, mais elles en font apres le miel, qui est tout leur, ce n'est plus thin, ny marjolaine[1] : **A**insi les pieces empruntées d'autruy, il les transformera & confondera[2], pour en faire un ouvrage tout sien : à sçavoir son jugement : **S**on institution[3], son travail & estude ne vise qu'à le former.

235 **Qu'il cele[4] tout ce de quoi il a este secouru, et ne produise[5] que ce qu'il en a faict. Les pilleurs les enprunteurs mettent en parade leurs bastimans leurs achatz non pas ce qu'ils tirent d'autruy. Vous ne voïes pas les espices[6] d'un home deparlement vous voies les alliances qu'il a gaignées & honurs a ses enfans. Nul ne met en compte publique sa**
240 **recette : chacun y met son acquest[7]. Le guein de nostre estude c'est en estre devenu meillur & plus sage.**

C'est disoit Epicharmus[8] l'entendement qui voyt & qui oyt, c'est l'entendement qui approfite[9] tout, qui dispose tout, qui agit, qui domine & qui regne : toutes autres choses sont aveugles, sourdes & sans ame.
245 Certes[10] nous le rendons servile & coüard, pour ne luy laisser la liberté de rien faire de soy. Qui demanda jamais à son disciple ce qu'il luy semble **de la Rethorique & de la Grammaire**, de telle ou telle sentence[11] de

---

notes

1. Cette image de l'abeille remonte à Platon dans son dialogue *Ion* (534b) et elle a connu une grande fortune littéraire. Citons Horace, *Odes* (IV, 2, v. 27-32) : « *Mais moi, à la manière habituelle de l'abeille du Matinus* [promontoire de la région des Pouilles, au sud-est de l'Italie], *qui butine avec effort le thym parfumé, je me promène dans le bois épais et sur les rives du frais Tibur* [actuelle Tivoli, dans la banlieue nord-est de Rome], *façonnant modestement des vers laborieux* » ; Sénèque, *Lettre à Lucilius* (lettre 84) : « *Imitons, comme on dit, les abeilles qui volettent de-ci de-là, pillotant les fleurs propres à faire le miel, puis disposent, arrangent en rayons tout leur butin* » ; et même, à la Renaissance, à côté de Baldassare Castiglione, *Le Livre du courtisan* (1528) : « *Et comme l'abeille dans les prés verdoyants va toujours cueillant les fleurs parmi les herbes, ainsi notre Courtisan doit cueillir et voler cette grâce à ceux qui lui sembleront la posséder, et prendre à chacun ce qui chez lui est le plus louable* » (I, 26), on trouve Ronsard lui-même dans sa *Responce aux injures et calomnies de je ne sais quels prédicants et*

ministres de Genève [les protestants calvinistes] (1563) : « *As-tu pas vu voler en la prime saison / L'avette qui de fleurs enrichit sa maison ?* »
2. **confondera** : fondra ensemble, en fera son « miel ». Le sens n'est pas du tout celui, moderne et péjoratif, de « confusion », d'« erreur » ou de « pêle-mêle désordonné » (même si c'est bien du verbe *confondre* qu'est tirée la forme ici employée, en dépit de l'orthographe de Montaigne donnant à penser qu'il s'agirait d'un composé de *fonder*).
3. **institution** : éducation (latin *instituere* : « faire tenir droit », « dresser » ; *cf. stature, statut*).
4. **cele** : cache (*cf. receleur*).
5. **produise** : montre.
6. **espices** : gratifications, honoraires. C'était originellement le mode de règlement des salaires et émoluments des gens qui travaillaient dans ces assemblées locales qu'étaient les parlements. L'humaniste Étienne Pasquier écrit : « *Le mot d'espices par nos anciens étoit pris pour confitures et dragées.* » Au XVIᵉ siècle, si le mot était

---

80

fleurs, mais elles en font ensuite leur miel, qui est tout à elles ; ce n'est plus du thym ni de la marjolaine : ainsi les éléments emprun-tés à autrui, il les transformera et les fondra ensemble, pour en faire un ouvrage tout à lui, je veux dire son jugement. Son éducation,
280 son travail d'étude ne visent qu'à former ce jugement.

Qu'il cache tout ce à quoi il a eu recours, et ne produise que ce qu'il en a fait. Les pilleurs, les emprunteurs mettent en parade leurs constructions, leurs achats, non pas ce qu'ils tirent d'autrui. Vous ne voyez pas les gratifications d'un homme de parlement,
285 vous voyez les alliances qu'il a obtenues et les honneurs pour ses enfants. Nul ne rend public l'état de sa recette ; chacun rend public celui de ses acquisitions. Le gain de notre étude, c'est d'en devenir meilleur et plus sage.

C'est l'entendement, disait Épicharme, qui maîtrise la vue et
290 l'ouïe, c'est l'entendement qui valorise tout, qui arrange tout, qui agit, qui domine et qui règne : toutes les autres choses sont aveugles, sourdes et sans âme. Assurément nous le rendons servile et couard en ne lui laissant pas la liberté de faire quoi que ce soit de lui-même. Qui a jamais demandé à son disciple ce qu'il pense
295 de la rhétorique et de la grammaire, de telle ou telle sentence de

passage analysé (marge gauche)

---

notes

conservé, la rémunération se faisait en argent (de même qu'aujourd'hui on emploie, pour les gens qui se laissent corrompre dans l'exercice de leurs fonctions, l'expression « pot-de-vin »).
7. acquest : l'acquêt, au sens littéral et juridique du terme, désigne ce qui est acquis à titre onéreux, donc autrement que par libéralité (acquisition gratuite), que cette libéralité prenne la forme de la donation (libéralité entre vifs) ou de la succession (héritage). En l'occurrence, c'est le fruit de l'expérience, ce que la recette a permis d'acquérir, bref : le miel par opposition au pollen (ou « recette »). Montaigne emploie souvent ce terme avec le sens tout simple d'« acquisition », mais d'acquisition non fortuite, pour laquelle le prix à payer – en épreuves – a été mis. C'est l'un des mots qu'il a visiblement conservés de sa formation et de son expérience de juriste.

8. Epicharmus : poète grec (VIe-Ve s. av. J.-C.) qui, né à Cos, vécut en Sicile sous la protection des tyrans Gélon et Hiéron de Syracuse. Épicharme est considéré comme l'un des inventeurs de la comédie grecque, à laquelle il donna, avant Aristophane, une forme littéraire. Sur l'anecdote de ce passage, voir Plutarque, *De la fortune ou vertu d'Alexandre* (trad. d'Amyot, 1572) où sont opposées les qualités de l'esprit aux dons de la fortune : « *Ainsi, comme dit Epicharmus, l'entendement voit, l'entendement oit, tout le reste est aveugle et sourd, ayant faute de la raison.* »
9. approfite : fait son profit de.
10. Certes : il est certain que (sens fort).
11. sentence : à la fois opinion, jugement et phrase brillante, formule ciselée.

Ciceron ? On nous les placque en la memoire toutes empennées[1], comme des oracles, ou les lettres & les syllabes sont de la substance de la chose.

250 **Sçavoir par ceur n'est pas sçavoir : c'est tenir[2] ce qu'on a doné en garde a sa memoire. Ce qu'on sçait droitement, on en dispose, sans regarder au[3] patron, sans tourner les yeus vers son livre[4]. Facheuse suffisance, qu'une suffisance pure livresque. Je m'atans[5] qu'elle serve d'ornemant non de fondemans suivant l'advis de Platon[6] : qui dict la fer-**
255 **mete la foi la sincerite estre la vraye philosofie Les autres sciances et qui visent ailleurs n'estre que fard**

Je voudrois que le Paluël ou Pompée[7] ces beaux danseurs **de mon temps,** apprinsent[8] des caprioles à les voir seulement faire, sans nous bouger[9] de nos places, comme ceux-cy veulent instruire nostre entende-
260 ment, sans l'esbranler[10]. **ou qu'on nous aprint a manier un cheval ou une pique ou un lut ou la voix, sans nous y exercer come ceus icy nous veulent aprandre a bien juger et a bien parler sans nous exercer ny a parler ny a juger.** Or à cet apprentissage tout ce qui se presente à nos yeux sert de livre suffisant[11] : La malice[12] d'un page, la sottise d'un valet, un pro-
265 pos de table, ce sont autant de nouvelles matieres. A cette cause[13] le commerce des hommes y est merveilleusement propre, & la visite des pays estrangers. Non pour en rapporter seulement, à la mode de nostre noblesse Françoise, combien de pas à *Santa Rotonda*[14], ou la richesse

1. toutes empennées : toutes garnies de leurs plumes (d'après *penne*, « plume »), comme un gibier dont on n'aurait pas retiré le plumage pour le cuisiner.
2. tenir : fixer, serrer, maintenir en place (avec peut-être la nuance de « s'agripper à »).
3. regarder au : se référer au.
4. Voir Sénèque, *Lettres à Lucilius*, encore lettre 33 : « *Or se souvenir n'est pas savoir. Se souvenir, c'est conserver le dépôt confié à la mémoire ; savoir, c'est faire sienne toute notion acquise, sans s'accrocher à un modèle, sans se retourner à tout bout de champ vers le maître.* »
5. je m'atans : je désire, je compte. Littéralement, « je tends ma volonté pour que ».
6. suivant l'advis de Platon : voir sa *Lettre à Aristodôros* : « *La fermeté, la fidélité, la*

loyauté, c'est là ce que j'affirme être la philosophie authentique ! Quant aux autres formes de sagesse et qui tendent à d'autres objets, en les appelant des talents, des virtuosités, je crois les nommer comme il faut. »
7. le Paluël ou Pompée : Ludovico Paluello et Pompeo Diabono, maîtres de danse milanais, avaient été choyés et qui tendent à la cour de France sous les derniers Valois dès le règne d'Henri II, dans les années 1550.
8. apprinsent : apprissent, enseignassent (subjonctif imparfait, par concordance après « *je voudrois* »).
9. nous bouger : nous faire bouger. Emploi ici transitif, plus familier, encore aujourd'hui, que l'emploi intransitif, donc donnant une certaine vivacité au propos.

Cicéron ? On nous les plaque tout enrubannées dans la mémoire, comme des oracles où les lettres et les syllabes participent de la substance de la chose.

Savoir par cœur n'est pas savoir : c'est se tenir à ce qu'on a
300 donné en garde à sa mémoire. Ce qu'on sait correctement, on en dispose, sans consulter le patron, sans tourner les yeux vers son livre. Fâcheuse compétence qu'une compétence purement livresque ! Mon intention est qu'une telle compétence serve d'or-
305 nement, non de fondement – suivant en cela l'avis de Platon, qui dit que la fermeté, la foi, la sincérité constituent la vraie philosophie, les autres sciences, et qui ont d'autres visées, ne constituant que du fard.

Je voudrais que le Paluello ou Pompeio, ces beaux danseurs
310 de mon temps, puissent enseigner l'art des cabrioles à les voir seulement faire, sans nous bouger de nos places, comme ces gens-là veulent discipliner notre entendement sans l'activer, ou qu'on nous enseigne comment manier un cheval ou une pipe ou un luth ou notre voix, sans nous y exercer, comme ces gens
315 veulent nous enseigner comment bien juger et bien parler sans nous exercer ni à parler ni à juger. Or à cet enseignement tout ce qui se présente à nos yeux fait suffisamment office de livre : la méchanceté d'un page, la sottise d'un valet, un propos de table, ce sont autant de nouveaux sujets. Voilà pourquoi la fréquentation
320 des hommes est singulièrement adaptée à un pareil apprentissage, ainsi que la visite des pays étrangers. Non pour en rapporter seulement, sur le modèle de notre noblesse française, le nombre de pas de Santa Rotonda ou la richesse des dessous de la

notes

10. Texte de 1580 et 1588 : « *sans l'esbranler & mettre en besongne* ».
11. suffisant : satisfaisant. Littéralement, « compétent ». Sur cette assertion, voir Plutarque, *Comment l'on pourra apercevoir si l'on amende* [se corrige] *et profite en l'exercice de la vertu* (trad. d'Amyot, 1572), évoquant différents personnages dans des situations plus ou moins saugrenues (par

exemple, le général spartiate Brasidas, brillant stratège militaire de la guerre du Péloponnèse, mordu par une souris).
12. malice : méchant tour, méchanceté, malignité.
13. À cette cause : pour cette raison.
14. Ancien Panthéon qu'Agrippa fit construire sous Auguste, devenu l'église Sainte-Marie-aux-Martyrs.

des calessons[1] de la *Signora Livia*[2], ou comme d'autres, combien le visage
270 de Neron, de quelque vieille ruyne de là, est plus long ou plus large, que
celuy de quelque pareille medaille. **M**ais pour en raporter principalement
les humeurs[3] de ces nations & leurs façons[4], & pour frotter & limer
nostre cervelle contre celle d'autruy. Je voudrois qu'on commençast à le
promener des sa tendre enfance : **E**t premierement pour faire d'une pierre
275 deux coups, par les nations voisines, **où le langage est** plus[5] esloigné du
nostre[6], &[7] auquel[8], si vous ne la formez de bon'heure, la langue ne se
peut **plier**[9]. Aussi bien est-ce une opinion receuë d'un chacun, que ce
n'est pas raison de nourrir[10] un enfant au giron de ses parents : **C**ette
amour naturelle les[11] attendrist trop, & relasche, voire les plus sages : **I**ls
280 ne sont capables ny de chastier ses fautes, ny de le voir nourry grossierement[12] comme il faut, & **hasardeusement**[13] : **I**ls ne le sçauroient souffrir revenir suant & poudreux[14] de son exercice, **boire chaut boire froit**,
ny le voir sur un cheval **rebours**[15] : **ny contre un rude**[16] **tireur**[17], le floret
au poing, **ny la premiere** harquebouse[18]. Car il n'y à remede[19], qui[20] en
285 veut faire un homme de bien, sans doubte[21] il **ne** le faut **espargner**[22] en
cette jeunesse : & souvent choquer[23] les regles de la medecine,

vitámque sub dio et trepidis agat

In rebus.

Ce n'est pas assez de luy roidir l'ame, il luy faut aussi roidir les
290 **muscles. E**lle[24] est trop pressee[25] si elle n'est secondee et a trop à faire,

---

notes

1. calessons : dessous, sous-vêtements. Le
mot *collants* pourrait rendre l'idée, même
si, apparu en ce sens au XIXe siècle dans le
vocabulaire de la danse, il paraît anachronique.
2. Signora Livia : personnage encore non
identifié. Peut-être une danseuse du temps.
3. humeurs : tendances, tempérament.
4. façons : usages, façons d'être.
5. plus : le plus.
6. Texte de 1580 : « *nations voisines qui ont le
langage plus esloigné du nostre* ».
7. & : et donc (sens consécutif assez
fréquent). *Cf.* La Fontaine : « *Deux coqs
vivaient en paix, une poule survint, / Et voilà
la guerre allumée.* »
8. auquel : à ce langage, à la spécificité de ce
langage.

9. Texte de 1580 et 1588 : « *façonner* ».
10. nourrir : élever.
11. les : les parents.
12. grossierement : rudement, sans
ménagements.
13. hasardeusement : dangereusement. Texte
de 1580 et 1588 : « *& sans delicatesse* ».
14. poudreux : sale, plein de poussière.
15. rebours : difficile, qui recule au lieu
d'avancer (*cf.* rebrousser chemin). Texte de
1580 et 1588 : « *ny le voir hazarder tantost
sur un cheval farouche, tantost un floret au
poing, tantost un' harquebouse* ».
16. rude : acharné, tenace, résistant. En
langage sportif, on parle de *concurrent
sérieux*.
17. tireur : maître d'armes.

Signora Livia, ou, comme d'autres, l'écart en longueur ou en lar-
325 geur que marque le visage de Néron sur une vieille ruine quelconque de là-bas, aux dépens de celui d'une quelconque médaille
du même personnage. Mais pour en rapporter avant tout les
humeurs de ces nations et leurs façons d'être, et pour frotter et
limer notre cervelle contre celle d'autrui. Je voudrais qu'on com-
330 mence à emmener en balade mon jeune homme dès sa tendre
enfance et, afin de faire d'une pierre deux coups, d'abord à travers
les pays voisins où le langage est le plus éloigné du nôtre, au point
que la langue, si vous ne la formez de bonne heure en ce sens, ne
peut prendre le pli local. Aussi bien est-ce une opinion admise par
335 tout un chacun qu'il n'est pas raisonnable de laisser se développer
un enfant dans le giron de ses parents. Cet amour naturel qu'ils
éprouvent les attendrit trop et les relâche, même les plus sages.
Ils ne sont capables ni de punir ses fautes, ni d'accepter que son
développement se fasse rudement, comme il le faut, et dangereu-
340 sement. Ils ne sauraient supporter de le voir revenir suant et
poudreux de son exercice, qu'il boive chaud, qu'il boive froid, ni
qu'il se trouve sur un cheval rétif, ni opposé à un fameux tireur le
fleuret au poing, ni aux prises avec sa première arquebuse. Car
c'est sans alternative : si l'on veut en faire un homme de bien,
345 il n'y a pas de doute qu'on ne doit pas l'épargner dans cette
jeunesse, quitte à souvent heurter les règles de la médecine,
« qu'il passe sa vie en plein air et dans les alarmes. »
(Horace, *Odes*, III, 2, v. 5-6.)
Ce n'est pas assez de lui roidir l'âme, il faut aussi lui roidir les
350 muscles. L'âme est trop accablée si elle n'est pas secondée, et elle

notes

18. **harquebouse** : arquebuse (ancienne arme à feu). L'artillerie, récente à l'époque, était encore mal maîtrisée. Le maniement des armes à feu était donc réputé dangereux, provoquant assez couramment des accidents. 19. **remede** : expédient, moyen pour se tirer d'embarras. 20. **qui** : si l'on.

21. **sans doute** : sans aucun doute. 22. Texte de 1580 et 1588 : « *il le faut hazarder un peu* ». 23. **& souvent choquer** : au point qu'il faut souvent aller à l'encontre de (nouvel emploi de « et » à valeur consécutive). 24. **Elle** : l'âme. 25. **pressee** : mise sous pression.

de seule fournir a deus offices[1]. Je sçai combien ahane[2] la miene en compaignie d'un cors si tendre[3] si sensible qui se laisse si fort aller sur elle. Et aperçois souvant en ma leçon[4] qu'en leurs escris mes maistres font valoir pour magnanimité et force de corage des exemples qui tienent

295 volontiers[5] plus de lespessissure de la peau et durté[6] des os. J'ay veu des homes des fames & des enfans einsi nais[7] qu'une bastonade[8] leur est moins qu'a moi une chiquenaude[9] : qui ne remuent ny langue ny sourci aus coups qu'on leur done. Quand les Athletes contrefont les philosophes en patience[10] c'est plus tost vigeur de nerfs que de ceur. Or l'acostumance

300 a porter le travail[11] est accoustumance a porter la dolur *labor callum obducit dolori*. Il le faut rompre a la peine et aspreté des exercices pour le dresser a la peine et aspreté de la desloueure[12] de la cholique du cautere et de la geaule & de la torture. Car de ces dernieres icy[13] ancore

305 peut il estre en prinse : qui regardent les bons selon le temps[14] come les meschans. Nous en somes a l'espreuve[15]. Quiconque combat les loix menace[16] les plus gens de bien d'escorgées[17] et de la corde[18].

Et puis, l'authorité du gouverneur, qui doit estre souveraine sur luy[19], s'interrompt & s'empesche par la presence des parens. Joint que[20]

310 ce respect que la famille[21] luy porte, la connoissance des moyens[22] & grandeurs de sa maison, ce ne sont à mon opinion pas legieres incommoditez[23] en cet aage. En cette eschole du commerce des hommes, j'ay souvent remarqué ce vice[24], Qu'au lieu de prendre connoissance d'autruy,

notes

1. **à deus offices** : à deux services (celui du corps et le sien propre).
2. **ahane** : peine, s'éreinte, fait de grands efforts.
3. **tendre** : douillet, délicat.
4. **en ma leçon** : dans mes lectures.
5. **volontiers** : vraisemblablement, je crois, probablement. Le sens semble être : « qui tiennent, je dirais volontiers, plus de... ». Une autre hypothèse, en rapport avec le « *souvent* » du début de la phrase, serait : « fréquemment », « régulièrement ».
6. **durté** : dureté, solidité, résistance.
7. **einsi nais** : ainsi nés, de telle nature.
8. **bastonade** : volée de coups de bâton.
9. **chiquenaude** : pichenette.
10. **patiance** : endurance, capacité à soutenir la douleur.

11. **porter le travail** : supporter la peine.
12. **desloueure** : luxation, déboîtement, fracture. Littéralement, « dislocation » (*cf. foulure*).
13. **ces dernieres icy** : ces dernières-ci, c'est-à-dire la geôle et la torture.
14. **selon le temps** : vu le temps (de guerre civile) qui est le nôtre, conformément à l'époque où nous vivons.
15. **Nous en somes a l'espreuve** : nous l'expérimentons, nous faisons l'épreuve de la chose. « *En* » renvoie à « *ces dernieres icy* » et plus précisément à l'idée contenue dans la proposition relative « *qui regardent les bons selon le temps come les meschants* ».
16. **menace** : en vient à menacer, porte menace pour.
17. **escorgées** : lanières de fouet.

a trop à faire à devoir assumer double charge. Je sais combien la mienne s'échine à tenir compagnie à un corps aussi douillet, aussi sensible, qui se laisse aller aussi fortement sur elle. Et je remarque souvent, dans mes lectures, que mes maîtres dans leurs écrits font
355 valoir pour magnanimité et force de cœur des exemples qui relèvent plus volontiers de l'épaisseur du cuir et de la dureté des os. J'ai vu des hommes, des femmes et des enfants ainsi faits de naissance, qu'une bastonnade représente moins pour eux que pour moi une chiquenaude : ils n'élèvent ni la voix ni le sourcil
360 sous les coups qu'on leur donne. Quand les athlètes imitent les philosophes en endurance, c'est plutôt vigueur des tendons que du courage. Or l'accoutumance à soutenir l'effort est accoutumance à soutenir la douleur : « *le labeur accumule une callosité contre la douleur.* » (Cicéron, *Tusculanes*, II, 15, 36.) Il faut rompre ce jeune
365 homme à la peine et à l'âpreté des exercices pour qu'il se fasse à la peine et à l'âpreté d'une luxation, d'une colique, d'un cautère, et même de la geôle et de la torture. Car, à ces dernières adversités-là, encore peut-il être confronté puisque, à l'époque où nous sommes, elles intéressent les bons comme les méchants. Nous
370 éprouvons la chose : quiconque combat les lois menace les gens de bien les plus patents du fouet et de la corde.

Et puis l'autorité du précepteur, qui doit être souveraine sur le garçonnet, est interrompue et gênée par la présence des parents. Sans compter que ce respect que lui porte la maisonnée, la
375 connaissance qu'il a des ressources et des grandeurs de sa famille, ce ne sont pas, à mon avis, de légers inconvénients à cet âge. En cette école qu'est la fréquentation des hommes, j'ai souvent remarqué ce travers, qu'au lieu de chercher à connaître autrui, nous ne faisons d'effort que pour nous faire connaître, et nous

notes

18. corde : pendaison, corde pour les pendre.
19. sur luy : sur l'enfant.
20. Joint que : ajoutons que.
21. famille : personnel de maison (latin *familia*).

22. moyens : richesses, biens.
23. incommoditez : inconvénients.
24. vice : défaut, faiblesse.

nous ne travaillons qu'à la donner de nous : & sommes plus en peine
315 d'emploiter[1] nostre marchandise que d'en acquerir de nouvelle. Le silence
& la modestie, sont qualitez tres-commodes à la conversation[2]. On dres-
sera cet enfant à estre espargnant & mesnagier de sa suffisance, quand
il l'ara acquise : **A** ne se formalizer point des sottises & fables[3] qui se
diront en sa presence. **C**ar c'est une incivile importunité de choquer tout
320 ce qui n'est pas de nostre **appetit**[4].

**Qu'il se contante de se corriger soimesmes Et ne semble pas repro-
cher a autruy tout ce qu'il refuse a faire ny contraster aus[5] meurs
publiques[6].** *Licet sapere sine pompa, sine invidia.*[7] **Fuye[8] ces images[9]
regenteuses[10] et incivilles : et cette puerile ambition de voloir paroitre**
325 **plus fin pour estre autre et tirer nom[11] par reprehantions[12] et nouvele-
tez[13]. Come il naffiert[14] qu'aus grands poetes d'user des licences de lart
aussi n'est-il supportable qu'aus grandes ames et illustres de se privile-
gier audessus de la coustume.** *Si quid Socrates et Aristippus contra
morem et consuetudinem fecerint idem sibi ne arbitretur licere : magnis*
330 *enim illi et divinis bonis hanc licentiam assequebantur.*

On luy apprendra **de** n'entrer en discours[15] & contestation[16], que où[17]
il verra[18] un champion digne de sa luite : **Et** là mesmes[19] à n'emploier pas
tous les tours qui luy peuvent servir, mais ceux-là seulement qui luy peuvent le plus servir. Qu'on le rende delicat[20] au chois & triage[21] de ses

---

notes

1. emploiter : débiter, mettre à profit, employer (cf. *emplette*, « achat »). Remarquons le vocabulaire de l'échange marchand dans ce passage : « *commerce* », « *emploiter* », « *marchandise* », « *acquerir* ».
2. conversation : relations sociales, échange mondain (sens large). Texte de 1580 et 1588 : « *conversation des hommes* ».
3. fables : propos frivoles, sornettes. Littéralement, « pièces de théâtre, comédies ».
4. appetit : attirance, curiosité. Texte de 1580 et 1588 : « *goust* ».
5. contraster aus : s'opposer aux, se mettre en contradiction avec les.
6. publiques : en usage, répandues, générales.

7. Variante : « *Qu'on lui inculque souvant qu'il n'y a que les fols bien certeins et bien resolus.* »
8. Fuye : qu'il fuie (subjonctif à valeur d'ordre).
9. images : airs, figures.
10. regenteuses : donneuses de leçons.
11. nom : renom, réputation.
12. reprehantions : critiques, remontrances.
13. Voici le texte que donne, pour cette phrase, l'édition posthume de 1595, mise au point sur la base de l'Exemplaire de Bordeaux par Marie de Gournay (qui a pris quelques libertés avec le manuscrit) : « *et comme si ce fust marchandise malaizée, que reprehensions et nouvelletez, vouloir tirer de là, nom de quelque peculiere valeur* ».

380 nous mettons plus en peine de débiter notre marchandise que d'en acquérir une nouvelle. Le silence et la modestie sont des qualités très appropriées pour la conversation. On élèvera cet enfant dans l'idée d'économiser et de ménager sa compétence quand il l'aura acquise, de ne point se formaliser des sottises et des fables

385 qui se diront en sa présence. Car c'est être incivil et importun que d'aller heurter tout ce qui n'est pas de notre fantaisie.

Qu'il se contente de se corriger lui-même et n'ait pas l'air de reprocher à autrui de faire tout ce à quoi il se refuse pour son compte, ni l'air de s'inscrire en faux contre les mœurs publiques. « *Il*

390 *est permis d'être sage sans ostentation, sans arrogance.* » (Sénèque, *Lettres à Lucilius*, lettre 103.) Qu'il répugne à ces attitudes régenteuses et inciviles et à cette prétention puérile de vouloir paraître plus fin en étant autre, et de se faire une réputation par des critiques et des comportements inédits. Comme il n'appartient qu'aux grands

395 poètes d'user des licences esthétiques, ainsi n'est-il admissible que de la part des âmes grandes et illustres de s'octroyer des privilèges au-dessus de la coutume. « *Si Socrate et Aristippe ont à l'occasion agi contre les mœurs en usage et contre la coutume, qu'il ne croie pas que la même chose lui soit permise : eux, en effet, de grandes et divines qualités les fondaient à*

400 *se permettre cette licence.* » (Cicéron, *De finibus*, I, 4, 148.)

On lui enseignera à ne se lancer dans une analyse et une contestation que là où il verra face à lui un champion digne de ses talents de lutteur, et même alors à ne pas employer tous les tours qui peuvent lui servir, mais uniquement ceux qui peuvent le plus lui ser-

405 vir. Qu'on le rende exigeant sur le choix et le tri de ses arguments,

notes

14. **naffiert** : convient, revient. Emploi impersonnel du verbe *afférir* (précédé ici de négation sans apostrophe), aujourd'hui tombé en désuétude, et dont la seule survivance est l'adjectif *afférent* (tiré du participe présent) signifiant : « qui est relatif à », « qui revient à », « qui se rapporte à ».
15. **discours** : raisonnement, argument, discussion argumentée. Texte de 1580 : « *a n'entrer* ».

16. **contestation** : polémique, controverse.
17. **où** : dans le cas où.
18. **verra** : aura affaire à, aura face à lui.
19. **là mesmes** : même dans ce cas-là.
20. **delicat** : difficile, scrupuleux.
21. **triage** : tri.

335 raisons, & aymant la pertinence[1], & par consequent la briefveté. Qu'on l'instruise sur tout[2] à se rendre, & à quitter les armes à[3] la vérité, tout aussi tost qu'il l'appercevra : Soit qu'elle naisse és mains[4] de son adversaire, soit qu'elle naisse en luy-mesmes par quelque ravisement[5]. Car il ne sera pas mis en chaise[6] pour dire un rolle prescript[7]. Il n'est engagé à[8] aucune

340 cause, que par ce qu'il l'appreuve. Ny ne sera du[9] mestier, ou se vent à purs deniers contans, la liberté de se pouvoir **repentir**[10] & reconnoistre[11].

Neque ut omnia quæ præscripta et imperata
sint defendat necessitate ulla cogitur.

Si son gouverneur tient de mon humeur il luy formera la volonte a
345 estre tres loïal sorvitur de son prince et[12] tres affectione[13] & tres corageus mais il luy refroidira l'envie de s'y atacher autrement que par un devoir publique. Outre plusieurs autres inconvenians qui blessent nostre franchise[14] par ces obligations particulieres le jugement d'un home gage et acheté ou il est moins entier et moins libre ou il est
350 tache[15] et d'imprudence[16] et d'ingratitude. Un courtisan ne peut avoir ny loi ni volonte de dire et penser que favorablement d'un maistre qui parmi tant de milliers d'autres subjectz l'a choisi pour le nourrir et eslever[17] de sa main Cette faveur & utilité corrompent non sans quelque raison sa franchise et l'[18]esblouïssent[19]. Pourtant[20] voit on costumierement le
355 langage de ces gens la divers a[21] tout autre langage d'un estat[22], et de peu de foi[23] en telle matiere[24].

notes

1. **pertinence :** justesse, convenance des propos au sujet.
2. **sur tout :** avant tout.
3. **quitter [...] à :** livrer à, déposer aux pieds de.
4. **és mains :** dans les mains. La vérité peut alors être brandie par l'adversaire comme un trophée.
5. **ravisement :** retour sur son erreur, changement d'opinion. Littéralement, « action de se raviser ».
6. **chaise :** chaire.
7. **prescript :** écrit à l'avance, imposé.
8. **à :** au service de.
9. **ne sera du :** n'aura part au, ne sera lié au, ne pratiquera le. Il s'agit du métier d'avocat, lequel suppose une solidarité avec le client qui vous paye et dont on doit épouser les intérêts.
10. **se [...] repentir :** se ressaisir. Texte de 1580 et 1588 : « *raviser* ».
11. **se [...] reconnoistre :** admettre son erreur.
12. **et :** et aussi.
13. **tres affectione :** plein d'estime et de sympathie.
14. **franchise :** liberté de jugement, spontanéité.
15. **tache :** entaché. Ou peut-être : taxé, soupçonné.
16. **imprudence :** manque de clairvoyance, imprévoyance, manque de sagacité.
17. **eslever :** ici, promouvoir.
18. **l' :** peut renvoyer à « *sa franchise* » ou à « *courtisan* » – ce qui revient à peu près au même pour le sens.
19. **esblouissent :** aveuglent, impressionnent, leurrent.
20. **Pourtant :** c'est pourquoi.
21. **divers a :** opposé à.

et attaché à la pertinence, par conséquent à la brièveté. Qu'on le discipline par-dessus tout à avouer sa défaite et à rendre les armes devant la vérité tout aussitôt qu'il l'apercevra : soit qu'elle naisse entre les mains de son adversaire, soit qu'elle naisse en lui-même pour peu qu'il se ravise. Car il ne sera pas mis en chaire pour prononcer un rôle dicté à l'avance. Il n'est engagé au service d'aucune cause qu'à partir du moment où il l'approuve. Ni ne sera du métier où se vend à purs deniers comptants la liberté de pouvoir se repentir et revenir sur l'opinion qu'on professait.

> *« Et, à soutenir des idées qu'on lui aurait toutes dictées*
> *à l'avance et imposées, il n'est contraint par aucune nécessité. »*
> (Cicéron, *Premiers Académiques*, II, 3, 8.)

Si son précepteur a une humeur proche de la mienne, il lui formera la volonté pour le rendre très loyal serviteur de son prince, et même très dévoué et très courageux, mais il lui refroidira l'envie de s'attacher à lui autrement que par une obligation publique. Sans compter plusieurs autres désagréments qui blessent notre franc-parler par ces allégeances particulières, le jugement d'un homme qui reçoit des gages et qu'on achète ou bien est moins entier et moins libre, ou il est entaché et d'irréflexion et d'ingratitude. Un courtisan ne peut avoir ni loi ni volonté de dire ou penser que des choses favorables d'un maître qui, parmi tant de milliers d'autres sujets, l'a choisi pour l'entretenir et le promouvoir de sa main. Cette faveur, et l'intérêt qui s'y joint altèrent non sans quelque raison le franc-parler de l'individu, et l'éblouissent. Aussi est-il coutumier de voir que le langage que parlent ces gens-là diffère de tout autre langage usité dans un État et s'avère peu fiable en matière politique.

22. d'un estat : l'Exemplaire de Bordeaux (f. 57 recto) est tronqué en cet endroit par les rognures du relieur, mais il semble bien qu'on puisse distinguer la trace d'un « *d* », là où l'édition posthume de 1595 – suivie en l'occurrence par celle de l'Imprimerie nationale – donne : « *langage, en un estat* ». L'idée, quoi qu'il en soit, semble être ici que les courtisans pratiquent un galimatias jargonneux d'hommes initiés auquel l'homme de la rue ne comprend goutte. Ils parlent un langage qui diverge de tous les langages qu'on pourrait cataloguer dans un État donné. N'oublions pas que la France de l'époque constituait un territoire bariolé de multiples langues régionales.
23. foi : fiabilité, fidélité, véracité.
24. en telle matiere : en matière de conseil politique à leur maître.

Que sa conscience & sa vertu, reluisent **en**[1] son parler, **et n'aïent que la raison pour guide.** Qu'on luy face entendre que de confesser la faute qu'il descouvrira en son propre discours, encore qu'elle ne soit aperceuë que par luy, c'est un effet de jugement & de sincerité, qui sont les princi-
360 pales **parties**[2] qu'il cherche. **Que l'opiniatrer & contester sont qualites communes & plus apparantes**[3] **aus plus basses ames : que se raviser et se corriger : Abandoner un mauves parti sur le cours de son ardur, ce sont qualitez rares fortes et philosofiques.** On l'**advertira**[4], estant en
365 compaignie, d'avoir les yeux par tout : Car je trouve que les premiers sieges sont communément saisis par les hommes moins capables, & que les grandeurs de fortune ne se trouvent guieres meslées[5] à la suffisance[6]. J'ay veu cependant qu'on[7] s'entretenoit au haut bout[8] d'une table, de la beauté d'une tapisserie, ou du goust de la malvoisie[9], se perdre beau-
370 coup de beaux traicts à l'autre bout. Il sondera la portée d'un chacun : un bouvier, un masson, un passant : il faut tout mettre en besongne, & emprunter chacun selon sa marchandise : car tout sert en mesnage[10] : La sottise mesmes, & foiblesse d'autruy luy sera instruction. A contreroller[11] les graces[12] & façons d'un chacun, il s'engendrera envie des bonnes, &
375 mespris des mauvaises. Qu'on luy mette en fantasie[13] une honeste curio-sité de s'enquerir de toutes choses : Tout ce qu'il y aura de singulier autour de luy, il le verra : Un bastiment, une fontaine, un homme, le lieu d'une bataille ancienne, le passage de Cæsar ou de Charlemaigne,
Quæ tellus sit lenta gelu, quæ putris ab æstu,
380 *Ventus in Italiam quis bene vela ferat.*

notes

1. Texte de 1580 et 1588 : « *jusques à* ».
2. parties : qualités, éléments. Texte de 1580 et 1588 : « *qualitez* ».
3. apparantes : caractéristiques, fréquentes.
4. Texte de 1580 et 1588 : « *advisera* ».
5. meslées : associées.
6. suffisance : valeur, compétence, capacité.
7. cependant qu'on : pendant qu'on, au moment où l'on.
8. haut bout : places d'honneur.

9. malvoisie : vin liquoreux d'origine grecque, qui a pris son nom de Napoli de Malvasia (aujourd'hui Nauplie) en Péloponnèse, région qu'on appelait alors « la Morée ».
10. mesnage : tenue d'une maison, organisation des tâches domestiques.
11. contreroller : enregistrer, prendre en note (dans un « rôle », un cahier 'enregistrement) ; et par suite, contrôler. *Cf. à tour de rôle.*
12. graces : talents, réussites, attraits, agréments.

Que la conscience et la vertu de notre jeune homme brillent dans ses paroles et n'aient que la raison pour guide. Qu'on lui fasse
435 comprendre que le fait de reconnaître le défaut qu'il découvrira dans sa propre analyse, encore qu'il soit le seul à le remarquer, constitue un acte effectif de jugement et de sincérité – et ce sont les principaux titres qu'il recherche. Que l'entêtement et la contestation sont des qualités communes et plus notoires chez les
440 âmes les plus basses ; que se raviser et se corriger, abandonner un mauvais parti au beau milieu de la ferveur qui vous transporte sont des qualités rares, fortes et philosophiques. On l'avertira lorsqu'il est en société d'avoir les yeux partout. Car je trouve que les premiers sièges sont communément pris d'assaut par les hommes
445 qui ont le moins de capacité, et que les grandeurs de fortune ne se mélangent guère avec la compétence. J'ai vu, pendant qu'on s'entretenait, aux places d'honneur d'un repas, de la beauté d'une tapisserie ou du goût de la malvoisie, se perdre beaucoup de beaux traits d'esprit à l'autre bout de la table. Il jaugera l'aptitude de tout
450 un chacun : un bouvier, un maçon, un passant, il faut tout mettre à l'ouvrage et emprunter à chacun selon sa marchandise, car tout sert en ménage : la sottise et la faiblesse d'autrui elles-mêmes seront pour lui disciplines d'apprentissage. À noter les grâces et les façons de tout un chacun, il fera germer en lui l'envie des bonnes
455 et le mépris des mauvaises. Qu'on inspire à son esprit une honnête curiosité de s'informer de toutes choses. Tout ce qu'il y aura de spécial autour de lui, il le verra : un bâtiment, une fontaine, un homme, le lieu d'une bataille ancienne, l'endroit où passèrent César ou Charlemagne.

460   *« Quelle terre est engourdie par le gel, quelle autre desséchée par*
la chaleur, quel vent pousse favorablement les voiles jusqu'en Italie. »
(Properce, *Élégies*, IV, 3, v. 39-40.)

notes..

| **13. fantasie** : esprit, faculté de se représenter
et d'imaginer.

Il s'enquerra des meurs, des moyens & des alliances de ce Prince, & de celuy-là. Ce sont choses tres-plaisantes à apprendre, & tres-utiles à sçavoir. En cette practique des hommes, j'entends y comprendre[1] & principalement, ceux qui ne vivent qu'en la memoire des livres. Il practiquera par le moyen des histoires[2], ces grandes ames des meilleurs siecles. C'est un vain estude qui[3] veut : mais qui veut aussi c'est un estude de fruit inestimable. **Et le sul estude come dict Platon[4] que les Lacedemoniens eussent reservé a[5] leur part.** Quel profit ne fera-il en ceste part là, à la lecture des vies de nostre Plutarque[6] ? Mais que mon guide se souviene ou vise sa charge, **Et** qu'il n'imprime[7] pas tant à son disciple **la datte de la ruine de Carthage[8] que les meurs de Hannibal et de Scipion : ny tant**, ou mourut Marcellus, que pourquoy il fut indigne de son devoir, qu'il mourut là[9] : Qu'il ne luy apprenne pas tant les histoires, qu'à en juger.

C'est a mon gré entre toutes, la matiere a la quelle nos esprits s'appliquent de plus diverse mesure[10]. J'ay leu en Tite Live cent choses que tel n'y pas leu Plutarque en y a leu cent outre ce que j'y ay sceu lire : & alavanture[11] outre ce que l'autheur y avoit mis. A d'aucuns[12] c'est un peur estude grammerien[13] : a dautres l'anatomie[14] de la philosofie en laquelle les plus abstruses[15] parties de nostre nature se penetrent.

notes

1. comprendre : inclure.
2. histoires : récits historiques, chroniques, histoire (science).
3. qui : si l'on. Le texte de 1580 ajoute : « [qui veut] *& qui ne se propose autre fin que le plaisir* ».
4. dict Platon : voir le dialogue *Hippias majeur* (285d-e) où Hippias déclare à Socrate : « *Ce sont les établissements de population, la façon dont furent, dans les temps anciens, fondées des cités, d'une façon générale tout ce qui est relatif à l'Antiquité, voilà ce qu'ils* [les Lacédémoniens] *écoutent avec le plus d'agrément.* »
5. réservé a : retenu pour, gardé pour.
6. vies de nostre Plutarque : les *Vies parallèles*, traduites en 1559 par Jacques Amyot sous le titre *Vies des hommes illustres*.
7. n'imprime : fasse entrer dans l'esprit.
8. Carthage : la ville tunisienne fut, au terme de la Troisième Guerre punique (149-146 av. J.-C.), rasée en 146 av. J.-C. par Scipion Émilien, petit-fils du Scipion – Scipion l'Africain –

qu'évoque Montaigne et qui fut, avec Fabius Cunctator (« le Temporisateur »), le grand adversaire d'Hannibal durant la Deuxième Guerre punique (218-201 av. J.-C.). Rappelons que la Première Guerre punique (264-241 av. J.-C.) avait permis à Rome de s'octroyer la Sicile, véritable grenier à blé pour toute l'Italie, et par conséquent de s'assurer, grâce à un tel approvisionnement en nourriture, une prospérité jusque-là incertaine.
9. Le Carthaginois Hannibal (v. 247-183 av. J.-C.) et le général romain Scipion l'Africain (v. 235-183 av. J.-C.) sont – on vient de le voir – les protagonistes de la Deuxième Guerre punique. Quant à Marcus Claudius Marcellus (268-208 av. J.-C.), dont le descendant, adopté par l'empereur Auguste, a donné son nom à un théâtre dont subsistent les vestiges à Rome, c'était un général de cette même Deuxième Guerre punique qui remporta quelques victoires sur Hannibal (Nole, Canusium) et conquit en 212 av. J.-C. Syracuse après plusieurs tentatives

Il s'informera des mœurs, des ressources et des alliances de tel prince et de tel autre. Ce sont des choses qu'il y a grand plaisir à
465 apprendre et grand intérêt à savoir. Dans cette pratique des hommes, j'entends inclure – et au premier chef – ceux qui ne vivent que dans la mémoire des livres. Il pratiquera par le moyen des récits historiques ces grandes âmes des meilleurs siècles. C'est une étude vaine si l'on veut ; mais si l'on veut aussi, c'est une
470 étude d'un fruit inestimable, et la seule étude, comme dit Platon, que les Lacédémoniens aient conservée en partage. Quel profit ne fera-t-il pas, dans ce partage-là, de la lecture des *Vies* de notre Plutarque ? Mais que mon guide se souvienne du but de sa fonction et qu'il ne grave pas tant dans l'esprit de son disciple la date
475 de la chute de Carthage que les mœurs d'Hannibal et de Scipion, ni tant à quel endroit mourut Marcellus que pourquoi il était indigne de son devoir qu'il mourût là. Qu'il ne lui enseigne pas tant la teneur des récits historiques qu'à en juger.

C'est, à mon sens, entre tous, le sujet auquel nos esprits
480 s'appliquent dans la mesure la plus variable. J'ai lu chez Tite-Live cent choses que tel autre n'y a pas lues. Plutarque en a lu cent supplémentaires outre celles que j'ai su y lire, et peut-être outre ce que l'auteur y avait mis. Pour certains, c'est un pur objet d'études grammaticales ; pour d'autres, l'histoire est l'anatomie
485 de la philosophie, en quoi les aspects les plus abscons de notre nature se laissent pénétrer.

notes

infructueuses devant les machines de guerre inventées par Archimède. Mais, en 208 av. J.-C., il périt en tombant dans une embuscade près de Venouse. Voici ce qu'en dit Plutarque, révolté que « *le plus grand personnage et le plus vaillant homme et plus estimé des Romains* » se soit laissé aller à l'imprudence : « *Marcellus, sans aucune nécessité urgente, sans cette fureur et ardeur qui surprend quelquefois les hommes vaillants au milieu du combat, et les transporte hors de leur entendement, s'alla lui-même inconsidérément précipiter au milieu du danger, où il mourut non en capitaine, mais*

en chevau-léger et en avant-coureur, abandonnant ses trois triomphes, ses cinq consulats, ses dépouilles et trophées. »
10. mesure : ici, non seulement manière, mais plus précisément maîtrise, aptitude intellectuelle.
11. alavanture : à l'aventure, peut-être.
12. A d'aucuns : pour certains.
13. un peur estude grammerien : une pure étude grammaticale.
14. anatomie : dissection, étude en détail (image médical).
15. abstruses : compliquées, obscures, difficiles à comprendre.

400 Il y a dans **Plutarque**[1] beaucoup de discours[2] estandus, tres-dignes d'estre sceus, car à mon gré c'est le maistre ouvrier[3] de telle besongne : **M**ais il y en à mille qu'il n'a que touché simplement : **I**l guigne[4] seulement du doigt par ou nous irons, s'il nous plaist ; & se contente quelquefois de ne donner qu'une attainte dans le plus vif d'un propos. Il les faut arracher
405 de là, & mettre en place marchande[5].

Comme ce sien mot, que[6] les habitans d'Asie, servoient à[7] un seul, pour ne sçavoir prononcer une seule sillabe, qui est, non, donna peut estre, la matiere, & l'occasion à la Boitie, de sa servitude volontaire[8].

Cela mesme de **luy** voir[9] **trier** une legiere action en la vie d'un homme,
410 ou un mot, qui semble ne porter pas[10] ; cela, c'est un discours[11]. **C**'est dommage[12] que les gens d'entendement, ayment tant la briefveté : **S**ans doute leur reputation en vaut mieux, mais nous en valons moins : Plutarque aime mieux que nous le vantions de son jugement que de son sçavoir : il ayme mieux nous laisser desir de soy que satieté. Il sçavoit
415 qu'és choses bonnes mesmes on peut trop dire : & que Alexandridas[13] reprocha justement, à celuy qui tenoit aux Ephores[14] **des** bons propos, mais trop longs : **O** estrangier, tu dis ce qu'il faut, autrement qu'il ne faut. **Ceus qui ont le corps gresle le grossissent d'embourrures[15] : ceus qui ont la matiere exile[16], l'enflent de paroles.** Il se tire une merveilleuse

notes

1. Texte de 1580 et 1588 : « *dans cet autheur* ».
2. discours : réflexions, développements.
3. maistre ouvrier : premier ouvrier, meilleur ouvrier de sa corporation (image artisanale).
4. guigne : désigne.
5. en place marchande : sur la place du marché, en évidence au lieu propre pour la vente (poursuite de la métaphore transactionnelle du « *commerce des esprits* » engagée plus haut).
6. que : où il dit que.
7. servoient à : étaient esclaves de, asservis à.
8. Étienne de La Boétie (1530-1563), le grand ami de Montaigne qui lui consacre le chapitre « De l'amitié » (I, 28) en guise d'introduction à l'œuvre qui devait originellement occuper la place centrale du premier livre des *Essais* : le *Discours de la servitude volontaire* (1548). Montaigne renonça finalement à placer cette œuvre au cœur de ses *Essais*, parce que le

texte, détourné de son propos originel, venait d'être publié à deux reprises, en 1574 et 1576, par les protestants contre la monarchie des Valois, déconsidérée depuis les massacres de la Saint-Barthélemy.
9. Texte de 1580 et 1588 : « *de voir Plutarque* ».
10. ne porter pas : n'avoir pas d'importance, être sans portée.
11. discours : matière de réflexion, exposé en forme. Voir Plutarque, *Vie d'Alexandre le Grand* (trad. d'Amyot, 1559) : « *Les plus hauts et les plus glorieux exploits ne sont pas toujours ceux qui montrent mieux le vice ou la vertu de l'homme ; mais bien souvent, une légère chose, une parole ou un jeu mettent plus clairement en évidence le naturel des personnes, que ne font pas des défaites où il sera demeuré dix mille hommes morts, ni les grosses batailles, ni les prises des villes par siège ni par assaut.* »

Il y a dans Plutarque beaucoup d'analyses suivies qui méritent vraiment d'être connues, car c'est à mon sens le maître-ouvrier en pareille tâche. Mais il y en a mille qu'il n'a fait simplement
490 qu'ébaucher : il indique seulement du doigt par où nous irons si nous en avons envie, et se contente quelquefois de ne glisser qu'une allusion en plein dans le vif de son propos. Il faut les arracher de là pour les mettre en place marchande.

Ainsi ce mot de lui, que les habitants de l'Asie étaient les
495 esclaves d'un individu unique du fait de leur incapacité à prononcer cette unique syllabe qu'est « Non », donna peut-être à La Boétie le sujet et l'occasion de sa *Servitude volontaire*.

Le fait même de voir l'historien grec retenir une légère action dans la vie d'un homme, ou un mot qui semble dénué d'impor-
500 tance : cela, c'est une analyse. C'est dommage que les gens d'entendement aiment tant la brièveté : il n'y a pas de doute que leur réputation en vaut mieux, mais nous en valons moins. Plutarque aime mieux que nous le vantions de son jugement plutôt que de son savoir : il aime mieux nous faire languir de sa plume que nous
505 lasser. Il savait que, même dans les choses bonnes, on peut en dire trop, et connaissait le juste reproche que fit Alexandridas à celui qui tenait aux éphores de bons propos mais trop longs : « Ô étranger, tu dis ce qu'il faut autrement qu'il ne faut. » Ceux qui ont un corps fluet le rembourrent de feutrine ; ceux qui ont un sujet
510 mince l'enflent de paroles. Il se tire une singulière clarté pour le

notes

12. dommage : fait regrettable, crève-cœur (sens fort ; *cf.* l'expression *c'est grand dommage*).
13. Alexandridas : de son nom exact Anaxandridas, c'était le père de Léonidas, le roi de Sparte, qui, face à l'invasion perse, eut une conduite héroïque lors de la bataille des Thermopyles durant la Seconde Guerre médique (481-479 av. J.-C.). Ce propos est relaté par Plutarque dans les *Dits notables des Lacédémoniens*. On sait que les Spartiates avaient une telle réputation d'économie de paroles (par opposition aux Athéniens), qu'on a tiré de leur région d'origine l'adjectif

laconique (« concis, lapidaire, qui s'exprime en peu de mots »).
14. Ephores : « surveillants » élus annuellement à Sparte par l'assemblée du peuple. Ces magistrats exerçaient en pratique l'essentiel du pouvoir (religieux, militaire, judiciaire) dans l'État lacédémonien, aux dépens des deux rois qui, à l'époque classique (V^e-IVe s. av. J.-C.), n'avaient plus qu'un rôle honorifique. Texte de 1580 : « *de bons propos* ».
15. embourrures : bourre.
16. exile : mince, frêle (latin *exilis*).

420 clarté pour le jugement humain, de **la frequentation**[1] **du monde**. Nous sommes tous contraints[2] & amoncellez en nous[3], & avons la veuë racourcie à la longueur de nostre nez. On demandoit à Socrates[4] d'où il estoit, il ne respondit pas d'Athenes, mais du monde. Luy qui avoit son imagination plus plaine & plus estanduë, embrassoit l'univers, comme sa ville : jettoit[5]

425 ses connoissances, sa société & ses affections à tout le genre humain : **N**on pas comme nous, qui ne regardons **que sous nous**[6]. Quand les vignes gelent en mon village, mon prebstre en argumente[7] l'ire[8] de Dieu sur la race humaine, & juge que la pepie[9] en tienne[10] des-ja les Cannibales[11]. A voir nos guerres civiles, qui ne crie que cette machine[12] se boulverse et

430 que le jour du jugement[13] nous **prent** au collet[14] : **S**ans s'aviser que plusieurs[15] pires choses se sont veuës, & que les dix mille parts du monde ne laissent pas de galler le bon temps[16] cependant[17]. **Moy, selon leur licence & impunité, admire de les voir si douces & molles.** A qui il gresle sur la teste, tout l'hemisphere semble estre en tempeste & orage : Et[18] disoit le

435 Savoïart, que si ce sot de Roy de France, eut sceu bien conduire sa fortune, il estoit homme pour devenir maistre d'hostel de son Duc. Son imagination ne concevoit autre[19] plus eslevée grandeur, que celle de son maistre. **Nous somes insensiblement**[20] **tous en cette errur, errur de grande suite**[21]

---

notes

1. frequentation : communication, contact. Texte de 1580 et 1588 : « *ce commerce des hommes* ».
2. contraints : resserrés, contractés.
3. Texte de 1580 et 1588 : « *en nous mesmes* ».
4. Socrates : modèle du philosophe par excellence dans la tradition occidentale, Socrate (470-399 av. J.-C.) était un Athénien de condition modeste, fils d'un statuaire et d'une sage-femme, qui délaissa le métier de sculpteur pour se consacrer à la méditation et enseigner la sagesse à ses compatriotes. À la manière de Diogène, mais avec moins d'agressivité provocante, il se promenait en conversant avec le premier venu, escorté de quelques disciples. Il a été rendu célèbre par les ouvrages des plus fameux d'entre eux : Xénophon et surtout Platon. L'anecdote ici relatée, lieu commun de l'humanisme, ne remonte pas toutefois à ce dernier mais aux écoles cynique et stoïcienne. La réponse de Socrate a fait également l'objet d'un des *Adages* (1re éd. 1500) d'Érasme, outre les mentions qu'on en trouvait dans les *Tusculanes* (V, 37) de Cicéron, qui en parlait pour exhorter le lecteur à réagir contre la crainte de l'exil, et chez Plutarque dans l'opuscule *Du bannissement ou de l'exil*, citant justement Cicéron.
5. jettoit : adressait, jetait le dévolu de.
6. Texte de 1580 et 1588 : « *qu'à nos pieds* ».
7. argumente : infère, déduit.
8. ire : colère (emploi ici pompeux et ironique : *cf.* le latin *ira*, « la colère »).
9. pepie : maladie qui empêche les volailles de boire et aussi de crier. D'où *avoir la pépie* : « mourir de soif, être en proie à une soif ardente ».

jugement humain du contact avec le monde. Nous sommes tout restreints et recroquevillés sur nous-mêmes, et nous avons la vue raccourcie à la longueur de notre nez. On demandait à Socrate d'où il était : il ne répondit pas « d'Athènes », mais « du monde ».

515 Lui qui avait l'imagination plus pleine et plus étendue que personne embrassait l'univers comme sa ville, lançait ses connaissances, sa compagnie et ses sentiments affectueux à tout le genre humain. Ce n'est pas comme nous qui ne regardons que sous nos pieds. Quand les vignes gèlent dans mon village, mon prêtre en

520 conclut à l'ire de Dieu sur la race humaine et juge que les Cannibales doivent déjà en avoir la pépie. À voir nos guerres civiles, qui n'entend-on pas crier que cette machine se bouleverse et que le jour du Jugement nous tient au collet ! Sans s'aviser qu'on a vu bon nombre de choses pires et que les dix mille par-

525 ties du monde ne manquent pas de mener joyeuse vie pendant ce temps. Moi, à voir la licence de ces guerres et l'impunité qui les accompagne, je m'étonne de les voir si douces et si bénignes. Et le Savoyard disait même que, si ce sot de roi de France avait su bien conduire sa fortune, il était homme à devenir maître d'hôtel

530 de son duc. Son imagination ne concevait pas de grandeur plus éminente que celle de son maître. Nous sommes, à notre insu, tous dans cette erreur : erreur de grande conséquence et préjudice.

notes

10. en tienne : en tient probablement, doit en tenir. Le subjonctif marque une nuance d'incertitude.
11. Cannibales : habitants du Brésil actuel. Ce nom était donné en particulier aux Tupinambas, dont Montaigne décrit les mœurs dans le chapitre I, 31 : « Des Cannibales ».
12. cette machine : l'univers, notre monde (*cf.* La Fontaine parlant de la « *machine ronde* » pour évoquer la Terre).
13. jugement : Jugement dernier.

14. prent au collet : stoppe, appréhende un individu (s'emploie pour un individu qu'on arrête pour l'emprisonner). Texte de 1580 et 1588 : « *tient au collet* ».
15. plusieurs : de nombreuses, beaucoup de.
16. galler le bon temps : mener joyeuse vie.
17. cependant : pendant ce temps-là, au même moment.
18. Et : et d'ailleurs, et même (emploi emphatique, *cf.* le latin *etiam*, « aussi »).
19. Texte de 1580 : « *nulle* ».
20. insensiblement : sans le sentir, à notre insu.
21. suite : conséquence.

et præjudice. Mais qui se presente comme dans un tableau, cette
440 grande image de nostre mere nature en son entiere magesté : qui lit en
son visage[1], une si generale & constante varieté : qui se remarque la
dedans, & non soy, mais tout un royaume, comme un traict d'une pointe
tres-delicate[2] : celuy-là seul estime les choses selon leur juste grandeur.
Ce grand monde, que les uns[3] multiplient encore comme especes soubs
445 un genre, c'est le miroüer, où il nous faut regarder, pour nous connoistre
de bon biais[4]. Somme[5] je veux que ce soit le livre de mon escholier. Tant
d'humeurs, de sectes[6], de jugemens, d'opinions, de loix & de coustumes
nous apprennent à juger sainement des nostres : & apprennent nostre
jugement à reconnoistre son imperfection & sa naturelle foiblesse : qui[7]
450 n'est pas un legier apprentissage. Tant de remuements[8] d'estat[9], & changements de fortune **publique**, nous instruisent à ne faire pas **grand
miracle** de[10] la nostre[11]. Tant de noms, tant de victoires & conquestes
ensevelies soubs l'oubliance, rendent ridicule l'esperance d'eterniser
nostre nom par la prise de dix argolets[12], & d'un **pouillier**[13], qui n'est
455 conneu que de sa cheute[14]. L'orgueil & la fiereté de tant de pompes
estrangieres, la magesté si enflée de tant de cours & de grandeurs, nous
fermit[15] & asseure la veüe, à soustenir l'esclat des nostres, sans siller[16]
les yeux. Tant de milliasses[17] d'hommes enterrez avant nous, nous
encouragent à ne craindre d'aller trouver si bonne compagnie en l'autre
460 monde : **A**insi du reste.

notes

1. visage : aspect.
2. delicate : déliée, fine.
3. les uns : Montaigne semble penser ici aux épicuriens, qui croient en l'existence de plusieurs mondes. Voir Lucrèce, *De la nature des choses*, fin du livre II, par exemple v. 1052-1057 : « *Quand de toutes parts s'ouvre un espace infini, / Quand les atomes en nombre incalculable et sans borne / Voltigent en tous sens d'un mouvement éternel, / Il n'est pas du tout vraisemblable de penser / Que seuls notre terre et notre ciel furent créés / Et qu'au-dehors tant de corps premiers ne font rien.* »
4. de bon biais : de la bonne façon, comme il convient, sous un bon angle. Montaigne

reprend ici le lieu commun – fort prisé à la Renaissance, notamment par le poète lyonnais Maurice Scève – de l'homme-microcosme, petit monde à l'image du grand, avec une visée pédagogique d'appel au relativisme et d'ouverture à la différence.
5. Somme : en somme, en résumé.
6. sectes : écoles philosophiques, courants de pensée.
7. qui : ce qui.
8. remuements : troubles, bouleversements.
9. d'estat : au niveau politique, de nature politique.
10. faire grand miracle de : crier merveille de, juger extraordinaire (en bien ou en mal). Texte de 1580 et 1588 : « *grande recepte* ».

Mais celui qui se figure, comme dans un tableau, cette grande image de notre mère nature en son entière majesté, celui qui lit
535 sur le visage qu'elle nous offre une si générale et constante variété, celui qui se repère là-dedans – et non pas seulement lui-même, mais tout un royaume – comme un trait d'une pointe très délicate, celui-là seul estime les choses à leur juste échelle de grandeur. Ce grand monde, que d'aucuns multiplient encore comme des
540 espèces sous un genre, c'est le miroir où il nous faut regarder pour nous connaître de bon biais. Bref, je veux que ce soit le livre de mon écolier. Tant d'humeurs, de chapelles, de jugements, d'opinions, de lois et de coutumes nous enseignent à juger sainement des nôtres, et enseignent à notre jugement à reconnaître son
545 imperfection et sa naturelle faiblesse : ce n'est pas un enseignement de légère venue. Tant de bouleversements au niveau de l'État et de changements de fortune publique nous disciplinent à ne pas pousser des exclamations sur la nôtre. Tant de noms, tant de victoires et de conquêtes ensevelies dans l'oubli rendent ridicule
550 l'espérance que nous aurions d'éterniser notre nom par la capture de dix archers à cheval avec un poulailler qui n'est connu que par sa chute. L'orgueil et le fier déploiement de tant de pompes étrangères, la majesté si enflée de tant de cours et de grandeurs affermissent et confortent notre vue pour soutenir l'éclat des
555 nôtres sans ciller des yeux. Tant de milliasses d'hommes enterrés avant nous nous encouragent à ne pas craindre d'aller retrouver une aussi bonne compagnie dans l'autre monde : ainsi du reste.

notes

11. la nostre : notre fortune, notre sort. Rappelons que la France, sur toute la fin du XVIᵉ siècle, subit les huit guerres de Religion entre protestants et catholiques qui mettent le pays à feu et à sang.
12. argolets : archers ou arquebusiers à cheval.
13. pouillier : poulailler, masure, baraque. Texte de 1580 : « *poullailler* ».

14. de sa cheute : à cause de sa chute, pour avoir été conquis sur l'ennemi.
15. fermit : affermit.
16. siller : ciller, fermer.
17. milliasses : quantités énormes (littéralement, « des milliers de milliards »).

Nostre vie disoit Pythagoras[1] retire[2] a la grande & populeuse assamblée des jeus Olimpiques. Les uns s'y exercent le corps pour en acquerir la gloire des jeus, d'autres y portent des marchandises a vandre pour le guein. Il en est et qui ne sont pas les pires lesquels ne cherchent autre

465 fruit[3] que de regarder comant et pourquoy chaque chose se faict et estre spectateurs de la vie des autres homes, pour en[4] juger et regler la leur.

Aux exemples, se pourront proprement assortir tous les plus profitables discours de la philosophie ; à[5] laquelle se doivent toucher[6] les actions humaines, comme à leur reigle[7]. On luy dira,

470 *quid fas optare, quid asper*
Utile nummus habet : patriæ charisque propinquis
Quantum elargiri deceat, quem te Deus esse
*Jussit, et humana qua parte **locatus es**[8] in re,*
Quid sumus, aut quidnam victuri gignimur :

475 Que c'est que[9] sçavoir & ignorer, qui[10] doit estre le but de l'estude : Que c'est que vaillance, temperance, & justice : Ce qu'il y à a dire[11] entre l'ambition & l'avarice[12], la servitude & la subjection, la licence & la liberté : A quelles marques[13] on connoit le vray & solide contentement : Jusques ou il faut craindre la mort, la douleur & la honte :

notes

1. Pythagoras : Pythagore de Samos (VIe-Ve s. av. J.-C.), philosophe et mathématicien, auteur du fameux théorème, aurait vécu à Crotone en Italie où il fonda des communautés dont les adeptes acceptaient une morale ascétique. Son enseignement avait un caractère d'initiation et, par certaines de ses croyances, notamment la métempsychose, une inspiration « orphique », c'est-à-dire rappelant le courant de pensée qui prêtait à Orphée – mythique poète ayant eu le privilège de descendre dans les Enfers rechercher sa femme Eurydice – la connaissance du trajet à suivre par l'âme dans l'au-delà. Malgré cette aura mystérieuse, Pythagore, inventeur du mot *philosophia*, a inauguré la voie d'une méthode non empirique et purement intellectuelle de recherche, qui a pu servir de modèle à Socrate et à Platon. La philosophie pythagoricienne voit dans les nombres le principe de toute chose et la loi de l'univers.

La comparaison faite ici se trouve chez Cicéron, *Tusculanes* (V, 3) : « *À son avis, il y avait analogie entre la société humaine et la foire où se déploie toute la magnificence des jeux et où afflue toute la Grèce…* »
2. retire : ressemble.
3. fruit : profit.
4. en : sur le plan grammatical, ce mot a ici deux fonctions possibles : soit il est complément circonstanciel signifiant « par ce moyen », « de ce fait » (auquel cas « juger » a pour complément d'objet direct « la leur », le membre de phrase pouvant se comprendre : « pour, de ce fait, juger et régler la leur ») ; soit « en » est lui-même complément d'objet indirect de « juger » (auquel cas la phrase signifie : « pour juger de la vie des autres et régler la leur »). Nous retenons la seconde option, car Montaigne avait d'abord écrit sur l'Exemplaire de Bordeaux : « *pour regler la leur* », puis il a biffé et mis : « *pour en juger et regler la leur* ». L'idée, par ce rectificatif,

Notre vie, disait Pythagore, ressemble à la grande et populeuse assemblée des Jeux olympiques. Les uns y font des performances physiques pour en acquérir la gloire des jeux, d'autres y apportent des marchandises à vendre pour gagner de l'argent. Il y en a – et ce ne sont pas les pires – qui n'y cherchent d'autre fruit que de regarder comment et pourquoi chaque chose se fait, et d'être spectateurs de la vie des autres hommes, pour en juger et pour régler la leur par comparaison.

Aux exemples on pourra apparier de manière adaptée toutes les plus profitables analyses de la philosophie, à l'épreuve de laquelle doivent être passées, comme au crible de leur règlement, les actions humaines. On lui dira

> *« ce qu'il est légitime de souhaiter, à quoi peut servir un sou neuf,*
> *quelles largesses il convient de faire à sa patrie et aux proches*
> *qu'on chérit, ce que Dieu a voulu que l'on fût, le rôle que, dans*
> *l'humanité, on s'est vu assigné, ce que nous sommes et pour*
> *quelle vie nous sommes mis au monde : »*
> (Perse, *Satires*, III, v. 69-72, puis v. 67)

ce que c'est que savoir et qu'ignorer, quel doit être le but de l'étude, ce que c'est que la vaillance, que la tempérance et la justice, quelle différence il y a entre l'ambition et l'arrivisme, l'état d'esclave et celui de sujet, la licence et la liberté ; à quels indices se reconnaît le vrai et solide contentement, jusqu'à quel point il faut craindre la mort, la douleur et la honte,

notes

est bien d'éviter une interprétation erronée qui consisterait à voir dans le comportement décrit une attitude purement simiesque calquant la conduite personnelle sur celle d'autrui. Au contraire, Montaigne prône l'esprit critique et le recul vis-à-vis des comportements extérieurs pour mieux déterminer sa propre conduite.
5. proprement assortir […] à : mettre en prise avec, classer adéquatement ensemble.
6. se doivent toucher : doivent être contrôlées comme avec une pierre de touche.

7. reigle : règle de base, règlement.
8. Texte de 1588 : « *locaverit* ».
9. Que c'est que : ce que c'est que. La phrase reprend et se poursuit ici après la citation latine : « *On luy dira* […] *Que c'est que…* », même si, pour lui donner du rythme, Montaigne y insère des majuscules de scansion.
10. qui : ce qui.
11. Ce qu'il y a à dire : quelle différence il y a.
12. avarice : avidité, rapacité.
13. marques : signes, indices, symptômes.

480   *Et quo quemque modo fugiátque ferátque laborem :*
       Quels ressors nous meuvent, & le moyen de tant divers branles en nous.
       Car il me semble que les premiers discours, dequoy on luy doit abreuver
       l'entendement, ce doivent estre ceux, qui reglent ses meurs & son sens[1].
       Qui luy apprendront à se connoistre, & à sçavoir bien mourir & bien vivre.

485   **Entre les ars liberaus[2] comançons par lart qui nous faict libres. Elles[3]**
       servent toutes aucunement[4] a l'instruction[5] de nostre vie et a son
       usage[6] : come toutes autres choses y servent aucunement. Mais
       choisissons celle qui y sert directemant et professoirement[7]. Si nous
       sçavions restreindre les apartenances[8] de nostre vie a leurs justes et

490   **naturels limites nous trouverrions que la meillure part des sciances qui**
       sont en usage est hors de notre usage. Et en celles mesmes qui le sont[9]
       qu'il y a des estendues et enfonceures tresinutilles que nous fairions
       mieus de laisser la, Et suivant l'institution de Socrates[10] borner le cours
       de nostre estude en icelles[11], ou[12] faut[13] l'utilite.

495   *Sapere aude,*
       *Incipe, **V**ivendi qui rectè prorogat horam,*
       Rusticus expectat dum defluat amnis, at ille
       Labitur, et labetur in omne volubilis ævum.
       C'est une grande simplesse[14] d'apprendre à nos enfants,

500   *Quid moveant pisces, animosáque signa leonis,*
       Lotus et Hesperia quid capricornus aqua,

notes

1. **sens** : ici, mentalité.
2. Les **arts libéraux** étaient les arts de l'homme libre, qui comportaient le *trivium* (grammaire, rhétorique, dialectique) et le *quadrivium* (arithmétique, géométrie, astronomie, musique) déjà rencontrés au début du chapitre, par opposition aux **arts mécaniques ou manuels** dévolus aux esclaves. C'est à Sénèque, *Lettres à Lucilius*, lettre 88, que Montaigne emprunte le jeu de mots « liberaus » / « libres » : « *Ces arts, tu sais bien pourquoi on les appelle études libérales : parce qu'elles ne sont pas indignes d'un homme libre. Mais alors, à ce compte, la seule qui soit vraiment libérale est celle qui le fait libre : c'est la sagesse, étude noble,*

courageuse, généreuse ; le reste n'est que petitesse et puérilité. »
3. **Elles** : les arts (mot alors féminin).
4. **aucunement** : en quelque façon (cf. *d'aucuns*, « quelques-uns, certains »).
5. **instruction** : mise en ordre, formation.
6. **usage** : fonctionnement, mise en pratique.
7. **professoirement** : de manière déclarée.
8. **apartenances** : dépendances, territoires dont nous avons le contrôle.
9. **qui le sont** : qui sont de notre usage.
10. **l'institution de Socrates** : voir le dialogue de Platon *L'Euthydème* (280b-d), où Socrate prend en considération la formation morale du jeune Clinias.

« *Et de quelle façon fuir ou soutenir chaque peine,* »
(Virgile, *Énéide*, III, v. 459)

quels ressorts nous mettent en mouvement, et l'instrument de tant
585 de diverses agitations en nous. Car il me semble que les premières
analyses dont on doit abreuver l'entendement de ce jeune homme
doivent être celles qui règlent ses mœurs et sa mentalité. Elles lui
enseigneront à se connaître et à savoir bien mourir et bien vivre.

Entre les arts libéraux, commençons par l'art qui nous fait libres.
590 Ils servent tous d'une certaine manière à la discipline de notre vie
et à son usage, comme toutes les autres choses y servent d'une certaine manière. Mais choisissons l'art qui y sert de manière directe
et expresse. Si nous savions réduire les possessions de notre vie à
leurs justes et naturelles limites, nous trouverions que la meilleure
595 partie des sciences qui sont en usage est hors de notre usage. Et
que, même dans celles qui sont de notre usage, il y a des étendues
et recoins très inutiles que nous ferions mieux de laisser tomber
pour placer, suivant le modèle éducatif de Socrate, des bornes au
cours de notre étude sur ces sciences, devant les zones qui ne pré-
600 sentent pas d'intérêt à être explorées.

« *Ose être sage, lance-toi : qui diffère l'heure de vivre correctement*
attend en rustaud que le fleuve se soit écoulé, mais celui-ci coule
et coulera à tout jamais, roulant ses eaux. »
(Horace, *Épîtres*, I, 2, v. 40-42.)

605 C'est marquer une grande simplicité d'esprit que d'enseigner à
nos enfants

« *quels mouvements peuvent produire les Poissons, les ascendants*
impétueux du Lion, le Capricorne qui baigne ses flots dans les eaux
de l'Hespérie, » (Properce, *Élégies*, IV, 1, v. 85-86)

notes

11. en icelles : s'agissant des sciences en
question, pour le domaine des sciences en
question (celles qui sont « *de notre usage* »).
12. ou : là où, dans les zones où.

13. faut : fait défaut, manque (3e pers. du
singulier du présent de l'indicatif du verbe
faillir, qu'on a ensuite distingué du verbe
falloir formé pour les emplois impersonnels).
14. simplesse : naïveté, sottise.

la science des astres & le mouvement de la huitiesme sphere[1], avant que les leurs[2] propres,

$$\text{Τί πλειάδεσσι κἀμοί ;}$$

505      $$\text{Τί δ' ἀστράσι βοώτεω.}$$

Anaximenes[3] escrivant à Pythagoras : De quel sens[4] puis je m'amuser[5] au secret des estoiles aïant la mort ou la servitude tousjours presante aus yeux (car lors les Roys de Perse preparoint la guerre contre son païs) Chacun doit dire ainsin Estant battu d'ambition d'avarice de
510   **temerite de superstition et aïant au dedans[6] tels autres enemis de la vie irai je songer au branle du monde.**

Apres qu'on luy aura **dict**[7] ce qui sert à le faire plus sage & meilleur, on l'entretiendra que c'est que Logique, **Physique**[8], Geometrie, Rhetorique : **Et** la science qu'il choisira, ayant des-ja le jugement[9] formé, il en viendra
515   bien tost à bout. Sa leçon se fera tantost par devis[10], tantost par livre : tantost son gouverneur luy fournira[11] de l'auteur mesme propre à cette fin de son institution : tantost il luy en donnera la moelle, & la substance toute maschée. Et si de soy mesme il n'est assez familier des livres, pour y trouver tant de beaux discours qui y sont, pour l'effect de son dessein[12],
520   on luy pourra joindre quelque homme de lettres, qui à chaque besoing **fournisse**[13] les munitions qu'il faudra, pour les distribuer[14] & dispenser à son nourrisson[15]. Et que cette leçon[16] ne soit plus aisée, & naturelle que

notes

1. **huitiesme sphere** : huitième des neuf ou dix cercles concentriques qui figuraient le ciel dans la conception des Anciens, celui auquel étaient attachées les étoiles.
2. **les leurs** : leurs science et mouvement.
3. Anaximène (VIᵉ-Vᵉ s. av. J.-C.), philosophe et savant de l'école ionienne, fonda une cosmogonie qui faisait de l'air le principe de l'univers. Son œuvre est moins bien connue que celle de son maître Anaximandre (VIIᵉ-VIᵉ s. av. J.-C.), lequel était un ami de Thalès. Anaximandre avait introduit en philosophie les concepts de principe, d'élément et d'illimité. Aussi bien comme géographe (il fut l'un des premiers à dresser des cartes) que comme cosmographe (il fut le premier à construire un cadran solaire) ou biologiste (il eut le premier l'intuition que l'apparition de l'homme sur Terre était le résultat d'une

lente évolution qui nous assigne le poisson comme ancêtre), il manifesta un grand souci de rationalité. Il expliqua l'univers en faisant de la matière infinie et éternelle le principe de tous les éléments et de tous les êtres finis. L'anecdote relatée par Montaigne, concernant Anaximène et Pythagore, vient de Diogène Laërce.
4. **sens** : ici, sens moral, front. La signification de base, dans le contexte, est toujours « mentalité ».
5. **m'amuser** : passer mon temps, m'attarder.
6. **au dedans** : en mon for intérieur, en moi.
7. Texte de 1580 et 1588 : « *apris* ».
8. Texte de 1580 et 1588 : « *Musique* ».
9. Texte de 1580 et 1588 : « *goust & jugement* ».
10. **devis** : conversation, discussion.
11. **luy fournira** : lui procurera des extraits..

610 la science des astres et le mouvement de la huitième sphère, avant
de leur enseigner leurs sciences et mouvements propres.
« Que m'importe à moi les Pléiades ? Que m'importe la constellation
du Bouvier ? » (Anacréon, *Ode*, IV, v. 10-11.)
Anaximène écrivant à Pythagore : « De quelle mentalité puis-je
615 faire preuve pour mobiliser mon attention au secret des étoiles
quand j'ai toujours la mort ou l'esclavage devant les yeux ? » Car
les rois de Perse préparaient alors la guerre contre son pays. Chacun
doit tenir ce discours : « Étant fouetté d'ambition, d'arrivisme, de
témérité, de superstition, et ayant au-dedans de moi d'autres enne-
620 mis analogues de la vie, irai-je songer à l'agitation du monde ? »
Après qu'on aura dit à mon garçonnet ce qui sert à le rendre
meilleur et plus sage, on lui expliquera, dans des entretiens, ce que
c'est que la logique, que la physique, que la géométrie, que la
rhétorique ; et la science qu'il choisira une fois qu'il aura déjà le
625 jugement formé, il en viendra bien vite à bout. La leçon à lui
enseigner se fera tantôt en devisant, tantôt en lisant : tantôt son
précepteur lui fournira un passage de l'auteur lui-même, adapté à
cette intention éducative, tantôt il lui en donnera la moelle et la
substance toutes mâchées. Et si par lui-même le maître n'est pas
630 assez familier des livres pour y trouver toutes les belles analyses qui
y sont, on pourra pour l'efficacité de son projet lui adjoindre un
lettré qui, à chaque besoin, fournisse les munitions qu'il faudra
pour en gratifier et en approvisionner le jeune homme à développer. Et que cette leçon soit plus aisée et naturelle que celle de

notes

12. pour l'effect de son dessein : dans l'édition de 1580, en l'absence de virgule avant « *pour* », ce membre de phrase allait apparemment avec « *tant de beaux discours qui y sont* » – ce qui implique de donner à l'ensemble du passage la signification : « tant de beaux discours qui y sont et peuvent servir à l'efficacité de son projet éducatif ». En revanche, dans l'édition de 1588, une virgule a été placée – mais était-ce la volonté de Montaigne ? – entre « *sont* » et « *pour* ». Cela semble devoir rattacher pour le sens le membre de phrase à la suite : « on pourra, pour l'efficacité... ». Nous nous sommes ralliés, sans certitude, à cette seconde lecture.

13. Texte de 1580 et 1588 : « *de qui à chaque besoing il retire* [...] *qu'il luy faudra* ».

14. Texte de 1580 et 1588 : « *pour apres à sa mode les distribuer* ».

15. son nourrisson : son élève, le jeune homme qu'il a à développer. On pourrait dire : « son poulain ».

16. Texte de 1580 et 1588 : « *cette leçon qui est la philosophie* ».

celle de Gaza[1], qui y peut faire doute ? Ce sont la[2] preceptes espineux &
mal[3] plaisans, & des mots vains & descharnez, ou il n'y à point de prise,
525 rien qui vous esveille l'esprit[4] : En cette cy l'ame trouve ou mordre, **et** où
se paistre[5]. Ce fruict[6] est plus grand sans comparaison, & si sera plustost
meury. C'est grand cas[7] que les choses en soyent là en nostre siecle, que
la philosophie ce soit jusques aux gens d'entendement, un nom vain &
fantastique, **qui se treuve** de nul usage, & de nul pris, **et par opinion et**
530 **par effaict**[8]. Je croy que ces ergotismes[9] en sont cause, qui ont saisi ses
avenues[10]. On à grand tort de la peindre inaccessible[11] aux enfans, &
d'un[12] visage renfroigné, sourcilleux et **terrible**[13] : Qui me l'a masquée de
ce faux visage pasle & hideux ? Il n'est rien plus gay, plus gaillard, plus
enjoué, & à peu que[14] je ne die follastre. Elle ne presche que feste & bon
535 temps : **U**ne mine triste & transie[15], montre, que ce n'est pas la[16] son
giste. Demetrius le Grammairien[17] rencontrant dans le temple de Delphes
une troupe de philosophes assis ensemble, il leur dit, **O**u je me trompe, ou
à vous voir la contenance si paisible & si gaye, vous n'estes pas en grand
discours[18] entre vous. A quoy l'un d'eux Heracleon le Megarien respon-
540 dit : **C**'est à faire à ceux[19] qui cherchent si le futur du verbe βάλλω
à double λ, ou qui cherchent la derivation des comparatifs χεῖρον &
βελτιον, & des superlatifs χεῖριστον & βέλτιστον, qu'il faut[20] rider le

notes

1. celle de Gaza : celle de la *Grammaire grecque* de Gaza. Philologue byzantin né à Thessalonique (on dit aussi Salonique) en 1398, Théodore Gaza vint en Italie dans les années 1440 et y étudia le latin à Mantoue auprès de Vittorino da Feltre. Il enseigna le grec à Ferrare durant une dizaine d'années, puis devint un familier du cardinal Bessarion à Rome. Il mourut en 1475. Il est connu pour ses traductions d'Aristote, de Denys d'Halicarnasse et surtout pour les quatre livres de sa *Grammaire grecque*, dont Montaigne semble se gausser. Pourtant, Érasme dans sa *Méthode pour étudier* (1511) déclarait : « *Parmi les grammairiens grecs, il n'est personne qui n'attribue la première place à Théodore Gaza, la seconde, à mon avis, Constantin Lascaris la revendique à bon droit.* »

2. la : là, dans cette grammaire.
3. mal : guère, peu.
4. Les éditions de 1580 et 1588 ajoutent : « *rien qui vous chatouille* ».
5. se paistre : se repaître, se nourrir. Texte de 1580 et 1588 : « *se paistre, & ou se gendarmer* ».
6. Ce fruict : celui que produit la méthode recommandée par Montaigne.
7. grand cas : cas mémorable, chose singulière.
8. et par opinion et par effaict : et dans l'opinion qu'on en a, et dans l'efficacité pratique à en tirer.
9. ergotismes : arguties, ratiocinations, disputes stériles (mot forgé sur le latin *ergo*, « donc », utilisé dans les raisonnements scolastiques).
10. avenues : voies d'accès, méthodes.

635 Gaza, qui peut en douter ? Chez celui-là, ce sont des préceptes épineux et malplaisants, des mots vains et décharnés qui n'offrent point de prise, qui n'ont rien pour vous éveiller l'esprit. Dans la leçon dont je parle, l'âme trouve où mordre et où se repaître. Ce fruit est plus grand sans comparaison, et pourtant il arrivera plus
640 tôt à maturité. C'est un cas peu banal, que les choses aient atteint ce point, en notre siècle, que la philosophie, jusque parmi les gens d'entendement, ce soit un nom vain et chimérique, qui ne se trouve être d'aucun usage et d'aucune valeur, et si l'on se réfère à l'opinion, et si l'on se réfère à l'efficacité. Je crois que ces ergo-
645 tismes qui ont pris d'assaut ses avenues en sont la cause. On a grand tort de la peindre inaccessible aux enfants et présentant un visage renfrogné, sourcilleux et terrible. Qui me l'a masquée de ce faux visage pâle et hideux ? Il n'est rien de plus gai, de plus gaillard, de plus enjoué et peu s'en faut que je ne dise folâtre. Elle
650 ne prêche que fête et bon temps. Une mine triste et rongée montre qu'elle n'est pas dans son gîte. Démétrius le Grammairien, rencontrant dans le temple de Delphes un groupe de philosophes assis ensemble, leur dit : « Ou je me trompe, ou, à vous voir la contenance si paisible et si gaie, vous n'êtes pas lancés dans de
655 grandes analyses entre vous. » Ce à quoi l'un d'eux, Héracléon le Grammairien, répondit : « C'est le sort réservé à ceux qui cherchent si le futur de BALLÔ prend deux L, ou qui cherchent la dérivation des comparatifs KHEIRON et BELTION et des superlatifs KHEIRISTON et BELTISTON, de rider le front en

notes

11. **de la peindre inaccessible :** d'en faire une peinture qui la rend inaccessible.
12. **d'un :** affublée d'un, avec un.
13. Texte de 1580 et 1588 : « *horrible* ».
14. **à peu que :** peu s'en faut que.
15. **transie :** abattue, rongée.
16. **la :** là, chez celui qui a cette mine.
17. **Demetrius le Grammairien :** vraisemblablement Démétrios Ixion, grammairien d'époque alexandrine, que

Montaigne connaît par Plutarque, *Des oracles qui ont cessé* (trad. d'Amyot, 1572).
18. **discours :** discussion argumentée, raisonnement.
19. **C'est à faire à ceux :** c'est le lot de ceux, c'est ce qui attend ceux.
20. **qu'il faut :** tournure grammaticale un peu lâche. « *C'est à faire à ceux* [...] *qu'il faut* » : « Le sort qui attend ceux qui [...] c'est qu'il leur faut ».

front s'entretenant de leur science[1] : **M**ais quant aux discours de la philosophie, ils ont accoustumé d'esgayer & resjouïr ceux qui les traictent[2],
545 non les renfroigner & contrister :

> *Deprendas animi tormenta latentis in ægro*
> *Corpore, deprendas et gaudia, sumit utrumque*
> *Inde habitum facies.*

L'ame qui loge la philosophie, doit par sa santé rendre sain encores le
550 corps : **E**lle doit faire luire jusques au dehors son repos[3], & son aise : **D**oit former à son moule le port exterieur, & **l'armer**[4] par consequent d'une gratieuse fierté, d'un maintien actif, & allegre, & d'une contenance **contente** & debonnaire[5].

La plus expresse marque de la sagesse c'est une esjouissance
555 **constante : son estat[6] est come des choses au dessus de la Lune tousjours serein[7].**

C'est *Barroco* & *Baralipton*[8], qui rendent leurs suppots[9] ainsi **crotez**[10] & enfumés, **C**e n'est pas elle ; ils ne la connoissent que par ouïr dire. Comment ? elle fait estat[11] de serainer les tempestes de **l'ame**[12], &
560 d'aprendre la fain & les fiebvres[13] à rire : **N**on par quelques Epicycles[14] imaginaires, mais par raisons **naturelles**[15] & palpables.

Ell' a pour son but la vertu, qui n'est pas comme dit lescole[16], plantée a la teste[17] d'un mont cope[18], raboteus & inaccessible. Ceus qui l'ont aprochee, la tienent au rebours logée dans une belle plaine fertile &
565 **fleurissente, dou elle voit bien sous soi toutes choses, mais si[19] peut on**

notes

1. Les questions évoquées par Héracléon concernent, en grec, la conjugaison du verbe *lancer* (*ballô*, qui ne prend qu'un seul lambda au futur) et la formation – irrégulière – des comparatifs et superlatifs des adjectifs « mauvais » (*kakon, keiron, keiriston*) et « bon » (*agathon, beltion, beltiston*).
2. traictent : prennent en charge, examinent, mènent.
3. Texte de 1580 et 1588 : « *son contentement, son repos & son aise* ».
4. Texte de 1580 et 1588 : « *le garnir* ».
5. debonnaire : de bonne composition, humaine. Texte de 1580 et 1588 : « *rassise & debonnaire* ».
6. son estat : celui de la sagesse.

7. Voir Sénèque, *Lettres à Lucilius*, lettre 59 : « *L'effet de la sagesse, c'est une réjouissance constante. Il en est de l'âme du sage comme du ciel au-dessus de la Lune : sérénité continuelle là-haut.* »
8. Barroco & Baralipton : mots factices de la logique scolastique qui représentent deux des dix-neuf formes du syllogisme qu'il importait de mémoriser.
9. suppots : subordonnés, serviteurs.
10. Texte de 1580 et 1588 : « *marmiteux* ».
11. fait estat : fait profession.
12. Texte de 1580 et 1588 : « *de la fortune* ».
13. aprendre la fain & les fiebvres : enseigner à la faim et aux fièvres, aux gens affamés et fiévreux.

660 s'entretenant de leur science ; mais en ce qui concerne les analyses philosophiques, elles ont coutume d'égayer et de réjouir ceux qui en font l'examen, non de les renfrogner et de les attrister. »

« On peut surprendre les tourments de l'esprit se camouflant dans un
corps malade, on peut en surprendre aussi les joies : le visage en
665 *emprunte l'une et l'autre expression. »* (Juvénal, *Satire*, IX, v. 18-20.)

L'âme qui loge en elle la philosophie doit par sa santé encore rendre sain le corps. Elle doit faire briller jusques au-dehors son repos et son bien-être. Elle doit former à son moule le port extérieur et l'armer par conséquent d'une gracieuse fierté, d'un
670 maintien actif et plein d'allant et d'une contenance contente et sympathique.

L'indice le plus manifeste de la sagesse, c'est une réjouissance constante. Son état caractéristique est comme celui des choses au-dessus de la lune, toujours serein.

675 Ce sont *Barroco* et *Baralipton* qui rendent leurs sectateurs crottés et enfumés de la sorte : ce n'est pas elle, ils ne la connaissent que par ouï-dire. Comment procède-t-elle ? Elle se propose de ramener à la sérénité les tempêtes de l'âme et d'enseigner à la faim et aux fièvres à rire. Non par de quelconques épicycles imaginaires,
680 mais par des raisons naturelles et palpables.

Elle se donne pour but la vertu, qui n'est pas, contrairement à ce que dit l'école, plantée à la cime d'un mont escarpé, rocailleux et inaccessible. Ceux qui l'ont approchée estiment, à l'inverse, qu'elle est logée sur une belle plaine fertile et fleurie,
685 d'où elle voit bien à ses pieds toutes choses, mais cela n'empêche

notes

14. Epicycles : petits cercles que l'astronomie ancienne supposait parcourir la circonférence de cercles plus grands, afin de rendre compte des irrégularités que l'on constatait dans le mouvement des astres.
15. Texte de 1580 et 1588 : « *raisons grossieres, maniables & palpables* ».

16. lescole : la tradition scolastique. Voir Sénèque, *De la colère* (II, 13) : « *Le sentier des vertus n'est pas, comme quelques-uns le prétendent, ardu et raboteux ; on y va de plain-pied.* »
17. teste : sommet.
18. cope : coupé, abrupt. C'est l'image traditionnelle du « mont de vertu ».
19. si : pourtant, même ainsi.

y arriver qui[1] en sçait l'adresse[2] par des routes ombrageuses gasonees & dous fleurantes, plesammant et d'une pente facile et polie[3] come est celle des voutes celestes. Pour n'avoir hanté[4] cette vertu supreme belle triomfante amoureuse, délicieuse pareillement[5] et corageuse, enemie professe[6] et irreconciliable d'aigrur de desplaisir de creinte et de contreinte aiant pour guide nature, fortune et volupté pour compaignes[7] : ils sont alles selon leur foiblesse feindre[8] cette sotte image triste quereleuse despite[9] menaceuse mineuse[10] et la placer sur un rochier a lescart emmi[11] des ronces: fantosme a estoner[12] les gens.

Mon gouvernur qui conoit[13] devoir ramplir la volonte de son disciple autant ou plus daffection que de reverance[14] envers la vertu, luy sçaura dire que les poëtes suivent les humeurs communes[15], et luy faire toucher au doigt que les dieux ont mis plustost la sueur aux advenues des cabinetz de Venus que de Pallas[16]. Et quand il commencera de se sentir[17], luy presentant Bradamant ou Angelique[18] pour maistresse à jouïr[19], et d'une beauté naïve[20], active, genereuse, non hommasse mais virile, au pris d'une[21] beauté molle affettée delicate, artificielle ; l'une travestie[22] en garçon coiffee d'un morrion[23] luysant : lautre vestue en garce[24] coiffee d'un attiffet[25] emperlé : il jugera masle son amour mesme, s'il choisit tout diversemant a[26] cet effeminé pastur de Phrygie[27]. Il luy faira cette nouvelle leçon que le pris et hautur[28] de la vraïe vertu est en la facilité utilité et plaisir de son exercice, si

575

580

585

570

notes

1. **qui** : si l'on.
2. **adresse** : direction, chemin approprié.
3. **polie** : unie.
4. **hanté** : fréquenté, frayé avec.
5. **pareillement** : identiquement, à un niveau égal, tout ensemble.
6. **professe** : déclarée.
7. Ces sentiments et entités (« aigreur », « desplaisir », « crainte », « contrainte », « nature », « fortune », « volupté ») sont personnifiés et élevés au rang d'allégories comme en un nouveau *Roman de la rose*.
8. **feindre** : imaginer, inventer.
9. **despite** : maussade.
10. **mineuse** : affectée, prenant de grands airs.
11. **emmi** : parmi.
12. **estoner** : effarer, terrifier.
13. **conoit** : sait, a conscience de.

14. **reverance** : crainte, appréhension.
15. **communes** : ordinaires, répandues.
16. **Venus, Pallas** : Vénus est la déesse de l'Amour, Pallas ou Minerve la déesse de la Sagesse. Cette image tend à opposer les deux visions de la sagesse en présence : l'une charmante et voluptueuse, l'autre ascétique et rébarbative.
17. **se sentir** : prendre conscience de soi, percevoir ses propres sensations.
18. **Bradamant ou Angelique** : les deux héroïnes du *Roland furieux* de l'Arioste, opposées comme deux incarnations de la féminité. Là où Angélique, la belle princesse venue du lointain Cathay, ancien nom de la Chine, subjugue les plus vaillants chevaliers par une beauté mièvre et minaudière (jusqu'à ce qu'elle-même tombe amoureuse

112

pas d'y arriver, si l'on en connaît l'itinéraire, par des routes ombragées, gazonneuses et fleurant doux, d'une manière plaisante, suivant une pente facile et unie comme l'est celle des voûtes célestes. Pour n'avoir pas hanté cette vertu suprême, belle, triomphante, amoureuse, également délicieuse et courageuse, ennemie expresse et irréconciliable d'aigreur, de déplaisir, de crainte et de contrainte, car elle a pour guide nature, fortune et volupté pour compagnes, les gens ont été, faibles qu'ils sont, forger cette sotte image pleine de tristesse, de querelle, de dépit, de menaces et de mines, et la placer sur un rocher, à l'écart, au milieu des ronces, fantôme propre à stupéfier le monde. Mon précepteur, qui a conscience de devoir remplir la volonté de son disciple autant de sentiments affectueux, ou plus, que d'appréhension envers la vertu, saura lui dire que les poètes suivent les humeurs communes, et lui faire toucher du doigt que les dieux ont répandu plutôt la sueur sur les avenues des cabinets de Vénus que sur celles de Pallas. Et quand le jeune homme commencera à éveiller ses sens, en lui présentant au choix Bradamante ou Angélique pour maîtresse à posséder, avec d'un côté une beauté native, active, généreuse, non pas virile mais digne d'un homme, en comparaison d'une beauté molle, sophistiquée, délicate, artificielle : la première déguisée en garçon, coiffée d'un casque brillant, l'autre vêtue en donzelle, coiffée d'un béret emperlé, le maître jugera que l'amour même de son disciple est mâle, si ce dernier fait un choix tout contraire à celui du fameux berger efféminé de Phrygie. Il lui fera cette leçon inédite, que la valeur et la supériorité de la vraie vertu sont dans la facilité, dans

notes

de Médor), Bradamante la guerrière, sœur de Renaud, jeune femme énergique et volontaire, se prend de passion pour le Sarrasin Roger, qu'elle épouse au dernier chant du poème.
19. à jouïr : à posséder.
20. naïve : simple, naturelle.
21. au pris d'une : en comparaison d'une, en opposition avec une.
22. travestie : déguisée.
23. morrion : casque.

24. garce : jeune femme (féminin de *garçon*, sans aucune nuance péjorative).
25. attiffet : parure, bonnet (cf. le verbe *s'attifer*, « se parer à l'excès, s'accoutrer avec recherche »).
26. diversemant a : à l'inverse de.
27. cet effeminé pasteur de Phrygie : Pâris, fils de Priam, qui donna la pomme de Discorde en guise de prix de beauté à Vénus, de préférence à Junon et à Pallas.
28. hautur : élévation, grandeur.

eslouigné de difficulté que les enfans y peuvent[1] come les homes, les simples come les subtils. Le reglemant[2] c'est son util[3] non pas la force.

590 Socrates son premier mignon[4] quitte a esciant[5] sa force pour glisser[6] en la naïfvete et aisance de son progrez. C'est la maire nourrisse[7] des plaisirs humains. En les rendant justes, elle les rant surs et purs. Les moderant, elle les tient en haleine et en goust. Retranchant ceus qu'elle refuse elle nous aiguise envers ceus qu'elle nous laisse Et nous laisse abondam-

595 mant tous ceus que veut nature[8] et jusques a la satiete maternellemant sinon jusques à la lassete[9]. Si d'avanture nous ne volons dire[10] que le regime qui arrete le beuveur avant l'ivresse, le mangeur avant la crudité[11] le paillart avant la pelade[12], soit ennemi de nos plaisirs. Si la fortune commune[13] luy faut[14] elle luy eschape ou elle s'en passe et s'en forge

600 un' autre toute siene non plus flotante & roulante[15]. Elle sçait estre riche et puissante et sçavante : et coucher dans des matelas musquez[16]. Elle aime la vie elle aime la beaute et la gloire et la santé. Mais son office[17] propre et particulier c'est sçavoir user de ces biens la regleemant[18] et les sçavoir perdre constammant[19]. Office bien plus noble qu'aspre. Sans

605 lequel tout cours de vie est desnaturé turbulant[20] et difforme : et y[21] peut on justemant atacher ces esceuils ces haliers[22] et ces monstres[23]. Si ce disciple se rencontre de si diverse[24] condition qu'il aime mieus ouir une fable que la narration d'un beau voïage ou un sage propos quand il l'entandera Qui[25] au son du tabourin qui arme la june ardur de ses

l'intérêt et dans le plaisir qu'on a à l'exercer, exercice si exempt de
difficultés que les enfants en sont capables comme les adultes, les
gens simples comme les subtils. La maîtrise de soi, c'est là son
outil, non pas la force. Socrate, le premier favori de cette maîtresse,
renonce sciemment à se servir de la force pour se laisser glisser à
l'aisance native de sa progression. C'est la mère nourricière des
plaisirs humains. En les rendant justes, elle les rend sûrs et purs. Les
modérant, elle nous les tient en haleine et en saveur. Retranchant
ceux qu'elle refuse, elle aiguise notre désir envers ceux qu'elle
nous laisse. Et nous laisse en abondance tous ceux que veut la
nature et jusqu'à ce que nous soyons rassasiés, maternellement,
sinon jusqu'à ce que nous soyons lassés. À moins que d'aventure
nous ne voulions dire que le régime qui arrête le buveur avant
l'ivresse, le mangeur avant l'indigestion, le paillard avant la pelade
soit ennemi de nos plaisirs. Si la fortune commune lui fait défaut,
la vertu lui échappe ou elle s'en passe et s'en façonne une autre,
toute à elle, non plus sujette à flotter et à rouler. La vertu sait être
riche et puissante et savante, et coucher sur des matelas embau-
mant le musc. Elle aime la vie, elle aime la beauté et la gloire et la
santé. Mais sa charge propre et particulière, c'est de savoir user de
ces biens-là avec maîtrise et de savoir les perdre avec constance.
Charge bien plus noble qu'ardue. Sans laquelle toute vie a un
cours dénaturé, tumultueux et difforme, et c'est à juste titre qu'on
peut alors y attacher ces écueils, ces buissons épineux et ces
monstres. Si ce disciple se rencontre d'un caractère si divergent
qu'il aime mieux entendre une fable que la narration d'un beau
voyage ou qu'un sage propos une fois qu'il pourrait en comprendre
la teneur ; si, lorsque le son du tambourin arme la jeune ardeur de

notes

17. office : devoir, fonction.
18. regleemant : avec modération.
19. constammant : avec constance.
20. turbulant : trouble, tourmenté.
21. y : renvoie à « *cours de vie* » et non pas à « *office* » (puisque c'est en l'absence de cet office que le cours de la vie est désordonné).

22. haliers : groupes de buissons denses et serrés.
23. monstres : allusion au fantôme et aux ronces dont il a été parlé ci-dessus.
24. diverse : rétive, bizarre, étrange.
25. Qui : tel qu'il.

610 compaignons se destourne a un autre qui l'apelle au jeu des batelurs Qui
par souhet ne treuve plus plesant et plus dous revenir poudreus et
victorieus d'un combat, que de la paume ou du bal aveq le pris de cet
exercice : je n'y treuve autre remede[1] sinon que de bone heure son
gouvernur l'estrangle s'il est sans tesmoins ou qu'on le mette pattissier
615 dans quelque bone ville[2] fut il fils d'un duc, suivant le precepte de
Platon[3] qu'il faut colloquer[4] les enfans non selon les facultez de leur
pere mais selon les facultez[5] de leur ame.

Puis que **la philosophie est celle**[6] qui nous instruict à vivre, & que
l'enfance y à sa leçon, comme les autres aages, pourquoi ne la luy[7]
620 communique l'on ?

> *Udum et molle lutum est, nunc nunc properandus, et acri*
> *Fingendus sine fine rota.*

On nous aprent à vivre, quand la vie est passée. Cent escoliers[8] ont pris
la verolle avant que d'estre arrivez à leur leçon d'Aristote de la
625 temperance[9].

Cicero disoit que quand il vivroit la vie de deus homes il ne pranderoit
pas le loisir d'estudier les poëtes lyriques[10] : Et je treuve ces ergotistes[11] plus tristement encores inutiles. Nostre enfant est bien plus
pressé : il ne doit au pædagisme[12] que les premiers quinse ou sese ans
630 de sa vie : le demurant est deu à laction : Emploions un temps si court
aus instructions necesseres.

---

notes

1. **remede** : expédient, moyen.
2. **bone ville** : ville jouissant d'un statut particulier, marqué par des privilèges et franchises que lui reconnaissait la royauté. Dans la France du XVIe siècle, le prince, soumis à la loi divine, devait protéger les bâtiments ecclésiastiques, appliquer les « lois fondamentales » du royaume (loi salique, par exemple), mais aussi respecter les « bonnes coutumes » que constituaient les franchises et privilèges des territoires (provinces, villes) et des corps (noblesse, clergé, compagnies d'officiers, métiers, etc.). Ainsi une « *bone ville* » est-elle une ville de certaine importance.

3. Voir Platon, *République* (415b-c), qui préconise pour chaque enfant « *l'estimation qui convient à sa véritable nature* », de manière à lui choisir une orientation appropriée.
4. **colloquer** : établir, placer (dans la société).
5. **facultez** : capacités, moyens, ressources. Il y a là un jeu de mot : *faculté* signifie « richesse » dans le premier cas, « intelligence » dans le second.
6. Texte de 1580 et 1588 : « *Puisque c'est elle* ».
7. **luy** : à l'enfance.
8. **escoliers** : il s'agit d'étudiants. *Cf.* « *l'escolier Lymosin* » [écolier limousin] de Rabelais (*Pantagruel*, chap. 6).

740 ses compagnons, il se détourne vers un autre qui le convie au spec-
tacle joué par les bateleurs ; si par goût il ne trouve pas plus plaisant
et plus doux de revenir poudreux et victorieux d'un combat que
du jeu de paume ou du bal avec le prix de cet exercice : je ne
trouve pas d'autre alternative, sinon que de bonne heure son
745 précepteur l'étrangle s'il est sans témoin, ou qu'on le mette pâtissier
dans une bonne ville quelconque, fût-il fils d'un duc, suivant le
précepte de Platon, qu'il faut établir les enfants non selon les possibilités de leur père, mais selon les possibilités de leur âme.]

Puisque la philosophie est la science qui nous discipline à vivre
750 et qu'il y a en elle une leçon pour l'enfance comme pour les
autres âges, pourquoi ne la lui communique-t-on pas ?

« Humide et molle est la glaise, c'est maintenant, maintenant
qu'il faut se hâter et la façonner sur la roue agile qui tourne sans fin. »
(Perse, *Satires*, III, v. 23-24.)

755 On nous enseigne à vivre quand la vie est passée. Cent étudiants
ont attrapé la vérole avant d'être arrivés à la leçon d'Aristote sur
la tempérance.

Cicéron disait que, même s'il vivait la vie de deux hommes, il ne
prendrait pas le loisir d'étudier les poètes lyriques. Et je trouve, moi,
760 ces ergotistes plus tristement inutiles encore. Notre enfant est bien
plus pressé : il ne doit à la pédagogie que les quinze ou seize
premières années de sa vie ; le reste est dû à l'action. Employons
un temps aussi court aux disciplines indispensables.

notes

9. temperance : vertu de modération évoquée par Aristote dans l'*Éthique à Nicomaque* (III, 11 et 12) : « *La tempérance s'applique aux plaisirs du corps. Mais ce n'est pas même à tous les plaisirs corporels, sans exception.* […] *Le toucher, qui est le plus commun de tous les sens, est le vrai siège de l'intempérance ; et c'est là ce qui fait qu'elle doit paraître d'autant plus blâmable ; car, lorsqu'on s'y livre, ce n'est pas en tant qu'homme, c'est en tant qu'animal.* […] *L'homme sage et tempérant sait tenir ici le milieu convenable ; il ne goûte pas ces plaisirs qui passionnent si violemment l'intempérant ; et il sentirait plutôt de la répugnance pour ces désordres.* »
10. C'est une allégation de Sénèque dans la 49e de ses *Lettres à Lucilius*, mais on n'en trouve pas trace dans les œuvres de Cicéron lui-même.
11. ces ergotistes : les mauvais philosophes qu'il a condamnés.
12. pædagisme : éducation (probable coquille pour « *pédagogisme* », comme écrit l'édition de 1595).

Ce sont abus, ostez toutes ces subtilitez espineuses de la Dialectique, dequoy[1] nostre vie ne se peut amender[2], prenez les simples discours[3] de la philosophie, sçachez les choisir & traitter à point[4], ils sont plus aisez à
635 concevoir qu'un conte de Boccace. Un enfant en est capable au partir de[5] la nourrisse, beaucoup mieux que d'aprendre à lire ou escrire. La philosophie à des discours pour la naissance des hommes, comme pour la decrepitude. Je suis de l'advis de Plutarque, qu'Aristote n'amusa[6] pas tant son grand disciple[7] à l'artifice[8] de composer syllogismes, ou aux
640 Principes de Geometrie, comme à l'instruire des bons preceptes, touchant la vaillance, proüesse, la magnanimité & temperance, & l'asseurance de[9] ne rien craindre : **Et** avec cette munition[10], il l'envoya encores enfant[11] subjuguer l'Empire du monde **a tout**[12] seulement 30 000. hommes de pied[13], 4 000. chevaux, & quarante deux mille escuz. Les autres arts &
645 sciences, dict-il, Alexandre les honoroit bien, & loüoit leur excellence & gentillesse[14], mais pour plaisir qu'il y prit, il n'estoit pas[15] facile à se laisser surprendre à l'affection[16] de les vouloir exercer.

petite hinc juvenésque senesque
Finem animo certum, miserísque viatica canis.

650 **C'est ce que dict Epicurus au commancement de sa lettre a Meniceus : Ny le plus june refuie à[17] philosofer ny le plus vieil s'y lasse. Qui faict autremant il semble dire ou qu'il n'est pas encore seson d'hureusement vivre ou qu'il n'en est plus saison[18].**

---

notes

1. **dequoy** : grâce à quoi, par le moyen desquelles.
2. **amender** : corriger, améliorer.
3. **simples discours** : raisonnements simples, arguments faciles à comprendre.
4. **à point** : comme il faut.
5. **au partir de** : au sortir de.
6. **n'amusa** : n'occupa, ne retint.
7. **grand disciple** : disciple promis à un grand destin, à de grandes fonctions. Il s'agit d'Alexandre le Grand, qui était le fils de Philippe II de Macédoine.
8. **artifice** : art, technique.
9. **de** : pour.
10. **avec cette munition** : ainsi pourvu, ainsi muni (de ces connaissances).

11. **enfant** : adolescent (sens courant dès le Moyen Âge). Alexandre le Grand, né en 356 av. J.-C., avait vingt-deux ans quand il partit à la conquête de l'Asie au printemps de -334. Il devait mourir onze ans plus tard, en -323. Sur l'information fournie ici, voir Plutarque, *De la fortune ou de la vertu d'Alexandre* (I, 4).
12. **a tout** : avec, à l'aide de. Texte de 1580 et 1588 : « *avec* ».
13. **hommes de pied** : fantassins.
14. **gentillesse** : distinction, noblesse.
15. **n'estoit pas** : n'aurait pas été (imparfait à valeur conditionnelle).
16. **surprendre à l'affection** : gagner par le désir.

Il y a là des abus : faites disparaître toutes ces subtilités épineuses
de la dialectique, dont notre vie ne peut être amendée, prenez les
analyses simples de la philosophie, sachez les choisir et les examiner
convenablement : elles sont plus aisées pour la réflexion à appré-
hender qu'un conte de Boccace. Un enfant en est capable au
sortir des bras de sa nourrice, beaucoup mieux que d'apprendre
à lire ou à écrire. La philosophie a des analyses pour la naissance
des hommes comme pour leur décrépitude. Je suis de l'avis
de Plutarque quand il souligne qu'Aristote n'a pas tant mobilisé
l'esprit de son grand disciple à la technique de combinaison des
syllogismes ou aux principes de la géométrie, qu'à le discipliner
avec de bons préceptes touchant la vaillance, la bravoure, la
magnanimité et la tempérance, et l'assurance qu'il fallait pour
ne rien craindre. Et avec cette munition, il l'envoya, encore adolescent, subjuguer l'empire du monde au moyen de seulement
trente mille fantassins, quatre mille chevaux et quarante deux
mille écus. Les autres arts et sciences, dit Plutarque, Alexandre les
honorait bien et louait leur mérite insigne et leur élégance, mais
quel que fût le plaisir qu'il y prenait, il ne se serait pas laissé facilement prendre et affecter par la tentation de les exercer.

*« Tirez-en, jeunes gens et vieillards, une fin déterminée pour guider
votre esprit et un soutien pour affronter les misères de l'âge chenu. »*
(Perse, *Satires*, V, v. 64-65.)

C'est ce que dit Épicure au commencement de sa *Lettre à
Ménécée* : « Que ni le plus jeune ne répugne à l'idée de philosopher, ni le plus vieux ne s'en lasse. Celui qui agit autrement
semble dire ou que ce n'est pas encore la saison de mener une vie
heureuse, ou que ce n'en est plus la saison. »

---

notes

17. refuie à : refuse de, répugne à.
18. Voir Épicure, *Lettre à Ménécée* (§ 122) :
« Que personne parce qu'il est jeune ne tarde
à philosopher, ni parce qu'il est vieux ne se
lasse de philosopher. [...] Et celui qui dit que

le temps de philosopher n'est pas encore
venu, ou que ce temps est passé, est pareil à
celui qui dit, en parlant du bonheur, que le
temps n'est pas venu ou qu'il n'est plus là. »

Pour tout cecy, je ne veu pas qu'on emprisonne **ce garçon**[1] ; **J**e ne veux
655 pas qu'on l'abandonne à l'humeur melancholique[2] d'un furieux maistre
d'escole : **J**e ne veux pas corrompre[3] son esprit, à le tenir à la gehene[4] &
au travail, à la mode des autres[5], quatorze ou quinze heures par jour,
comme un portefaiz.

Ny ne trouverois bon quand[6] par quelque complexion solitere et
660 **melancholique on le verroit adoné d'une application trop indiscrete**[7] **à**
lestude des livres qu'on la luy nourrit[8] **Cela les rend ineptes**[9] **a la**
conversation civille[10] **et les destourne de meilleures occupations et**
combien ai je veu de mon temps d'homes abestis par temerere[11] **avidité**
de sciance Carneades[12] **s'en trouva si affole qu'il n'eut plus le loisir de**
665 **se faire le poil et les ongles.**

Ny ne veux gaster ses meurs genereuses[13] par l'incivilité & barbarie[14]
d'autruy. La sagesse Françoise à esté anciennement en proverbe, pour
une sagesse qui prenoit de bon'heure & n'avoit guieres de tenue[15]. A la
verité nous voyons encores qu'il n'est rien si gentil que les petits enfants
670 en France : mais ordinairement ils trompent l'esperance qu'on en à
conceuë : & hommes faicts, on n'y voit **aucune** excellence[16]. J'ay ouy
tenir à gens d'entendement, que ces colleges ou on les envoie, dequoy ils
ont **foison**[17], les abrutissent ainsi. Au nostre, un cabinet, un jardin, la
table, & le lit, la solitude, la compaignie, le matin & le vespre[18], toutes

notes

1. Texte de 1580 et 1588 : « *cet enfant dans
un college* ».
2. melancholique : sombre, irascible. Texte
de 1580 et 1588 : « *à la colere & humeur
melancholique* ».
3. corrompre : abîmer, détériorer.
4. gehene : torture.
5. à la mode des autres : sur le modèle que
subissent les autres enfants, ceux qui ne sont
pas « enfants de maison ».
6. quand : si même. Lorsque *quand* est suivi
du conditionnel, il prend valeur d'hypothèse
concessive (« quand bien même »).
7. indiscrete : sans discernement, immodérée.
8. qu'on la luy nourrit : qu'on la développe
en lui (« *nourrit* », pour *nourrît*, est un
subjonctif imparfait).
9. ineptes : inaptes.

10. à la conversation civille : aux relations
sociales, aux échanges de politesse.
Rappelons que l'Italien Stephano Guazzo
avait écrit un traité intitulé *La Civil
Conversatione* (1574), qui connut en France
dès 1579 deux traductions concurrentes :
l'une de François de Belleforest, l'autre de
Gabriel Chappuys – traité dont Montaigne fit
toutefois l'acquisition en italien,
vraisemblablement durant son voyage
européen de 1580-1581.
11. temerere : inconsidérée.
12. Carneades : Carnéade de Cyrène (214-
129 av. J.-C.), penseur du courant sceptique,
dirigea à Athènes cette école philosophique
de 167 à 129 av. J.-C., fondant ce qu'on
a appelé « la Nouvelle Académie ». Il
s'attaquait au stoïcisme et mit en place la
notion de « probabilisme », une construction

Pour tout ceci, je ne veux pas qu'on emprisonne ce garçon, je ne veux pas qu'on l'abandonne à l'humeur mélancolique d'un furieux maître d'école. Je ne veux pas altérer son esprit à le
795 maintenir à la torture et au travail, sur le modèle des autres enfants, quatorze ou quinze heures par jour comme un portefaix.

Ni ne trouverais bon, si même, par quelque complexion solitaire et mélancolique, on le voyait adonné avec une application trop inconsidérée à l'étude des livres, qu'on développât cette ten-
800 dance en lui. Cela rend les jeunes gens ineptes à la conversation civile et les détourne de meilleures occupations ; et combien ai-je vu, à mon époque, d'hommes abêtis par un téméraire appétit de science ! Carnéade s'en trouva si effréné qu'il n'en eut plus le loisir de se faire la barbe et les ongles.

805 Et je ne veux pas non plus gâter la manière généreuse de ses mœurs par l'incivilité barbare d'autrui. La sagesse française a été anciennement proverbiale pour être une sagesse qui prenait de bonne heure et ne tenait guère. À la vérité, nous voyons encore qu'il n'est rien de si élégant que les petits enfants en France, mais
810 ordinairement ils trompent l'espoir qu'on avait conçu à leur sujet et, une fois adultes, on n'y voit aucun mérite insigne. J'ai entendu soutenir par des gens d'entendement que ces collèges où l'on envoie nos enfants et qui foisonnent les abrutissent de la sorte. Pour le nôtre, un cabinet de travail, un jardin, la table et le lit, la
815 solitude, la vie sociale, le matin et la soirée, toute heure lui

notes

théorique destinée à montrer que l'on peut agir sans fonder son action sur une adhésion ferme à des représentations qui emportent votre conviction. C'est Diogène Laërce, dans *Vie, Doctrines et Sentences des philosophes illustres* (IV, 62), qui rapporte le témoignage utilisé par Montaigne.
13. genereuses : aristocratiques, marquées par une naissance noble.
14. l'incivilité & barbarie : les manières brutales et grossières.
15. tenue : résistance, durée. Cet adage vient des *Trente Livres de lectures antiques* du compilateur Luigi Ricchieri, dit Cælius

Rhodiginus (1450-1525), que Montaigne a largement utilisé dans les *Essais* et qu'il mentionne dans son *Journal de voyage* au moment où il passe à Rovigo, ville natale de l'humaniste italien protégé de Louis XII et de François Ier. Cælius Rhodiginus écrivait dans son recueil, à l'entrée *Gallica sapientia* : « *Par sagesse française, nous devons entendre une sagesse prématurée qui, bientôt déficiente, en vient pour ainsi dire à s'épaissir.* »
16. excellence : supériorité, perfection. Texte de 1580 : « *nulle excellence* ».
17. Variante : « *abondance* ».
18. vespre : soir.

675 heures luy seront unes[1] : toutes places[2] luy seront estude[3] : **C**ar la philosophie, qui, comme formatrice des jugements & des meurs, sera sa principale leçon, à ce privilege, de se mesler par tout. Isocrates l'orateur[4]
estant prié en un festin de parler de son art, chacun trouve qu'il eut raison de responde : **Il** n'est pas maintenant temps de ce que je sçay faire,
680 & ce dequoy il est maintenant temps, je ne le sçay pas faire : **C**ar de presenter des harangues ou des disputes[5] de rhetorique à une compaignie,
assemblée pour rire & faire bonne chere, ce seroit un meslange de trop
mauvais accord. **Et** autant en pourroit-on dire[6] de toutes les autres
sciences : **M**ais quant à la philosophie, en la partie, ou elle traicte de
685 l'homme & de ses devoirs & offices, ç'à esté le jugement commun de tous
les sages, que pour[7] la douceur de[8] sa conversation[9], elle ne devoit estre
refusée, ny aux festins, ny aux jeux[10] : **Et** Platon l'ayant **invitee** à son
convive[11], nous voyons comme elle entretient l'assistence d'une façon
molle, & accommodée au temps & au lieu, quoy que ce soit de ses plus
690 hauts discours[12] & plus salutaires :

Aeque pauperibus prodest, locupletibus æque,
Et neglecta æque pueris senibúsque nocebit.

Ainsi sans doute[13] il chomera moins, que les autres : **M**ais comme les
pas que nous employons à nous promener dans une galerie, quoy qu'il y
695 en ait trois fois autant, ne nous lassent pas, comme ceux que nous mettons à quelque chemin desseigné[14] : aussi nostre leçon se passant
comme par rencontre[15], sans obligation de[16] temps & de lieu, & se meslant
à toutes nos actions, se coulera sans se faire sentir. Les jeux mesmes, &

---

notes

1. luy seront unes : lui paraîtront aussi propres, lui conviendront.
2. places : lieux, endroits.
3. estude : salle d'étude.
4. Isocrate (v^e-ive s. av. J.-C.), maître de l'éloquence d'apparat, dirigea à Athènes une école de rhétorique qui était une sorte d'établissement d'enseignement supérieur avant l'Académie de Platon et le Lycée d'Aristote. Il assista à l'avènement des sophistes venus d'Asie Mineure ou de « Grande Grèce » (Italie méridionale) dans sa ville et se voulut, contre eux, le défenseur d'une culture proprement attique.

Sur l'anecdote ici relatée, voir Plutarque, *Propos de table* (I, 1), où l'on se demande s'il faut parler de lettres et de philosophie à table.
5. disputes : discussions, débats.
6. Texte de 1580 et 1588 : « *en pourroit-on quasi dire* ».
7. pour : en raison de, du fait de.
8. de : émanant de, qu'on retirait de, qui se manifestait dans.
9. conversation : commerce, pratique.
10. Voir encore Plutarque, *Propos de table* (I, 1) : « *La philosophie, laquelle étant qui nous montre comment il faut vivre, il n'est pas*

conviendra, tout endroit lui servira de salle d'étude : car la philosophie, qui, en tant que formatrice des jugements et des mœurs,
constituera sa principale leçon, a ce privilège de se mélanger avec
tout. L'orateur Isocrate était prié dans un festin de parler de son
820 art, et chacun trouve qu'il a eu raison de répondre : « Ce n'est pas
maintenant le moment de ce que je sais faire, et ce dont c'est
maintenant le moment, je ne sais pas le faire. » Car de présenter
des harangues et des débats de rhétorique à une compagnie
assemblée pour rire et faire bonne chère, ce serait un mariage de
825 trop mauvais aloi. Et l'on pourrait en dire autant de toutes les
autres sciences. Mais pour ce qui est de la philosophie, dans la partie où elle traite de l'homme et de ses obligations et charges, ç'a
été un jugement commun à tous les sages que, pour la douceur de
sa conversation, elle ne devait être refusée ni aux festins, ni aux
830 jeux. Et Platon l'ayant invitée à son *Banquet*, nous voyons comment elle entretient l'assistance d'une façon dont la mollesse s'accorde au temps et au lieu, quoique ce soit à propos de ses analyses
les plus élevées et les plus salutaires :

> « *Elle est également utile aux pauvres et aux riches,*
835 > *et négligée elle nuira également aux enfants et aux vieillards.* »
> (Horace, *Épîtres*, I, 1, v. 25-26.)

Ainsi, il n'y a pas de doute qu'il chômera moins que les autres.
Mais de même que les pas que nous faisons à nous promener dans
une galerie, quoiqu'il y en ait trois fois autant, ne nous lassent pas
840 comme ceux que nous mettons à suivre quelque chemin projeté,
de même notre leçon en se passant comme par rencontre, sans
nécessité de temps ni de lieu, et se mélangeant avec toutes nos
activités, s'écoulera sans se faire sentir. Les jeux eux-mêmes et les

---

notes

raisonnable de lui fermer la porte de jeu ni
de volupté et passe-temps quelconque. »
11. convive : banquet (latinisme,
cf. convivium, « le banquet »). Texte de 1580
et 1588 : « *conviée à son convive* ».
12. discours : sujets, analyses. Texte de 1580 :
« *ces plus hauts discours* ».

13. sans doute : sans aucun doute.
14. desseigné : déterminé, pris à dessein.
15. par rencontre : au hasard.
16. sans obligation de : sans être lié
nécessairement à.

700 les exercices seront une **bonne** partie de l'estude : **L**a course, la luite, **la musiqe,** la danse, la chasse, le maniement des chevaux & des armes. Je veux que la bien-seance[1] exterieure, & l'entre-gent[2] **et la disposition de la persone**[3], se façonne quant & quant[4] l'ame. Ce n'est pas une ame, ce n'est pas un corps, qu'on dresse, c'est un homme, il n'en faut pas faire à deux[5]. Et comme dict Platon, il ne faut pas les **dresser**[6] l'un sans l'autre,

705 mais les conduire également, comme une couple de chevaux attelez à mesme timon[7] : **Et a louir**[8] **semble il pas prester et plus de temps et plus de sollicitude aus exercices du cors et estimer que l'esprit s'en exerce quand et quant, et non au rebours**[9]. Au demeurant, cette institution[10] se doit conduire par une severe douceur, non comme **il**[11] **se faict**[12]. Au lieu

710 de convier les enfans aux lettres[13], on ne leur presente à la verité, que horreur & cruauté : **O**stez moy la violence & la force, il n'est rien à mon advis qui abastardisse & estourdisse si fort une nature bien née : **S**i vous avez envie qu'il craigne la honte & le chastiement ne l'y endurcissez pas : **E**ndurcissez le à la sueur & au froid, au vent, au soleil & aux hazards qu'il

715 luy faut mespriser : **O**stez luy toute mollesse et delicatesse au vestir & coucher, au manger & au boire : **a**ccoustumez le à tout : **Q**ue ce ne soit pas un beau garçon & dameret[14], mais un garçon vert & vigoureux.

Enfant, home, vieil, j'ay tousjours creu et jugé de mesme. Mais entre autres choses, cette police[15] **de la plus part de nos collieges m'a tous-**

720 **jours despleu. On eut failli a l'avanture moins domageablement s'incli-nant vers l'indulgence. C'est une vraye geole de junesse captive. On la**

notes ....

1. bien-seance : présentation.
2. l'entre-gent : l'art de se conduire parmi les gens, la politesse mondaine.
3. disposition de la persone : faculté d'être dispos, souplesse.
4. quant & quant : en même temps que.
5. il n'en faut pas faire à deux : les traiter séparément. L'expression signifie : « Il ne faut pas considérer comme deux ce qui est un. »
6. Texte de 1580 et 1588 : « *exercer* ».
7. timon : pièce longitudinale d'un attelage (de chaque côté de laquelle sont placées les bêtes de trait). Voir Plutarque, *Les Regles et Preceptes de santé* (trad. d'Amyot, 1572), § XXIV : « *Platon nous admonestait sagement*

de ne remuer et n'exercer point le corps sans l'âme, ni l'âme aussi sans le corps, ains [mais] *les conduire également tous deux, comme une couple de chevaux attelés à un même timon ensemble, attendu que le corps besogne et travaille quand et* [en coordination avec] *l'âme.* »
8. a louir : à l'ouïr, à l'entendre. Montaigne, qui après 1588 lit directement Platon, parle maintenant non plus comme précédemment d'après Plutarque, mais d'après Platon lui-même : voir *Les Lois*, livre VII.
9. et non au rebours : et ne pas estimer, à l'inverse, que le corps profite des exercices de l'esprit.

124

exercices constitueront une bonne partie de l'étude : course, lutte,
845 musique, danse, chasse, maniement des chevaux et des armes. Je
veux que la présentation extérieure et l'entregent, et la condition
physique se façonnent en même temps que l'âme. Ce n'est pas une
âme, ce n'est pas un corps que l'on élève, c'est un homme : il ne
faut pas s'y prendre à deux fois. Et comme dit Platon, il ne faut pas
850 les élever l'un sans l'autre, mais les diriger de manière égale, comme
un couple de chevaux attelés à un même joug. Et même, à l'entendre, ne semble-t-il pas qu'il prête plus de temps et plus d'attention aux exercices du corps, et qu'il estime que l'esprit s'exerce en
même temps que ce dernier, et non l'inverse ? Au demeurant, cette
855 éducation doit être dirigée avec une douce sévérité, et non comme
cela se passe. Au lieu d'engager les enfants à la culture, on ne leur
présente, à la vérité, qu'horreur et cruauté. Faites-moi disparaître
l'emploi de la violence et de la force : il n'est rien à mon avis qui
abâtardisse et étourdisse aussi fortement une nature née avec de
860 bonnes dispositions. Si vous avez envie qu'il craigne la honte et la
punition, ne l'y endurcissez pas. Endurcissez-le à la sueur et au froid,
au vent, au soleil et aux hasards qu'il lui faut mépriser. Faites disparaître en lui toute mollesse et toute délicatesse pour se vêtir et coucher, pour le manger et le boire. Accoutumez-le à tout. Que ce ne
865 soit pas un beau garçon dameret, mais un garçon vert et vigoureux.

Enfant, adulte, vieillard, j'ai toujours cru et jugé de même.
Mais, entre autres choses, cette organisation de la plupart de
nos collèges m'a toujours déplu. On eût peut-être commis
une faute moins dommageable en inclinant vers l'indulgence.
870 C'est une vraie geôle pour la jeunesse captive. On la rend

notes

10. Texte de 1580 et 1588 : « *toute cette institution* ».
11. il : cela (tournure impersonnelle).
12. Dans les éditions parues du vivant de Montaigne ces mots sont remplacés par : « *non comme aux collèges, où au lieu...* ».

13. aux lettres : à la culture, aux connaissances que donnent les livres (sens très large). Le texte de 1580 et 1588 ajoutait : « *& leur en donner goust* ».
14. dameret : délicat, soigné, aux allures de dame.
15. police : organisation.

rent desbauchee[1] l'en[2] punissant avant qu'elle le soit. Arrivez y sur le poinct de leur office[3] vous n'oyes que cris et d'enfans suppliciez et de maistres enyvrez en[4] leur cholere[5]. Quelle maniere pour esveiller l'appetit[6] envers leur leçon, a ces tendres ames et creintives, de les y guider d'une trouigne effroiable, les mains armees de fouetz. Inique, et pernicieuse forme[7]. Joint ce que Quintilien en a tres bien remarqué que cette imperieuse authorité tire des suites[8] perilleuses : et nomeemant[9] a nostre façon de chatiemant[10]. Combien leurs classes seroint plus decemment[11] jonchees de fleurs et de feuillee que de tronçons d'osier sanglans. J'y fairois[12] portraire[13] la joye l'alegresse et flora et les graces, come fit en son eschole le philofe Speusippus[14]. Ou est leur profit que ce fut aussi leur esbat. On doit ensucrer les viandes[15] salubres a l'enfant et enfieler celes qui luy sont nuisibles. C'est merveille combien[16] Platon se montre souigneus en ses loix de la gayeté et passetemps de la junesse de sa cité et combien il s'arrete à leurs courses jeux chançons, saus et danses, desquelles il dict que lantiquité a doné la conduite et le patronage aus dieus mesmes : Apollo les Muses et Minerve. Il l'estant[17] a mille præceptes pour ses gymnases : pour les sciances lettrees[18] il s'y amuse[19] fort peu & semble ne recomander particulierement la poisie que pour la musiqe.

725

730

735

740

notes

1. **desbauchee** : dissolue, indisciplinée, frondeuse.
2. **en** : de la débauche.
3. **office** : travail, classe.
4. **enyvrez en** : ivres de, en proie à.
5. **cholere** : colère. Érasme avait déjà dénoncé, dans son *De pueris statim ac liberaliter instituendis* [Il faut donner très tôt aux enfants une éducation libérale], la brutalité des collèges en France : « *On dirait non point une école, mais une officine de bourreau, on n'y entend que claquement des férules, sifflement des verges, hurlements et sanglots, menaces atroces.* » Érasme pense, semble-t-il, spécialement à celui de Montaigu dont Rabelais, au chapitre 35 de *Gargantua*, dénonce « *l'énorme cruauté et vilenie* ».
6. **appetit** : ici, attirance, envie d'apprendre.
7. **forme** : manière, habitude.
8. **suites** : conséquences.
9. **nomeemant** : notamment, en particulier.
10. **nostre façon de chatiemant** : notre façon de châtier (allusion à l'usage de la férule).
11. **decemment** : convenablement, raisonnablement.
12. **fairois** : ferais.
13. **portraire** : faire le portrait de, représenter.
14. **Speusippus** : Speusippe (395-334 av. J.-C.), neveu de Platon, prit sa succession à la tête de l'Académie et fit élever, d'après Diogène Laërce, des statues des Grâces dans le cadre de cette école. On sait que, durant les débuts de l'humanisme, le pédagogue Vittorino da Feltre (1378-1446) ouvrit à Mantoue une école appelée la *Casa giocosa*, dans laquelle il ménagea, malgré un enseignement austère et vertueux, une atmosphère d'harmonie et de joie. Le mot « *philofe* » est une coquille manifeste pour « *philosofe* ».
15. **viandes** : aliments.

dissipée en la punissant avant qu'elle le soit. Arrivez-y au moment de leur séance de cours, vous n'entendez que cris d'enfants châtiés et de maîtres enivrés dans leur colère. Quelle manière d'éveiller chez ces âmes tendres et craintives l'attirance pour leur leçon, que de
875 les y mener d'une trogne effroyable, les mains armées de fouets ! Inique et pernicieuse méthode ! Ajoutons – ce que Quintilien a très bien observé – que cette autorité impérieuse entraîne des conséquences périlleuses, et notamment pour notre façon d'administrer les punitions. Combien il serait plus décent de voir leurs
880 classes jonchées de fleurs et de feuillages que de cannes d'osier sanglantes en morceaux ! J'y ferais portraiturer la joie, l'allégresse, et Flora et les Grâces, comme le fit dans son école le philosophe Speusippe. Là où est le profit des écoliers, qu'il puisse y avoir aussi pour eux le délassement. On doit enrober de sucre les aliments
885 bons pour la santé de l'enfant et rendre amers ceux qui lui sont nocifs. Il est singulier de voir combien Platon montre de sollicitude, dans ses *Lois*, pour veiller à la gaieté et aux passe-temps de la jeunesse de sa cité, et combien il insiste sur leurs courses, jeux, chansons, sauts et autres danses, dont la direction et le patronage
890 ont été confiés, dit-il, par l'Antiquité aux divinités mêmes : Apollon, les Muses et Minerve. Il étend ce soin à mille préceptes pour ses gymnases. Pour les sciences de la culture, il y mobilise fort peu de son temps et a l'air de ne recommander particulièrement la poésie que pour la musique.

notes

16. C'est merveille combien : il est étonnant de voir combien. Voir Platon, *Les Lois*, outre le livre VII déjà cité, le passage du livre II (659e) concernant l'image alimentaire : « C'est ainsi que, pour les gens dont le corps est malade ou affaibli, les médecins essaient d'introduire dans des aliments ou boissons agréables au goût la substance salutaire qu'ils ont à cœur de leur faire prendre, tandis que celle qui leur est nuisible, ils l'introduisent dans des aliments ou boissons désagréables au goût afin de les accoutumer de façon méthodique à aimer l'une et à détester l'autre. »
17. l'estant : étend la gaieté. L'édition de 1595 corrige le texte en « s'étend ».
18. sciances lettrees : étude des livres.
19. il s'y amuse : il s'y arrête, il s'en occupe.

Toute estrangeté & particularité en nos meurs & conditions est evitable[1], comme ennemie de communication & de societé **et come monstrueuse. Qui ne s'estoneroit de la complexion[2] de Demophon maistre d'hostel d'Alexandre qui suoit a l'ombre & trambloit au soleil.** J'en ay veu fuir la senteur des pommes, plus que les harquebusades : d'autres s'effrayer pour une souris : d'autres rendre la gorge[3] à voir de la cresme : d'autres à voir **brasser[4]** un lict de plume : comme Germanicus[5] **ne pouvoit souffrir ny la veue ny le chant des coqs.** Il y peut avoir, à l'avanture à cela quelque proprieté occulte, mais on l'esteindroit à mon advis, qui s'y prendroit[6] de bon' heure. L'institution a gaigné cela sur moy, il est vray que ce n'a point esté sans quelque soing, que sauf la biere, mon **appetit[7]** est accommodable **indifferemmant** a toutes choses, dequoy on se pait[8]. Le corps encore souple, on le doit a cette cause[9], plier a toutes façons & coustumes : **Et** pourveu qu'on puisse tenir l'appetit[10] & la volonté soubs boucle[11], qu'on rende hardiment un jeune homme commode[12] a toutes nations & compaignies. **V**oire au desreglement & aus exces, si besoing est. **Son exercitation suive[13] l'usage.** Qu'il puisse faire toutes choses, & n'ayme a faire que les bonnes. Les philosophes mesmes ne trouvent pas louable en Calisthenes, d'avoir perdu la bonne grace du grand Alexandre son maistre, pour n'avoir voulu boire d'autant a luy[14]. Il rira, il follastrera, il se desbauchera avec son prince : **J**e veux qu'en la desbauche mesme, il surpasse en vigueur & en fermeté[15] ses compagnons : **Et** qu'il ne laisse a faire le mal, ny a faute de force ny de science, mais a faute de volonté.
Multum interest utrum peccare aliquis nolit aut nesciat. Je pensois faire honneur à un seigneur aussi eslongné de ces débordemens, qu'il en soit

notes

1. **evitable** : à éviter.
2. **complexion** : tempérament. Sur Démophon, voir Sextus Empiricus, *Esquisses pyrrhoniennes* (I, 14, § 81) : « *Démophon, le majordome d'Alexandre, grelottait quand il était au soleil ou dans son bain et se réchauffait à l'ombre.* »
3. **rendre la gorge** : vomir, avoir des nausées. Littéralement, « régurgiter ce qu'on a dans l'estomac ».
4. Texte de 1588 : « *bransler* ».
5. Germanicus, neveu de l'empereur Tibère, se voit attribuer cette allergie par Plutarque

dans l'opuscule *De l'envie et de la haine*, toujours tiré des *Œuvres morales* (trad. d'Amyot, 1572).
6. **qui s'y prendroit** : si l'on s'y prenait.
7. Texte de 1580 et 1588 : « *goust* ».
8. **on se pait** : on se nourrit.
9. **a cette cause** : pour ce motif.
10. **l'appetit** : les désirs.
11. **soubs boucle** : sous bride, en laisse.
12. **commode** : apte, adaptable.
13. **suive** : subjonctif présent à valeur d'exhortation. Il faut comprendre : « Que son exercitation suive… ».

895   Toute étrangeté et particularité dans nos mœurs et notre caractère est à éviter, comme ennemie d'une sociabilité communicative et comme monstrueuse. Qui ne serait pas stupéfait de la complexion de Démophon, majordome d'Alexandre, qui transpirait à l'ombre et grelottait au soleil ? J'ai vu des gens répugner à

900   l'odeur des pommes plus qu'aux arquebusades, d'autres s'effrayer pour une souris, d'autres être pris de vomissements en voyant de la crème, d'autres en voyant secouer un matelas de plumes, de même que Germanicus ne pouvait supporter ni la vue ni le chant des coqs. Il y a peut-être à l'œuvre en cela, qui sait, une quel-

905   conque sensibilité occulte, mais on l'éteindrait, à mon avis, en s'y prenant de bonne heure. L'éducation a gagné sur moi – il est vrai que cela n'a pas été sans peine – que, sauf la bière, mon appétit est propre à s'accorder indifféremment à tous les produits dont on se nourrit. Quand le corps a encore sa plasticité, on doit en tirer parti

910   pour le plier à toutes façons de vivre et coutumes. Et pourvu qu'on puisse lui tenir en bride l'appétit et la volonté, qu'on n'hésite pas à rendre un jeune homme propre à s'intégrer à toutes nations et sphères sociales. Propre même au dérèglement et aux excès, si besoin est. Qu'il soit exercé à suivre l'usage. Qu'il

915   puisse faire toutes choses et n'aime à faire que les bonnes. Les philosophes eux-mêmes ne trouvent pas louable de la part de Callisthène d'avoir perdu les bonnes grâces d'Alexandre le Grand pour n'avoir pas voulu participer au concours de beuverie que ce dernier lui proposait. Mon étudiant rira, il folâtrera, il se dissipera

920   avec son prince. Je veux que, même dans la dissipation, il surpasse en vigueur et en fermeté ses compagnons. Et qu'il ne s'abstienne de faire le mal, ni faute de force, ni faute de science, mais faute de volonté. « *Il y a beaucoup d'écart entre ne pas vouloir faire le mal et ne pas le savoir.* » (Sénèque, *Lettres à Lucilius*, lettre 90.) Je pensais faire

925   honneur à un seigneur aussi éloigné de ces débordements qu'il y

notes

14. d'autant a luy : en concurrence avec lui, en acceptant son défi.

15. fermeté : résistance.

en France, de m'enquerir à luy en bonne compaignie[1], combien de fois en sa vie il s'estoit enyvré, pour la nécessité des affaires du Roy en Allemagne : Il le print de cette façon[2], & me respondit que c'estoit trois
770   fois, lesquelles il recita[3]. J'en sçay, qui à faute de cette faculté, se sont mis en grand peine ayans à pratiquer cette nation. J'ay souvent remarqué avec grand' admiration[4] la merveilleuse nature d'Alcibiades[5], de se transformer si aisément à façons si diverses, sans interest de[6] sa santé. Surpassant tantost la somptuosité & pompe Persienne, tantost l'austerité &
775   frugalité Lacedemoniene ; autant reformé en Sparte, comme voluptueux en Ionië,

> *Omnis Aristippum[7] decuit color, et status, et res.*

Tel voudrois-je former mon disciple,

> *quem duplici panno patientia velat*
780   *Mirabor, vitæ via si conversa decebit,*
> *Personámque feret non inconcinnus utrámque.*

Voicy mes leçons[8]. **Celluy la y a mieus profité, qui les faict que qui les sçait. Si vous le voïes vous l'oïes : si vous l'oïes vous le voïes[9]. Ja[10] a dieu ne plaise dict quelcun en Platon[11] que philosofer ce soit aprandre**
785   **plusieurs choses et traicter les ars[12].** *Hanc amplissimam omnium artium*

---

notes

1. en bonne compaignie : dans une assemblée mondaine, dans une réunion de gens de qualité.
2. Texte de 1580 et 1588 : « *de cette mesme façon* ».
3. recita : raconta.
4. admiration : étonnement (mais ici l'acception est proche du sens actuel : « élogieux »).
5. Texte de 1580 et 1588 : « *cette merveilleuse* [...] ». Alcibiade (450-404 av. J.-C.), aristocrate athénien, protégé de Périclès, fut également un disciple de Socrate, à qui Platon consacra deux dialogues et Plutarque l'une de ses *Vies parallèles*. Ne manquant pas de charme mais opportuniste et peu soucieux des finances publiques, Alcibiade joua un rôle politique important à la fin du vᵉ s. av. J.-C. Sur cet aspect de sa personnalité, voir justement Plutarque, *Vies parallèles* (chap. 43, trad. d'Amyot sous le titre *Vies de hommes illustres*, 1559) : « *Une habileté par laquelle il prenait* [le] *plus les*

hommes, c'est qu'il se conformait totalement à leurs mœurs et à leurs façons de faire, et prenait entièrement leur manière de vivre, se transformant en toutes sortes de figures plus légèrement que ne fait le caméléon. [...] *Il n'y avait mœurs, coutumes ni façons de faire de quelque nation que ce fût qu'Alcibiade ne sût imiter, exercer et contrefaire quand il voulait, autant les mauvaises que les bonnes. Car à Sparte il était laborieux, en continuel exercice, vivant de peu, austère et sévère ; en Ionie, au contraire, délicat, superflu, joyeux et voluptueux ; en Thrace, il buvait toujours, ou était à cheval ; s'il s'approchait de Tissapherne, lieutenant du grand roi de Perse, il surmontait en pompe et somptuosité la magnificence persienne.* »
6. interest de : dommage pour.
7. *Aristippum* : Aristippe de Cyrène (ivᵉ s. av. J.-C.), philosophe grec, disciple de Socrate, créa l'école cyrénaïque, qui fondait sa doctrine sur la recherche du plaisir – d'où le nom d'*hédonisme* (en grec, *hédonè* signifie

en ait en France, en lui demandant, lors d'une réunion en bonne société, combien de fois dans sa vie il s'était enivré pour le besoin des affaires du Roi en Allemagne. Le prenant de cette façon, il m'a répondu que c'était trois fois, et il les a racontées. Je connais des 930 gens qui, faute de cette faculté à boire, se sont mis en grand embarras quand ils ont eu à pratiquer cette nation. J'ai souvent observé avec une grande admiration la singulière nature d'Alcibiade, de se transformer si aisément avec des façons si diverses, sans dommage pour sa santé. Surpassant tantôt la somp-935 tuosité et le faste des Perses, tantôt l'austérité et la frugalité des Lacédémoniens, aussi rigoriste à Sparte que voluptueux en Ionie.

« *Tout convint à Aristippe en fait de style de vie,*
de condition sociale et de biens matériels. »
(Horace, *Épîtres*, I, 17, v. 23.)

940 Tel je voudrais former mon disciple,

« *que son endurance puisse le recouvrir d'un haillon plié en deux ;*
je l'admirerai si le changement de vie lui convient et s'il tient sans
discordance l'un et l'autre rôles » (Horace, *ibid.*, v. 25-26 et 29).

Voilà mes leçons. Celui qui en retire après coup le meilleur pro-945 fit, c'est celui qui les fait plutôt que celui qui les sait. Celui-là, si vous le voyez, vous l'entendez ; si vous l'entendez, vous le voyez. À Dieu ne plaise, dit quelqu'un chez Platon, que philosopher ce soit faire de multiples apprentissages et examiner les arts. « *Cet art, le plus*

notes

« plaisir ») qu'on a donné à ce courant de pensée.
8. Les éditions parues du vivant de Montaigne ajoutent : « *ou le faire va avec le dire. Car à quoy sert il qu'on presche l'esprit, si les effects ne vont quant & quant* [ne vont de pair avec les propos, ne sont à l'avenant] *?* »
9. Autrement dit, « le disciple que je sollicite, suggère Montaigne, c'est celui qui, comme je m'efforce de le faire, a des actions conformes aux préceptes qu'il fait siens ». Notons que le pronom « *le* » dans la dernière phrase *(« vous le voyez »)* paraît désigner, autant que le disciple qui « *a mieux proffité* », Montaigne

lui-même, si l'on en juge par le texte biffé sur l'Exemplaire de Bordeaux (voir note précédente).
10. Ja : ici, certes, vraiment.
11. quelcun en Platon : il s'agit de Socrate, qui concluait le propos du dialogue *Les Rivaux* – dialogue apocryphe, c'est-à-dire faussement attribué à Platon – en ces termes : « *Il s'en faut donc de beaucoup que la philosophie doive consister dans l'éclectisme des savoirs ou, aussi bien, dans l'étude des divers arts.* »
12. ars : à la fois disciplines artistiques et techniques, savoir-faire (sens très large).

131

bene vivendi disciplinam vita magis quam literis persequuti sunt. Leon prince des Phliasiens[1] s'enquerant a Heraclides Ponticus de quelle sciance de quelle art il faisoit profession Je ne sçai dict il ny art ny sciance mais je suis philosophe[2]. On reprochoit a Diogenes comant estant ignorant il se
790 mesloit de la philosofie. Je m'en mesle dict il d'autant mieus a propos. Hegesias le prioit de luy lire quelque livre. Vous estes plaisant, luy respondit-il, vous choisisses les figues vraies et naturelles, non peintes : que ne choisissez vous aussi les exercitations[3] naturelles, vrayes et non escrites ? Il ne dira pas tant sa leçon come il la faira. Il la repetera en ses
795 actions. On verra s'il a de la prudence[4] en ses entreprinses s'il a de la bonté et de la justice en ses desportemans[5], s'il a du jugement & de la grace en son parler de la vigeur en ses maladies de la modestie en ses jeus de la temperance[6] en ses voluptez, de l'indifference en son goust, soit chair, poisson, vin, ou eau, de l'ordre en son œconomie[7] :
800   *Qui disciplinam suam, non ostentationem scientiæ sed legem vitæ*
      putet quique obtemperet ipse sibi et decretis pareat.
    Le vrai miroir de nos discours[8], est le cours de nos vies.[9]
    Zeuxidamus respondit[10] à un, qui luy demanda pourquoy les Lacedemoniens ne redigeoient par escrit les ordonnances de la prouesse[11],
805 & ne les donnoient à lire à leurs jeunes gens : que c'estoit par ce

notes

1. Phliasiens : habitants de Phlionte, ville grecque située au nord-est du Péloponnèse.
2. Cette anecdote est rapportée par Cicéron, dans *Tusculanes* (V, 3, 8), qui prête ce mot à Pythagore et en attribue uniquement le récit à Héraclide du Pont : « *On lui demanda à quel art il se fiait le plus, mais lui, il répliqua que, n'ayant pas la moindre connaissance d'aucun art, il était philosophe.* »
3. exercitations : exercices, actions. C'est chez Diogène Laërce, dans *Vie, Doctrines et Sentences des philosophes illustres* (VI, 48 et 64), que ces deux anecdotes concernant Diogène le Cynique ont été trouvées. Diogène le Cynique (ve-ive s. av. J.-C.), se rattachant à l'école fondée à Athènes par Antisthène en cette fin du ve siècle et qui prétendait revenir à la nature en méprisant les conventions sociales (d'où son nom : en grec, *kunos* signifie « chien »), est sans doute le plus illustre représentant d'un tel courant.

Le stoïcien Épictète, plus tard, vit en lui le modèle du sage. Diogène est connu pour son esprit caustique, son mépris des honneurs et des richesses, sa recherche d'une vie sobre et naturelle. Pieds nus et enveloppé dans son unique manteau, il avait pour demeure un tonneau. Comme on l'a vu au chapitre I, 50 des *Essais* : « De Démocrite et Héraclite », à Alexandre qui, de passage à Corinthe, lui aurait demandé ce qu'il désirait, il répondit selon la tradition : « *Que tu t'ôtes de mon soleil.* »
4. prudence : réflexion, sagacité, sagesse pratique (sans frilosité).
5. desportemans : conduite. Texte de 1580 et 1588 : « *On verra à ses entreprinses, s'il y à de la prudence, s'il y à de la bonté en ses actions* ».
6. temperance : modération, sobriété.
7. son œconomie : l'administration de ses biens.

important de tous, celui de savoir bien vivre, c'est par leur vie plutôt que par
950 *leur culture qu'ils s'y sont appliqués.* » (Cicéron, *Tusculanes*, IV, 3, § 5.)
Léon, prince des Phliasiens, s'enquérait auprès d'Héraclides
Ponticus de quelle science, de quel art il faisait profession. « Je ne
connais, dit-il, ni art, ni science, mais je suis philosophe. » On repro-
chait à Diogène de se mêler de faire de la philosophie alors qu'il
955 était ignorant : « Je m'en mêle, dit-il, d'autant plus à propos. »
Hégésias le priant de lui lire un livre quelconque : « Vous êtes drôle,
lui répondit-il ; les figues, vous les choisissez vraies et naturelles,
non peintes ; que ne choisissez-vous aussi les exercices à appliquer
naturels, vrais et non écrits ? » Mon jeune homme ne sera pas tant
960 occupé à dire sa leçon qu'à la faire. Il la révisera par ses actions. On
verra s'il a de la clairvoyance dans ses entreprises, s'il a de la bonté
et de la justice dans sa conduite, s'il a du jugement et de la grâce
dans sa manière de parler, de la vigueur dans ses maladies, de la
retenue dans ses jeux, de la tempérance dans ses voluptés, de
965 l'indifférence dans son goût (qu'il s'agisse de viande, de poisson, de
vin ou d'eau), de l'ordre dans la gestion de ses biens :
  « *en homme qui considère son savoir non comme un étalage de science,*
    mais comme une règle de vie, et qui sait se conformer à lui-même et
    obéir à ses propres décrets. » (Cicéron, *Tusculanes*, II, 4, § 11.)
970 Le vrai miroir du cours de nos pensées est le cours de nos vies.
Zeuxidamos, quand quelqu'un lui demanda pourquoi les
Lacédémoniens ne couchaient pas par écrit les ordonnances de la
bravoure en les donnant à lire à leurs jeunes gens, répondit que

notes

8. discours : même s'il faudrait peut-être
garder le mot « *discours* » pour maintenir sa
force de sentence à la phrase, ce mot n'a pas
ici le sens moderne de « propos », « paroles »,
mais signifie avant tout « pensée
rationnelle », « analyse ».
9. Les éditions publiées du vivant de
Montaigne ajoutent : « *Il ne faut pas
seulement qu'il die* [dise] *sa leçon, mais qu'il
la face.* » Cette phrase, légèrement modifiée,
a été reportée quelques lignes plus haut.

10. Voir Plutarque, *Dits notables des
Lacédémoniens* (trad. d'Amyot, 1572),
dont Montaigne suit le texte de près :
« *Zeuxidamus respondit aussi à un qui luy
demandoit, pourquoy ils ne redigeoyent
par escrit les status & ordonnances de la
proüesse, & qu'ils ne les bailloyent escrits à
lire à leurs jeunes gens : Pource dit-il, que
nous voulons qu'ils s'accoustument aux faits,
& non pas aux escritures.* »
11. les ordonnances de la prouesse : les
règles de la vaillance.

qu'ils les vouloient accoustumer aux faits, non pas aux **parolles**[1]. Comparez au bout de 15. ou 16. ans, à cettuy cy[2], un de ces latineurs de college, qui aura mis autant de temps à n'aprendre simplement qu'à parler. Le monde n'est que babil, & ne vis jamais homme, qui ne die[3] plustost

810 plus, que moins qu'il ne doit : toutesfois la moictié de nostre aage s'en va la. On nous tient quatre ou cinq ans à entendre les mots & les coudre en clauses[4]. Encores autant à en proportionner un grand corps estendu en quatre ou cinq parties[5]. Et autres cinq pour le moins à les sçavoir brefvement mesler & entrelasser de quelque subtile façon[6]. Laissons **le**[7] à

815 ceux, qui en font profession expresse. Allant un jour à Orleans, je trouvay dans cette plaine au deça de Clery[8], deux regens[9] qui venoyent à Bourdeaux, environ à cinquante pas l'un de l'autre : Plus loing derriere eux, je descouvris une trouppe & un maistre en teste, qui estoit feu Monsieur le Comte de la Rochefoucaut[10] : Un de mes gens s'enquit au

820 premier de ces regents, qui estoit ce gentil'homme qui venoit apres luy, Luy qui n'avoit pas veu ce trein, qui le suyvoit, & qui pensoit qu'on luy parlast[11] de son compagnon, respondit plaisamment[12]. Il n'est pas gentil'homme, c'est un grammairien, & je suis logicien. Or nous qui cerchons icy au rebours, de former non un grammairien ou logicien, mais un gen-

825 til'homme, laissons les abuser de leur loisir : nous avons affaire ailleurs. Mais que nostre disciple soit bien **pourveu**[13] de choses, les parolles ne suivront que trop : il les trainera, si elles ne veulent suivre. J'en oy[14] qui s'excusent de ne se pouvoir exprimer, & font contenance[15] d'avoir la teste pleine de plusieurs[16] belles choses, mais à faute d'eloquence, ne

notes

1. Texte de 1580 et 1588 : « *escritures* ».
2. **cettuy cy** : celui-ci (Zeuxidamos).
3. **die** : dise.
4. **clauses** : phrases, propositions.
5. **quatre ou cinq parties** : celles qui constituent un discours conforme aux règles de la *dispositio* rhétorique. Ces parties sont l'exorde, la narration, la confirmation, la réfutation et la péroraison.
6. Montaigne évoque ici la logique et la dialectique, qui couronnaient à cette époque le cycle des études après les quatre ou cinq années d'enseignement de la grammaire et les cinq suivantes consacrées à celui de la rhétorique. On retrouve la description du

système éducatif de son temps que l'essayiste avait amorcée en début de chapitre.
7. **le** : cette tâche. Texte de 1580 et 1588 : « *cela* ».
8. Cléry-Saint-André, petite ville située à une quinzaine de kilomètres au sud-ouest d'Orléans.
9. **regens** : régents de collège, enseignants.
10. **Monsieur le Comte de la Rochefoucaut :** probablement le père de François IV, tué lors de la Saint-Barthélemy.
11. **parlast** : subjonctif à valeur de conséquence. Il faut comprendre : « qui pensait qu'un tel discours impliquait qu'on lui parlât ».

975 c'était parce qu'ils voulaient les accoutumer aux actes et non aux
paroles. Comparez au bout de quinze ou seize ans à celui-là un de
ces latineurs de collège, qui aura mis autant de temps à n'apprendre simplement qu'à parler. Le monde n'est que babil et je
n'ai jamais vu d'homme qui ne dise plutôt plus que moins qu'il
ne doit. Cependant la moitié de notre existence s'en va par là. On
980 nous tient quatre ou cinq ans à comprendre les mots et à les
coudre en phrases. Encore autant à en bâtir, selon des proportions,
un grand corps étendu en quatre ou cinq parties. Et cinq autres
années pour le moins à nous apprendre brièvement à les mélanger et les entrelacer de quelque façon subtile. Laissons la chose à
985 ceux qui en font profession déclarée. Un jour que j'allais à
Orléans, j'ai croisé dans cette plaine, avant d'arriver sur Cléry,
deux régents de collège qui se rendaient à Bordeaux, marchant à
cinquante pas de distance environ l'un de l'autre. Plus loin derrière eux, j'aperçus une troupe avec à sa tête un maître, qui n'était
990 autre que le défunt comte de La Rochefoucauld. L'un de nos gens
demanda au premier régent qui était ce gentilhomme en marche
derrière lui. Lui, qui n'avait pas vu ce cortège en train de le suivre
et qui pensait qu'on voulait lui parler de son collègue, répondit en
plaisantant : « Il n'est pas gentilhomme, c'est un grammairien et
995 moi je suis logicien. » Or, nous qui cherchons ici, à l'inverse, à former non un grammairien ou un logicien, mais un gentilhomme,
laissons-les abuser du loisir dont ils disposent : nous avons affaire
ailleurs. Mais que notre disciple soit bien pourvu de choses à dire,
les paroles ne suivront que trop : il les traînera si elles ne veulent pas
1000 le suivre. J'en entends certains qui s'excusent de ne pouvoir s'exprimer et font mine d'avoir la tête pleine de multiples belles choses

notes

12. plaisamment : de manière plaisante, en
plaisantant. Visiblement, une telle boutade
n'amuse guère Montaigne. On pourrait
imaginer que la réponse ait été sérieuse dans
l'esprit du régent, mais l'ironie du récit a plus
de force si l'on suppose – ce qui paraît ressortir
du texte – que l'enseignant croyait être drôle.

13. Texte de 1580 et 1588 : « *garny* ».
14. J'en oy : j'en entends.
15. font contenance : prennent la
contenance, font mine.
16. plusieurs : nombreuses.

830 les pouvoir mettre en evidence : **C**'est une baye[1]. Sçavez vous a mon advis que c'est que cela ? **Ce** sont des ombrages[2], qui leur viennent de quelques conceptions informes, qu'ils ne peuvent desmeler & esclarcir au dedans, ny par consequant produire[3] au dehors : **Ils** ne s'entendent pas encore eux mesmes : **Et** voyez les uns peu begayer sur le point de

835 l'enfanter[4], vous jugez que leur travail n'est **point**[5] à l'acouchement mais **a la conception, et** qu'ils ne font que lecher[6] cette matiere imparfaicte. De ma part, je tiens **et Socrates l'ordone**[7] que qui à en l'esprit une vive imagination[8] & claire, il la produira[9], soit en Bergamasque[10], soit par mines[11], s'il est muet,

840   *Verbáque prævisam rem non invita sequentur.*

Et comme disoit **celuy la**[12], aussi poëtiquement en sa prose, *cum res animum occupavere, verba ambiunt.*[13] **Et cet autre** : ***ipsæ res verba rapiunt.*** Il ne sçait pas ablatif, conjunctif, substantif, ny la grammaire : ne faict pas[14] son laquais, ou une harangiere du petit pont[15], & si[16] vous

845 entretiendront tout vostre soul, si vous en avez envie, & se desferreront[17] aussi peu à l'adventure aux[18] regles de leur langage, que le meilleur maistre és arts[19] de France. Il ne sçait pas la rhetorique, ny pour avant-

notes

1. **baye** : entourloupe, sornette, mystification. Littéralement, « tromperie qui fait *bayer* ou *béer*, c'est-à-dire rester bouche bée, ceux qui en sont dupes ».
2. **ombrages** : ombres vaines, visions sans consistance.
3. **produire** : montrer, faire connaître.
4. **l'enfanter** : la production, la délivrance, la mise au jour de leur création.
5. Texte de 1580 : « *nullement* ».
6. **lecher** : lécher, effleurer. Allusion à l'ours qui, d'après les croyances anciennes, pour leur donner leur forme définitive, léchait ses petits (*cf.* l'expression « un ours mal léché »). Texte de 1580 et 1588 : « *lecher encores* ».
7. **l'ordone** : en a fixé l'ordre. Allusion à la maïeutique, « méthode d'accouchement » – c'est la signification du mot en grec – par laquelle Socrate amenait ses interlocuteurs à préciser leur pensée. Peut-être y a-t-il aussi un souvenir du *Cratyle*, dialogue platonicien consacré aux questions de langage ?
8. **imagination** : idée.

9. **produira** : manifestera, exprimera.
10. **Bergamasque** : ce dialecte de la ville italienne de Bergame était considéré comme un patois ridicule par les lettrés du XVIe siècle, notamment Baldassare Castiglione, l'auteur du *Livre du courtisan* (1528). C'est, dans la *commedia dell'arte*, le parler d'Arlequin, personnage stupide qu'on appelait aussi *Zanni*.
11. **mines** : grimaces, airs de la physionomie.
12. Texte de 1580 et 1588 : « *cet autre* ».
13. Montaigne a légèrement modifié la citation pour renforcer son impact, donnant aux choses le rôle actif qui consiste à s'emparer de l'esprit, là où Sénèque le Rhéteur laissait plus banalement à l'esprit l'initiative. Texte exact : « *Quand l'esprit s'est emparé de la chose* » (qu'il a à dire).
14. **ne faict pas** : pas plus que ne fait (c'est-à-dire : que ne le sait).
15. **Petit-Pont** ou pont du Petit-Châtelet. Ce pont parisien – qui existe toujours sous ce nom, même s'il a été depuis rebâti – était l'un

à dire, tout en regrettant, faute d'éloquence, de ne pouvoir les mettre en évidence. Balivernes ! Savez-vous, à mon avis, ce que c'est que cela ? Ce sont des ombres fumeuses qui leur viennent de quelques réflexions informes, qu'ils ne sont pas capables de démêler et d'éclaircir au-dedans ni par conséquent de faire connaître au-dehors. Ils ne se comprennent pas encore eux-mêmes. Et voyez-les un peu bégayer au moment de la mise au monde, vous pouvez juger que leur travail n'en est point à l'accouchement mais à la conception, et qu'ils ne font que donner un coup de langue à cette matière imparfaite. Pour ma part, je soutiens – et Socrate l'ordonne – que celui qui a dans l'esprit une représentation vive et claire, il la produira soit en bergamasque, soit par des mimiques s'il est muet :

« *Une chose à dire bien évidente, les mots la suivront sans réticence.* »
(Horace, *Art poétique*, v. 311.)

Et comme disait celui-là, aussi poétiquement dans sa prose : « *Quand les choses se sont emparées de l'esprit, les mots affluent.* » (Sénèque le Rhéteur, *Controverses*, VII, préambule, § 3.) Et cet autre : « *Les choses elles-mêmes se saisissent des paroles.* » (Cicéron, *De finibus*, III, 5, 19.) Il ne sait pas d'ablatif, de subjonctif, de substantif, ni la grammaire : pas plus que ne les savent son laquais ou une harengère du Petit-Pont, et pourtant ils vous entretiendront tout votre saoul si l'envie vous en prend, et achopperont peut-être aussi peu aux règles de leur langage que le meilleur maître ès arts de France. Il ne sait pas la rhétorique ni en guise de prélude capter la

notes
....

des plus anciens de la capitale et reliait la rue Saint-Jacques, située sur la rive gauche de la Seine, à l'île de la Cité, à la hauteur du parvis de Notre-Dame, côté Sainte-Chapelle. C'est sur le Petit-Pont que se tenait le marché aux poissons. Le bavardage des harengères du Petit-Pont était proverbial depuis l'époque de François Villon, au XVe siècle, lequel en parle dans sa *Ballade des femmes de Paris*.
16. & si : et pourtant.
17. se desferreront : s'empêtreront, perdront leurs fers (image équestre). La traduction, de

registre sportif, la plus proche pour la construction grammaticale serait « se désuniront » (comme un coureur) ou – avec une connotation résolument familière – dans le domaine automobile « déjanteront ».
18. aux : d'après les, selon les.
19. maistre ès arts : diplômé de l'un des grades universitaires de la Faculté des arts, qui habilitait à enseigner la philosophie et les humanités.

jeu[1] capter la benivolence du candide[2] lecteur, ny ne luy chaut[3] de le sçavoir. De vray toute cette belle peincture s'efface aisément par le lustre[4]
850 d'une verité simple & naifve[5] : **C**es gentillesses[6] ne servent que pour amuser le vulgaire[7], incapable de **prendre**[8] la viande plus massive & plus ferme :
comme Afer mo**nt**re bien clairement chez Tacitus[9]. Les **A**mbassadeurs de
Samos estoyent venus à Cleomenes Roy de Sparte[10], preparez d'une belle
& longue oraison[11], pour l'esmouvoir[12] à la guerre contre le tyran
855 Policrates : **A**pres qu'il les eust bien laissez dire, il leur respondit : **Q**uant à
vostre commencement, & exorde, il ne m'en souvient plus, ny par conse-
quent du milieu, & quant à vostre conclusion je n'en[13] veux rien faire. Voylà
une belle responce, ce me semble, & des harangueurs bien cameus[14].

Et quoy[15] cet autre ? Les Atheniens estoyent à choisir de deux archi-
860 tectes, à conduire une grande fabrique[16] : **L**e premier plus affeté[17], se
presenta avec un beau discours premedité sur le subject de cette
besongne, & tiroit le jugement du peuple à sa faveur : **M**ais l'autre en
trois mots : **S**eigneurs Atheniens ce que cetuy[18] a dict, je le feray.

Au fort de l'eloquence de Cicero, plusieurs en **entroint**[19] en admiration,
865 mais Caton n'en faisant que rire : nous avons, disoit-il, un plaisant

---

notes

1. pour avant-jeu : dans un avant-propos, en prélude.
2. candide : sans préjugé, de bonne foi. Mention parodique d'une tournure latine, ici francisée, des manuels de rhétorique. Ces manuels prescrivent traditionnellement, pour se ménager la bienveillance du lecteur, d'utiliser la préface de l'ouvrage qu'on lui présente. On trouvait donc souvent, en tête des avant-propos humanistes, l'apostrophe « *Candide lector !* » (« Lecteur candide ! »).
3. chaut : importe.
4. le lustre : l'éclat.
5. naifve : native, naturelle.
6. gentillesses : ici, recherches stylistiques, finesses.
7. le vulgaire : le profane, le non-initié.
**8. Texte de 1580 et 1588 : « *gouster* ».
9. chez Tacitus : voir Tacite, *Dialogue des orateurs* (§ 19), où le personnage d'Aper (et non pas Afer, comme dit par erreur Montaigne) déclare : « *Le public d'autrefois, sans expérience ni culture, supportait facilement toutes les longueurs des discours*

les plus verbeux, et, à ses yeux, c'était déjà un mérite que de traîner le discours jusqu'à la tombée de la nuit. Il y a plus : de longs exordes préparatoires, les détails d'une narration remontant bien haut, l'appareil de nombreuses divisions, une échelle interminable d'arguments, voilà qui était en vogue. [...] Mais aujourd'hui où toutes ces connaissances sont banales, où l'on aurait peine à trouver, dans l'enceinte réservée, un assistant qui, sur les éléments des sciences, à défaut d'une connaissance théorique, n'ait des notions pratiques, il faut que l'éloquence s'engage dans une route nouvelle et choisie. » Texte de 1580 et 1588 : « *monstre* ».
10. Voir Plutarque, *Dits notables des Lacédémoniens* (trad. d'Amyot, 1572) ; mais Jacques Amyot avait repris cette anecdote dans son *Projet de l'éloquence royale* (chap. 9 : « De quoi parle un prince en temps d'affaires », 1575) : « *La plupart des princes ne cherchent point ces entrevues et parlements, mais traitent des affaires par l'entremise de leurs ambassadeurs, qui sont communément*

bénévolence du candide lecteur, et il n'a cure de le savoir. De vrai, toute cette belle peinture s'efface aisément devant l'éclat d'une vérité simple et naturelle. Ces élégances ne servent qu'à mobiliser
1030 l'attention du vulgaire qui n'est pas en mesure de prendre une viande plus massive et plus ferme : comme Afer le montre bien clairement chez Tacite. Les ambassadeurs de Samos étaient venus trouver Cléomène, roi de Sparte, munis d'une belle et longue allocution pour le pousser à la guerre contre le tyran Polycrate.
1035 Après les avoir laissés dire, il leur répondit : « Pour ce qui est de votre commencement et de l'exorde, je ne m'en souviens plus, ni par conséquent du milieu ; et pour ce qui est de votre conclusion, je ne veux rien en faire. » Voilà une belle réponse, me semble-t-il, et des harangueurs bien penauds.
1040   Et que dire de cet autre ? Les Athéniens étaient à choisir entre deux architectes pour la direction d'un grand chantier. Le premier candidat, plus sophistiqué, se présenta avec une belle analyse pré-parée de longue date sur le sujet de cet ouvrage et inclinait le jugement du peuple en sa faveur. Mais l'autre en trois mots :
1045 « Seigneurs Athéniens, ce que cet homme a dit, je le ferai. »
  Au fort de l'éloquence de Cicéron, beaucoup de gens tombaient en admiration, mais Caton ne faisait qu'en rire. « Nous avons, dit-il,

---

notes

gens choisis, savants et éloquents. Parquoi le prince qui leur sait bien répondre en rapporte plus grande louange. Non pas que je désire qu'il s'étende beaucoup en ceci, car il y a moins de gravité en une longue oraison qu'en un parler bien serré. Et si les ambassadeurs usaient de trop longue harangue, il leur pourrait dire ce que répondit Cléomène, roi de Lacédémone, à ceux des Samiens : Je n'ai plus de souvenance de ce que vous avez dit au commencement ; qui m'empêche d'entendre le milieu ; quant à ce qu'avez dit à la fin, je ne le trouve pas bon. »
11. oraison : discours (latin *oratio*).
12. l'esmouvoir : le pousser.
13. en : si l'antécédent est à l'évidence « *vostre conclusion* », on peut comprendre

la formule de deux manières qui, en se renforçant, accroissent l'effet abrupt de la repartie. Première lecture : je ne veux rien faire de ce que propose votre conclusion, pas question pour moi de suivre vos idées et vos suggestions. Seconde lecture : je ne veux rien faire de la conclusion elle-même, c'est-à-dire de votre babil, qui me fatigue.
14. cameus : camus, penauds, interdits, qui se sont cassé le nez (sens figuré).
15. Et quoy : et que dire de (le latin *quid* est souvent employé ainsi).
16. fabrique : chantier, construction, marché public.
17. affeté : beau parleur, habile.
18. cetuy : celui-ci, cet homme.
19. Texte de 1580 et 1588 : « *estoyent tirez* ».

consul[1]. Aille devant ou apres[2] : **un'utile sentence**[3], un beau traict[4], est tousjours de saison. **S'il n'est pas bien à**[5] **ce qui va devant, ny à ce qui vient apres, il est bien en soi.** Je ne suis pas de ceux qui pensent la bonne **rithme**[6] faire le bon poeme : laissez luy allonger une courte syllabe
870 s'il veut, pour cela non force[7] : si les inventions y rient, si l'esprit & le jugement y[8] ont bien **faict** leur **office**[9], voyla un bon poete, diray-je, mais un mauvais versificateur,

> *Emunctæ naris, durus componere versus.*

Qu'on face dict Horace, perdre à son ouvrage toutes ses coustures &
875 mesures,

> *Tempora certa modosque, et quod prius ordine verbum est*
> *Posterius facias, præponens ultima primis,*
> *Invenias etiam disjecti membra poetæ,*

il[10] ne se démentira[11] point pour cela : les pieces[12] mesmes en seront
880 belles. Cest ce que respondit Menander[13], comme on le tensat, approchant le jour, auquel il avoit promis une comedie, dequoy[14] il n'y avoit encore mis la main : **E**lle est composée & preste, il ne reste qu'à y adjouster les vers. Ayant les choses & la matière disposée **en l'ame**[15], il mettoit en peu de compte **le demurant**[16]. **D**epuis que Ronsard et du Bellay ont

---

notes

1. Voir Plutarque, *Vies des hommes illustres* (chap. 33, trad. d'Amyot, 1559) : « *Cicéron, qui était cette année-là consul, en défendant Muréna se moquait si plaisamment des philosophes stoïques et de leurs étranges et extravagantes opinions qu'il en fit rire les juges, de sorte que Caton même, se souriant, dit à ceux qui étaient autour de lui : – Voyez que nous avons un plaisant consul, qui fait ainsi rire les gens.* »
2. Aille devant ou apres : qu'elle précède ou suive.
3. un'utile sentence : une sentence intéressante à retenir, stimulante. Texte de 1580 et 1588 : « *un vif argument* ».
4. traict : trait d'esprit.
5. bien à : bien en prise sur.
6. rithme : à la fois rythme dans les poésies antiques ou néolatines et rime pour les vers français (prononciation identique à l'époque). Montaigne joue probablement de manière volontaire sur cette ambiguïté.

Texte de 1580 : « rime ». À ce sujet, cf. Thomas Sébillet, *Art poétique français* (1548), I, 2, et Joachim du Bellay, *Défense et Illustration de la langue française* (1549), II, 8.
7. non force : il n'importe. Littéralement, « nulle contrainte (n'est nécessaire) ».
8. y : dans l'œuvre produite.
9. Texte de 1580 et 1588 : « *joué leur rolle* ».
10. il : ce pronom peut renvoyer à « *ouvrage* », mais aussi bien au poète Horace lui-même – ce qui modifie quelque peu le sens.
11. se démentira : se désavouera, c'est-à-dire ici se défigurera, trahira son être. Emploi métaphorique si l'on considère que « *il* » renvoie à « *ouvrage* ». Une œuvre peut désavouer – c'est-à-dire déconsidérer – son auteur.
12. pieces : parties, morceaux.
13. Voir Plutarque, *Si les Athéniens ont été plus excellents en armes qu'en lettres* (trad. d'Amyot, 1572) : « *Je l'ai composée : car la*

un consul plaisantin. » Qu'ils aillent devant ou après, une sentence intéressante, un beau trait sont toujours de mise. S'ils ne collent
1050 pas bien à ce qui va devant, ni à ce qui vient après, ils sont bien en eux-mêmes. Je ne suis pas de ceux qui pensent que la bonne rime fait le bon poème : laissez-lui allonger une syllabe brève s'il veut, pour cela peu importe ; si les conceptions à l'œuvre sont riantes, si l'esprit et le jugement y ont bien rempli leur charge,
1055 voilà un bon poète, dirai-je, mais un mauvais versificateur :

« *Un flair subtil, mais laborieux pour composer des vers.* »
(Horace, *Satires*, I, 4, v. 8.)

Qu'on fasse, dit Horace, perdre à son œuvre toutes ses coutures et ses mesures,
1060 « *les quantités fixes, les mètres et, le mot qui dans l'ordre initial*
était devant, qu'on le fasse passer derrière, intervertissant
l'ordre des premiers et des derniers, on retrouvera encore,
en dispersion, les membres du poète »
(Horace, *Satires*, I, 4, v. 58-59 et 62.)

1065 Il ne reniera point son style pour autant : les parties elles-mêmes en seront belles. C'est ce que répondit Ménandre quand on le rappela à l'ordre, alors qu'approchait la date pour laquelle il avait promis une comédie, de n'y avoir pas encore mis la main : « Elle est composée et prête, il ne reste qu'à y ajouter les vers. » Ayant les
1070 choses et la matière disposées dans l'âme, il faisait peu de cas du reste. Depuis que Ronsard et Du Bellay ont procuré son crédit à

notes

disposition et ordonnance en est toute taillée et projetée, il ne reste plus qu'à y ajouter des vers, pour autant que [preuve que] les poètes mêmes réputent les choses [la matière de leur pièce] plus nécessaires et plus principales que non pas les paroles ni le langage. » Racine, depuis, s'est vu attribuer un mot analogue par son fils Louis dans les *Mémoires contenant quelques particularités sur la vie et les œuvres de Jean Racine*.
14. dequoy : du fait que. Une autre lecture pourrait être : en fait de quoi. Cette *lectio difficilior* ménagerait un contraste plus

cocasse entre la promesse et les actes, avec comme translation : « en fait de quoi il n'avait pas encore mis la main à cette comédie ». Mais pareille interprétation suppose une construction sans complétive du verbe *tancer* et reste assez improbable.
15. Texte de 1580 et 1588 : « *& la matierre en l'ame disposée & rangée* ».
16. Texte de 1580 et 1588 : « *en peu de compte les mots, les pieds, & les cesures, qui sont à la verité de fort peu, au pris du reste. Et qu'il soit ainsi, depuis que Ronsard* [...] ».

885 **doné credit à**[1] nostre poesie Françoise[2], je ne vois si petit apprentis, qui n'enfle des mots, qui ne renge les cadences[3], à **peu** pres, comme eux[4]. *Plus sonat quam valet.* Pour le vulgaire[5], il ne fut jamais tant de poëtes : **M**ais comme il leur à esté bien aisé de representer[6] leurs[7] **rithmes**, ils demeurent bien aussi court, à imiter les riches descriptions de l'un, & les
890 delicates inventions de l'autre. Voire mais, que fera-il si on le presse de la subtilité sophistique de quelque syllogisme ? Le jambon fait boire, le boire desaltere, parquoy[8] le jambon desaltere :

Qu'il s'en moque. Il est plus subtil de s'en moquer que d'y respondre. Qu'il emprunte d'Aristippus cette plaisante contrefinesse : Pourquoi le
895 deslieray-je[9] puis que tout lié[10] il m'empesche ? Quelqu'un proposoit contre Cleanthes des finesses[11] dialectiques a qui Chrysippus dict : joüe toi de ces batelages[12] aveq les enfans et ne destourne a cela, les pensees serieuses d'un home d'eage.

Si ces sottes **arguties**[13], ***contorta et aculeata sophismata,*** luy doivent persuader une mensonge[14], cela est dangereux : mais si elles demeurent sans
900 effect, & ne l'esmeuvent[15] qu'à rire, je ne voy pas pourquoy il s'en doive donner garde[16]. Il en est de si sots, qui[17] se destournent de leur voye un quart de lieuë, pour courir apres un beau mot, *aut qui non verba rebus aptant, sed res extrinsecus arcessunt, quibus verba conveniant* Et l'autre : *Sunt qui alicujus*
905 *verbi decore placentis vocentur ad id quod non proposuerant scribere.*

---

notes

1. Texte de 1580 et 1588 : « *mis en honneur* ».
2. Montaigne écrit ces lignes une trentaine d'années après la *Défense et Illustration de la langue française* (1549), alors que Du Bellay est mort depuis 20 ans et que Ronsard vit encore.
3. cadences : rythmes.
4. Texte de 1580 : « *a plus pres comme eus mesmes* ».
5. le vulgaire : la langue vulgaire.
6. representer : imiter.
7. leurs : les rythmes de Ronsard et de Du Bellay. Texte de 1580 : « *rimes* ».
8. parquoy : donc, moyennant quoi. Ce sophisme était assez connu, puisque Noël du Fail, dans les *Contes et Discours d'Eutrapel* (1585), le reprend au détour d'une parenthèse facétieuse à l'un de ses récits (chap. 11) : « *Car vous entendez que bœuf*

salé fait bien boire, bien boire passe la soif, ergo [donc] *bœuf salé passe la soif.* »
9. deslieray-je : dénouerais-je, résoudrais-je.
10. tout lié : tout ligoté (jeu sur le sens du mot).
11. contrefinesse, finesses : il y a là un emploi métaphorique emprunté à l'univers de la farce médiévale. L'argument de ce type de production dramatique, très prisée dans les spectacles de foire, reposait en effet sur deux ressorts simples. La « *finesse* » est un plaisant tour, une astucieuse friponnerie. La « *contrefinesse* » est le coup de théâtre qui vient retourner la situation et en général inverser les rôles sur le modèle du trompeur trompé. Notons que Montaigne, tout en poursuivant la première image (« *ces batelages* »), ne renonce pas pour autant au contexte de la controverse philosophique (« *finesses dialectiques* »).

notre poésie française, je ne vois aucun débutant, si petit soit-il, qui n'enfle des mots et ne range les cadences à peu près comme eux. « *Plus de son que de sens.* » (Sénèque, *Lettres à Lucilius*, lettre 40.) En langue vulgaire, il n'y a jamais eu autant de poètes. Mais s'ils ont bien eu de l'aisance à reproduire leurs rimes, ils demeurent bien aussi courts pour imiter les riches descriptions de l'un et les délicates conceptions de l'autre. – Soit, mais que fera-t-il si on l'assaille avec un quelconque syllogisme à la subtilité sophistique : « Le jambon fait boire, le boire désaltère, partant le jambon désaltère » ?

Qu'il s'en moque. Il est plus subtil de s'en moquer que d'y répondre. Qu'il emprunte à Aristippe cette plaisante contrefinesse : « Pourquoi le délierais-je, puisque même avec ses liens il m'embarrasse ? » Quelqu'un présentait contre Cléanthe des propositions pleines de finesses dialectiques, et Chrysippe lui dit : « Amuse-toi à ces tours de bateleur avec les enfants et ne dérange pas pour cela un homme d'âge mûr en le sortant de ses pensées sérieuses. »

Si ces sottes arguties, « *sophismes entortillés et pointus* » (Cicéron, *Premiers Académiques*, II, 24, 75), doivent l'amener à croire une contre-vérité, cela est dangereux ; mais si elles demeurent sans effet et ne le poussent qu'à rire, je ne vois pas pourquoi il devrait s'en garder. Il est des gens si sots qu'ils se détournent d'un quart de lieue de leur chemin pour courir après un beau mot : « *ou qui n'approprient pas les mots aux choses mais font venir du dehors des choses auxquelles les mots puissent s'accorder.* » (Quintilien, *Institution oratoire*, VIII, 3, § 30.) Et l'autre : « *Il en est que l'agrément d'un mot plaisant amène vers un propos qu'ils n'avaient pas prévu d'écrire.* » (Sénèque, *Lettres à Lucilius*, lettre 59.)

---

notes

12. batelages : tours d'adresse.
13. Texte de 1580 et 1588 : « *ces sottes finesses* ».
14. mensonge : contrevérité. D'où *persuader une mensonge*, « induire en erreur ». Dans le chapitre « Des menteurs » (I, 9), Montaigne rappelle la différence faite au XVIe siècle par les grammairiens entre « *mentir* » et « *dire mensonge* » : « *Et* [les grammairiens] *disent que dire mensonge, c'est dire chose fauce,*

mais qu'on a pris pour vraye. Et que la définition du mot de mentir en Latin, d'où nostre François est party, porte autant comme aller contre sa conscience. »
15. esmeuvent : incitent.
16. s'en [...] donner garde : s'en défier, être sur ses gardes vis-à-vis d'elles.
17. qui : qu'ils (valeur consécutive ; *cf.* la tournure latine *Sunt qui...*).

Je tors[1] bien plus volontiers une bone sentance pour la coudre sur moi que je ne tors mon fil[2] pour l'aller querir. Au rebours, c'est aux paroles à servir & à suyvre, & que le Gascon y arrive, si le François n'y peut aller. Je veux que les choses surmontent, & qu'elles remplissent, de façon
910 l'imagination de celuy qui escoute, qu'il n'aye **aucune**[3] souvenance des mots. Le parler que j'ayme, c'est un parler simple & naif[4], tel sur le papier qu'à la bouche : Un parler succulent[5] & nerveux, court & serré, **non tant delicat et peigné, come vehement et brusque** :

Hæc demum sapiet dictio, quæ feriet,

915 Plustost difficile qu'ennuieux[6]. Esloingné d'affectation[7] ; Desreglé, descousu, & hardy : Chaque lopin[8] y face son corps[9] : Non pedantésque[10], non fratesque[11], non pleideresque[12], mais plustost soldatesque[13], comme Suetone appelle celuy de Julius Cæsar[14] : **et si**[15] **ne sens pas bien**[16] pour quoy il l'en apelle.

920 J'ay volontiers imité cette desbauche[17] qui se voit en nostre jeunesse, au port de leurs vestemens[18]. **Un manteau en escharpe, la cape sur une espaule**, un bas mal tendu, qui represente[19] une fierté desdaigneuse de ces paremens[20] estrangers, & nonchallante de l'art : Mais je la trouve encore mieus employée en la forme du parler.

925 Toute affectation nomeemant en la gaieté et liberte françoise est mesadvenante[21] au cortisan. Et en une monarchie tout gentilhome doit

notes

1. tors : déforme, détourne. Montaigne en effet n'hésite pas – on l'a vu, ne serait-ce que dans ce chapitre – à modifier ses citations.
2. mon fil : le fil de mon discours.
3. Texte de 1580 : « *nulle* ».
4. naif : naturel.
5. succulent : plein de suc (autrement dit : de signification).
6. ennuieux : fastidieux.
7. Les éditions de 1580 et 1588 ajoutaient : « *& d'artifice* ».
8. lopin : morceau, élément du propos.
9. y face son corps : y forme un tout, y ait consistance.
10. pedantésque : digne d'un *pedante*, d'un professeur installé dans sa chaire. Nouvelle allusion au chapitre I, 25 : « Du pedantisme ».
11. fratesque : digne d'un frère prêcheur, d'un moine prédicateur en train de sermonner les fidèles.

12. pleideresque : digne d'un avocat en train de plaider au palais de justice.
13. soldatesque : martial, militaire.
14. Les éditions antérieures à 1588 ajoutent : « *Qu'on luy reproche hardiment ce qu'on reprochoit à Senecque, que son langage estoit de chaux vive, mais que le sable en était à dire.* » Sur le commentaire de Suétone, voir les *Vies des douze Césars* (I, 55), passage dont le texte comportait une leçon erronée dans les éditions du XVIᵉ siècle (*Eloquentia militarique re* étant alors transcrit *Eloquentia militari, qua re*) – ce qui donnait : « *En ce qui concerne l'éloquence militaire* [au lieu de : "En ce qui concerne l'éloquence et l'art militaire"], *c'est un domaine dans lequel il égala ou surpassa la gloire des meilleurs.* »
15. et si : et pourtant (*cf.* le latin *etsi*, « encore que », « même si »)

Personnellement je tords bien plus volontiers une bonne sentence pour la coudre sur moi, que je ne tords mon fil pour aller la 1100 chercher. Au contraire, c'est aux paroles de servir et de suivre, et que le gascon y arrive, si le français ne peut aller jusque-là ! Je veux que les choses surmontent et remplissent l'imagination de celui qui écoute de façon qu'il n'ait aucun souvenir des mots. Le parler que j'aime, c'est un parler simple et naïf, tel sur le papier 1105 qu'il vient à la bouche ; un parler succulent et nerveux, bref et ramassé, qui ne soit pas tant délicat et peigné que vif et brusque :

« *Sera seule bonne l'expression qui frappera* »
(épitaphe supposée de Lucain[22]),

plutôt difficile qu'ennuyeux, dénué d'affectation, sans règle, 1110 décousu et audacieux, que chaque lopin y prenne corps ; non professoral, non monacal, non palatial, mais plutôt martial, comme Suétone qualifie celui de Jules César ; et pourtant, je ne sens pas bien pourquoi il le qualifie ainsi.

J'ai volontiers imité ce débraillé qui se voit chez nos jeunes gens 1115 dans le port de leurs vêtements : un manteau en écharpe, la cape sur une épaule, un bas mal tendu, qui manifestent une fierté dédaigneuse de ces parures étrangères et négligente envers l'esthétique. Mais je la trouve encore mieux employée dans les formes du parler.

1120 Toute affectation, notamment quand il s'agit de la gaieté et de la liberté françaises, est mésadvenante au courtisan. Et dans une monarchie tout gentilhomme doit être élevé à la façon d'un

notes

16. **ne sens pas bien** : je ne sens pas bien.
17. **desbauche** : laisser-aller, abandon. Pour bien faire, il aurait fallu garder la translation « dissipation » retenue pour les autres occurrences du mot *débauche* dans ce chapitre.
18. Texte de 1588 : « *de leurs vestemens, de laisser pendre son reistre, de porter sa cape en escharpe, & un bas* [...] ».
19. **represente** : manifeste, exprime.
20. **paremens** : parures. Il y a vraisemblablement là une allusion à

l'industrie textile qui, en Espagne et en Angleterre, développa au cours du xvie siècle la fabrication de bas-de-chausses – futurs *bas*, puis *chaussettes* – indépendants du reste du vêtement.
21. **mesadvenante** : malséante, malvenue.
22. En réalité, vers final d'une pièce intitulée *Vita Lucani* (Vie de Lucain) dans un recueil de *Poètes latins* de Pietro Riccio, dit Crinitus, édité à Anvers chez l'éditeur Christophe Plantin (1564).

estre dressé a[1] la façon d'un cortisan : Parquoy[2] nous faisons bien de gauchir un peu sur[3] le naïf et mesprisant[4].

Je n'ayme point de tissure[5], ou les liaisons & les coutures paroissent :
930 Tout ainsi qu'en un **beau** corps, il ne faut qu'on y puisse compter les os & les veines.

Quæ veritati operam dat oratio, incomposita sit et simplex.

Quis accurate loquitur nisi qui vult putide loqui ?

Leloquance faict injure[6] aus choses, qui[7] nous destourne a soi. Come
935 aus acoustremants c'est pusillanimité[8] de se vouloir marquer par quelque façon particuliere et inusitee. De mesmes au langage la recherche des frases[9] nouvelles & des mots peu coneuz vient d'un' ambition puerile et pedantesque. Peusse je ne me servir que de ceus qui servent aux hales a Paris. Aristophanes le grammerrien[10] n'y entandoit
940 rien, de reprendre en Epicurus la simplicité de ses mots : et la fin de son art oratoire, qui estoit perspicuité[11] de langage sulement. L'imitation du parler par[12] sa facilité suit incontinant tout un peuple. L'imitation du juger de l'invanter ne va pas si viste. La plus part des lecturs pour avoir trouvé une pareille robe[13] pansent tresfaucemant tenir un pareil corps.
945 La force et les nerfs ne s'empruntent point, les atours[14] et le manteau s'emprunte. La plus part de ceus qui me hantent[15] parlent de mesme[16] les essais mais je ne sçai s'ils pensent de mesmes.

Les Atheniens (dict Platon[17]) ont pour leur part, le soing de l'abondance & elegance du parler, les Lacedemoniens de la briefveté, & ceux de
950 Crete, de la fecundité des conceptions, plus que du langage : Ceux-cy

notes

1. **a** : à, c'est-à-dire pour atteindre, pour se conformer à.
2. **Parquoy** : c'est pourquoi.
3. **gauchir [...] sur** : dévier vers.
4. **le naïf et mesprisant** : le naturel et le dédaigneux.
5. **tissure** : tissage, trame.
6. **injure** : tort.
7. **qui** : quand elle.
8. **pusillanimité** : petitesse d'esprit.
9. **frases** : tours, expressions, locutions (*cf.* l'anglais *phrase*).
10. Aristophane de Byzance (iiie s. av. J.-C.), célèbre grammairien (à ne pas confondre avec son homonyme dramaturge comique à

Athènes aux ve-ive s. av. J.-C.), dirigea la Bibliothèque d'Alexandrie. Ses considérables travaux de grammaire, d'édition de textes et de bibliographie le placèrent au premier rang des philologues anciens. Le reproche ici mentionné vient de Diogène Laërce, *Vie, Doctrines et Sentences des philosophes illustres* (X, 13) : « *Épicure se sert pour désigner les réalités de l'expression propre, à laquelle Aristophane le Grammairien reproche d'être très personnelle.* »
11. **perspicuite** : clarté, transparence.
12. **par** : du fait de.
13. **robe** : vêtement, habillage, mais aussi couleur (*cf.* la *robe* d'un vin).

courtisan. Partant, nous faisons bien de gauchir un peu nos traits vers le naïf et le méprisant.

1125 Je n'aime point le tissu où les liaisons et les coutures apparaissent, exactement comme en un beau corps il ne faut pas qu'on puisse compter les os et les veines.

« *Le style qui s'applique au vrai doit être simple et sans art.* » (Sénèque, *Lettres à Lucilius*, lettre 40.)

1130 « *Qui s'exprime avec soin, sinon celui qui veut parler avec recherche ?* » (*Id.*, lettre 75.)

L'éloquence fait injure aux choses, si c'est vers elle-même qu'elle nous détourne. De même que, dans les accoutrements, c'est petitesse que de vouloir se signaler par quelque tenue à la façon par-
1135 ticulière et inusitée, de même dans le langage la recherche des tournures nouvelles et de mots peu connus procède d'une prétention puérilement pédante et professorale. Puissé-je ne me servir que des mots qui servent aux halles de Paris ! Aristophane le Grammairien n'y entendait rien d'aller blâmer chez Épicure la
1140 simplicité de ses mots et le but de son art oratoire, lequel était uniquement la transparence du langage. L'imitation du parler, par sa facilité, se propage en un instant à tout un peuple ; l'imitation du juger, du concevoir, ne va pas si vite. La plupart des lecteurs, pour avoir trouvé un semblable habillage, pensent bien à tort tenir un
1145 corps semblable. La force et les tendons ne s'empruntent point, les atours et le manteau s'empruntent. La plupart de ceux qui me hantent parlent comme les *Essais*, mais je ne sais s'ils pensent comme eux.

Les Athéniens, pour leur part, ont, dit Platon, le souci de l'abon-
1150 dance et du style dans le parler, les Lacédémoniens celui de la briè-veté, et les gens de Crète celui de la fécondité des réflexions plus

notes

14. **atours** : ornements.
15. **me hantent** : me fréquentent, frayent avec moi.
16. **de mesme** : comme, de la même manière que.

17. Voir Platon, *Lois* (I, 641e), où l'Athénien déclare : « *Il n'est personne parmi les Grecs qui n'admette que chez vous on aime à parler abondamment, tandis qu'à*

Lacédémone on s'exerce à parler brièvement, et en Crète à avoir la sagacité abondante de la pensée plutôt que l'abondance de la parole. »

sont les **meilleurs**[1]. Zenon disoit qu'il avoit deux sortes de disciples : les uns qu'il nommoit φιλολόγους, curieux[2] d'apprendre les choses, qui estoyent ses mignons[3] : les autres λογοφίλους qui n'avoyent soing que du langage[4]. Ce n'est pas à dire[5] que ce ne soit une belle & bonne chose que le bien dire :

955 mais non pas si bonne qu'on la faict, & suis despit[6] dequoy nostre vie s'embesongne toute à cela. Je voudrois premierement bien sçavoir ma langue, & celle de mes voisins, ou j'ay plus ordinaire commerce : **C**'est un bel & grand agencement[7] sans doubte[8], que le Grec & Latin, mais on l'achepte trop cher. Je diray icy une façon d'en avoir meilleur marché que de cous-

960 tume, qui à esté essayée[9] en moymesmes. **S**'en servira qui voudra. Feu mon pere[10], ayant fait toutes les recherches qu'homme peut faire, parmy les gens sçavans & d'entendement, d'une forme d'institution[11] exquise[12], fut advisé de cet inconvenient[13], qui estoit en usage[14] : **Et** luy disoit-on que cette longueur que nous mettions à apprendre les langues **qui ne leur**[15]

965 **coustoint rien est** la seule cause, pourquoy nous ne pouvions arriver à la **grandur d'ame et de conoissance** des anciens Grecs & Romains[16] : **J**e ne croy pas[17], que ce en soit la seule cause. Tant y a, que[18] l'expedient[19] que mon pere y trouva, ce fut que **en**[20] nourrice, **& avant le premier desnouement de ma langue**, il me donna en charge à un Alleman[21], qui dépuis est

970 mort fameus medecin en France, du tout[22] ignorant de nostre langue, & tresbien versé en **la** Latine. Cettuy-cy, qu'**il**[23] avoit faict venir expres, & qui estoit bien cherement gagé[24], m'avoit continuellement entre les bras. Il[25] en

notes

1. Texte de 1580 et 1588 : « *les miens* ».
2. curieux : désireux, soucieux.
3. ses mignons : préférés. Le mot était à la mode sous le règne d'Henri III, dont les deux « Archimignons » furent le duc d'Épernon et le duc de Joyeuse.
4. C'est l'écrivain grec Stobée (ve s. ap. J.-C.), auteur d'une anthologie de citations antiques en quatre livres, qui a fourni à Montaigne cette référence. Alors que les « *philologues* » sont « *passionnés de raison, d'argumentation* », autrement dit animés par une soif de savoir, les « *logophiles* » à l'inverse « *raisonnent, argumentent avec passion* » – ce qui est tout différent, car eux n'ont soif que de bavardage.
5. Ce n'est pas à dire : cela ne revient pas à dire, cela ne signifie pas (*cf.* l'expression « Qu'est-ce à dire ? »).
6. despit : mécontent.

7. agencement : décoration ornementale, embellissement.
8. sans doute : sans nul doute.
9. essayée : testée, expérimentée.
10. Feu mon pere : Montaigne – on le sait – vénérait son père, pour qui il avait entrepris par exemple la traduction du *Livre des créatures ou Théologie naturelle* de Raimond Sebond.
11. d'une forme d'institution : [les recherches] d'une forme d'éducation.
12. exquise : rare, excellente.
13. cet inconvenient : le fait que le latin et le grec « *s'achètent trop cher* », c'est-à-dire soient trop long à apprendre.
14. en usage : ici, couramment constaté, déjà connu.
15. leur : aux « *anciens Grecs et Romains* », mentionnés en fin de phrase.

que du langage : ce sont ceux-ci les meilleurs. Zénon disait qu'il avait deux sortes de disciples : les uns qu'il nommait *philologous*, curieux d'apprendre les choses, et c'étaient ses favoris ; les autres
1155 *logophilous*, qui ne se souciaient que du langage. Cela ne veut pas dire que ce ne soit pas une belle et bonne chose que le bien dire, mais elle n'est pas aussi bonne qu'on la décrit, et je suis mécontent que notre vie soit toute impliquée à cela. Je voudrais commencer par savoir bien ma langue, et celle de mes voisins auprès de qui ma
1160 fréquentation est la plus ordinaire. C'est un bel et grand ornement sans nul doute que le grec et le latin, mais on le paie trop cher. Je dirai ici une façon de l'obtenir à meilleur marché que de coutume ; on l'a essayée sur ma personne. S'en servira qui voudra. Mon défunt père, comme il avait fait, au contact des spécialistes et des
1165 gens d'entendement, toutes les recherches qu'un homme peut faire touchant une forme d'éducation raffinée, fut avisé de l'existence de cet inconvénient, et on lui disait que la durée d'apprentissage de ces langues, qui, aux Grecs et aux Romains de l'Antiquité, ne coûtaient rien, était la seule raison de notre incapacité à atteindre leur
1170 grandeur d'âme et l'ampleur de leurs connaissances. Je ne crois pas que ce soit la seule raison. Toujours est-il que le moyen que mon père a trouvé pour remédier à la chose, ce fut, quand j'étais encore en nourrice et avant les premiers dénouements de ma langue, de me donner en charge à un Allemand, mort depuis après avoir été
1175 médecin renommé en France, totalement ignorant de notre langue et très versé dans le latin. Celui-ci, qu'il avait fait venir tout exprès et qui recevait des gages bien conséquents, m'avait continuellement

notes

16. Construction dans les éditions de 1580 et 1588 : « *cette longueur* [...] *estoit la seule cause, pouquoy nous ne pouvions arriver à la perfection, de science, des anciens Grecs et Romains, d'autant que le langage ne leur coutoit rien* ».
17. Texte de 1580 et 1588 : « *Je ne les en croy pas* ».
18. Tant y a, que : toujours est-il que.
19. l'expedient : le moyen de remédier à cet inconvénient (pas de sens péjoratif comme

aujourd'hui, où le terme désigne une échappatoire momentanée qui ne résout pas les difficultés).
20. Texte de 1580 : « *ce fut que justement au partir de la nourrice* ».
21. un Alleman : un certain Horstanus, qui par la suite enseigna au collège de Guyenne.
22. du tout : tout à fait, entièrement.
23. Texte de 1580 : « *qu'on* ».
24. gagé : rémunéré, rétribué.
25. Il : le père de Montaigne.

eust aussi avec luy deux autres moindres en sçavoir, pour **me suivre**[1], &
soulager le premier : **C**eux-cy ne m'entretenoient d'autre langue que Latine.

975 Quant au reste de sa maison, c'estoit une reigle inviolable, que ny luy
mesme, ny ma mere, ny valet, ny chambriere[2], ne parloyent en ma compaignie, qu'autant de mots de Latin, que chacun avoit apris pour jargonner
avec moy. C'est merveille[3] du fruict que chacun y fit : **M**on pere & ma mere
y apprindrent assez de Latin pour l'entendre : & en acquirent à suffisance,

980 pour s'en servir à la necessité, **C**omme firent aussi les autres domestiques,
qui estoient plus attachez[4] à mon service. Somme[5], nous nous Latinizames
tant, qu'il en regorgea[6] jusques à nos villages tout autour : où il y a encores,
& ont pris pied par l'usage, plusieurs appellations Latines d'artisans &
d'utils[7]. Quant à moy, j'avois plus de six ans, avant que j'entendisse non

985 plus de François ou de Perigordin, que d'Arabesque : **Et**, sans art[8], sans
livre, sans grammaire ou precepte, sans fouet, & sans **larmes**, j'avois appris
du Latin, tout aussi pur que mon maistre d'eschole le sçavoit : **C**ar je ne le
pouvois avoir meslé ny alteré. Si par essay on me vouloit donner un theme,
à la mode des colleges, on le donne aux autres en François ; mais à moy il

990 me le falloit donner en mauvais Latin, pour le tourner en bon. Et Nicolas
Groucchi[9], qui a escrit *de comitiis Romanorum*, Guillaume Guerente[10], qui
à commenté Aristote, George Bucanan[11], ce grand poëte Escossois, **Marc
Antoine Muret**[12], **que la france et l'italie reconoit pour le meillur oratur du**

notes

1. Texte de 1580 et 1588 : « *contrainte* ».
2. chambriere : femme de chambre.
3. C'est merveille : c'est étonnant (le sens
n'est pas toujours aussi laudatif qu'ici).
4. plus attachez : les plus attachés.
5. Somme : bref, somme toute.
6. regorgea : reflua, déborda.
7. utils : outils.
8. art : ici, méthode imposée, recours à une
technique.
9. Nicolas de Grouchy (1510-1572), humaniste
français et professeur de grec et de
philosophie au collège de Guyenne entre
1534 et 1547, suivit ensuite Gouvéa à
l'université de Coïmbra. Son ouvrage *Comices
des Romains*, en trois livres, a paru en 1555.
10. Guillaume de Guérente, rouennais comme
son collègue Grouchy, avec qui il a sans doute
collaboré à la traduction de la *Logique*
d'Aristote, est – à l'instar de Grouchy – l'un
des rares membres de la noblesse française,
dans la première moitié du XVIe siècle, à avoir
embrassé la profession d'enseignant.
Montaigne, vers la fin du chapitre, évoque
certaines de ses tragédies latines composées
probablement à l'intention de ses élèves mais
dont on n'a pas gardé trace.
11. George Buchanan (1506-1582), humaniste
et dramaturge écossais, qui embrassa le
calvinisme et fut plus tard précepteur du
jeune roi d'Écosse Jacques VI, écrivit en latin
des tragédies d'inspiration biblique. Il
enseigna au collège de Guyenne, où il fut
le professeur de Montaigne qui joua avec
succès dans certaines de ses tragédies
(*Jephtes*). Buchanan fut éloigné du collège,
car on le jugeait trop favorable à la Réforme.
Il partit au Portugal et réchappa des prisons
de l'Inquisition. De retour en France, il
enseigna au collège de Boncourt à Paris et
devint également précepteur du jeune comte
de Brissac, comme l'indique la suite du texte.

sur les bras. Mon père en recruta aussi avec lui deux autres, moins savants, pour me suivre et soulager le premier. Ces gens ne s'entre-
1180 tenaient avec moi qu'en latin. Quant au reste de sa maison, la règle inviolable était que ni lui-même, ni ma mère, ni valet, ni chambrière ne parlaient en ma présence que la quantité de mots latins que chacun avait appris pour jargonner avec moi. C'est étonnant, le fruit que chacun y trouva. Mon père et ma mère apprirent de la
1185 sorte assez de latin pour le comprendre et en connurent suffisamment pour l'utiliser au besoin, comme le firent aussi les autres domestiques qui étaient le plus directement attachés à mon service. Bref, nous nous latinisâmes tant qu'il reflua du latin jusqu'aux villages tout alentour, où il y a encore et où ont pris pied par l'usage
1190 plusieurs appellations latines d'artisans et d'outils. Quant à moi, j'avais plus de six ans que je ne comprenais encore pas plus de français ou de périgourdin que d'arabe. Et sans apport technique, sans livre, sans grammaire ou précepte, sans fouet et sans larmes, j'avais appris du latin, un latin tout aussi pur que mon maître d'école le
1195 savait : car je ne pouvais l'avoir mélangé, ni altéré. Si, pour faire l'essai, on voulait me donner un thème latin sur le modèle des collèges, là où on le donne aux autres en français, à moi il fallait me le donner en mauvais latin, pour que je le tourne en bon. Et Nicolas Grouchy, qui a écrit les *Comices des Romains*, Guillaume
1200 Guérente, qui a commenté Aristote, George Buchanan, le grand poète écossais, Marc-Antoine Muret, que la France et l'Italie reconnaissent comme le meilleur orateur de notre époque, mes

notes ....

12. Marc-Antoine Muret (1526-1585), personnalité de premier ordre à l'époque (notons que son nom a été rajouté par Montaigne en 1582, après que ce dernier l'eut rencontré à Rome durant son voyage européen), était un humaniste français natif du Limousin, auteur de tragédies néolatines comme *Julius Caesar* (1553). Professeur au collège de Guyenne, où il ne peut pas avoir eu Montaigne comme élève, du moins dans les premières années de scolarité du futur essayiste, Muret acquit en Gascogne la réputation d'un conteur étincelant et d'un luron scandaleux. Il fut néanmoins, d'après

Montaigne qui semble l'admirer beaucoup, le plus grand orateur de son temps en France et en Italie. Il avait aussi enseigné au collège de Boncourt à Paris, où il rencontra notamment Ronsard dont il commenta le recueil des *Amours*. Attaqué pour ses mœurs, Muret se réfugia à Venise puis à Rome, où, sous la protection du pape Pie IV, il enseigna la philosophie morale à la *Sapienza*. Nettement aristotélicien à ses débuts, il fit pénitence à Rome et s'engagea dans les ordres, terminant une carrière toute consacrée aux lettres dans un mysticisme augustinien.

temps, **mes** precepteurs **domestiques**[1], m'ont dict souvent[2], que j'avois ce
995   langage en mon enfance, si prest[3] & si à main, qu'ils craingnoient[4] à m'ac-
coster. Bucanan que je vis depuis à la suite de feu monsieur le Mareschal
de Brissac[5], me dit, qu'il estoit apres à escrire de l'institution des enfans :
& qu'il prenoit[6] **l'exemplaire** de[7] la mienne : **C**ar il avoit lors en charge ce
Comte de Brissac, que nous avons veu depuis si valeureux & si brave.
1000   Quant au Grec, duquel je n'ay quasi du tout point[8] d'intelligence[9], mon pere
desseigna[10] me le faire apprendre par art, **M**ais d'une voie nouvelle,
par forme d'ébat & d'exercice : **N**ous pelotions[11] nos declinaisons ;
à la maniere de ceux, qui par certains jeux de tablier[12] apprennent
l'Arithmetique & la Geometrie. Car entre autres choses, il avoit esté
1005   conseillé[13], de me faire gouster[14] la science & le devoir, par une volonté
non forcee, & de mon propre desir, & d'eslever mon ame en toute douceur
& liberté, sans rigueur & contrainte ; **J**e dis[15] jusques à telle superstition[16],
que par ce que aucuns[17] tiennent, que cela trouble la cervelle tendre des
enfans, de les esveiller le matin en sursaut[18], & de les arracher du sommeil
1010   (auquel ils sont plongez beaucoup plus que nous ne sommes) tout à coup,
& par violence, il me faisoit esveiller par le son de quelque instrument, **et
ne fus jamais sans homme qui m'en servit**[19]. Cet exemple suffira pour en
juger le reste, & pour recommander aussi & **la prudance**[20] & l'affection
d'un si bon pere. **A**uquel il ne se faut nullement prendre[21], s'il n'a recueilly
1015   **aucuns** fruits[22] respondans à une si exquise culture. Deux choses en furent

notes ....

1. **mes precepteurs domestiques** : il y a
une provocation évidente de la part de
Montaigne à évoquer ces grands noms de
l'époque comme les pédagogues vivant des
gages de son père ; Muret ne l'a d'ailleurs pas
été. Texte de 1580 : « *qui n'ont esté*
precepteurs ».
2. Texte de 1580 : « *m'ont dit souvent, depuis* ».
3. **prest** : à ma disposition, familier.
4. Les éditions de 1580 et 1588 ajoutaient :
« *eux mesmes* ».
5. **Mareschal de Brissac** : Charles de Cossé
(1505-1563), maréchal de France, fut l'un des
plus braves généraux de son temps. Réputé
pour sa sévérité sur le chapitre de la
discipline, il fut gouverneur de la Picardie
(1559) puis de la Normandie (1562). C'est
son fils, le jeune Timoléon de Cossé-Brissac
(1545-1569), lui aussi brillant officier, mort

prématurément au siège de Mussidan, qui
avait reçu l'enseignement de George
Buchanan.
6. **prenoit** : utilisait comme base, employait
comme référence.
7. **l'exemplaire de** : l'échantillon témoin de.
Texte de 1580 et 1588 : « *le patron de* ».
8. **du tout point** : pas du tout.
9. **intelligence** : compréhension (*cf.* le verbe
latin *intellegere*, « comprendre », et
l'expression *vivre en bonne intelligence*).
10. **desseigna** : envisagea, se proposa de.
Texte de 1580 et 1588 : « *desseignoit* ».
11. **Nous pelotions** : nous nous renvoyions
comme des pelotes, nous nous lancions à
tour de rôle. Pour la pelote ou le jeu de
paume, cela correspond à l'expression *faire*
des balles au tennis.

instituteurs domestiques m'ont souvent dit que j'avais cette langue si bien en main qu'ils craignaient de m'aborder. Buchanan, que j'ai vu depuis dans la suite du défunt maréchal de Brissac, m'a dit qu'il était occupé à écrire sur l'éducation des enfants et qu'il prenait en modèle d'exemple la mienne. Car ses fonctions lui donnaient alors la charge de ce comte de Brissac que nous avons vu depuis si valeureux et si brave. Quant au grec, dont je n'ai qu'une maîtrise quasiment nulle, mon père projeta de me le faire apprendre avec un apport technique, mais selon une méthode nouvelle, sous forme d'ébat et d'exercice. Nous faisions des échanges, comme à la pelote, sur nos déclinaisons à la manière de ceux qui, grâce à certains jeux à damiers, apprennent l'arithmétique et la géométrie. Car, entre autres choses, il avait été conseillé de me faire apprécier la science et le devoir sans forcer ma volonté et par mon propre désir, et de faire pousser mon âme en toute douceur et toute liberté sans rigueur ni contrainte. Ceci, jusqu'à un tel scrupule que, parce que certains soutiennent que c'est troubler la cervelle tendre des enfants que de les éveiller le matin en sursaut, et de les arracher du sommeil – dans lequel ils sont plongés beaucoup plus que nous ne le sommes – brusquement et de manière violente, il me faisait éveiller par le son d'un quelconque instrument, et jamais je ne fus sans quelqu'un pour s'acquitter de cet office. Cet exemple suffira pour permettre de juger le reste, et pour faire valoir aussi et la clairvoyance et l'affection d'un si bon père, auquel il ne faut nullement s'en prendre s'il n'a recueilli aucun fruit répondant à une mise en culture si raffinée. Deux choses en ont été la cause. Le

notes

12. jeux de tablier : jeux à damier (placés sur une petite table).
13. Texte de 1580 et 1588 : « *conseillé sur tout* ».
14. gouster : prendre goût (plutôt que *tâter*, ici).
15. Je dis : je dis cela, ce que je dis est valable… (c'est aujourd'hui le sens de notre expression *et ce* en début de phrase, quand une nouvelle information va nuancer le propos).
16. superstition : scrupule.
17. aucuns : d'aucuns, certaines personnes.

18. Texte de 1580 et 1588 : « *en effroy & en sursaut* ».
19. et ne fus […] servit : texte modifié par rapport à la première édition. Dans l'édition de 1580, on lit en effet, au lieu de cette fin de phrase : « *& avoit un joüeur d'espinette pour cet effect* ».
20. Texte de 1580 et 1588 : « *le jugement* ».
21. il ne se faut nullement prendre : il ne faut nullement s'en prendre.
22. Texte de 1580 : « *nuls fruitz* ».

cause, **L**e champ sterile & incommode[1] : **C**ar quoy que j'eusse la santé ferme[2] & entiere, & quant & quant[3] un naturel doux & traitable[4], j'estois parmy cela si poisant[5], mol & endormi, qu'on ne me pouvoit arracher de l'oisiveté, non pas[6], pour me **faire**[7] jouer. Ce que je voyois, je le voyois

1020 bien[8], **Et** soubs cette complexion **lourde**[9], nourrissois des imaginations[10] hardies, & des opinions au-dessus de mon aage. L'esprit je l'avois **lent**, & qui n'alloit qu'autant qu'on le **menoit** : **L**'apprehension[11] tardive : **L**'invention **lache**[12] : **Et** apres tout un incroiable defaut de memoire. De tout cela il n'est pas merveille, s'il ne sceut rien tirer qui vaille. Secondement, comme ceux

1025 que presse un furieux desir de guerison, se laissent aller à toute sorte de conseil, le bon homme[13], ayant extreme peur de faillir en chose, qu'il avoit tant à cœur, se laissa en fin emporter à l'opinion commune, qui suit tousjours ceux, qui vont devant, comme les gruës : & se rengea à la coustume[14], n'ayant plus autour de luy ceux, qui luy avoient donné ces premieres insti-

1030 tutions, qu'il avoit aportées d'Italie[15] : **Et** m'envoya environ mes six ans au college de Guienne[16], tres-florissant pour lors, & le meilleur de France. Et là, il n'est possible de rien adjouster au soing qu'il eut, & à me choisir des precepteurs **de chambre** suffisans[17], & à toutes les autres circonstances de ma nourriture[18] : en laquelle il reserva[19] plusieurs façons[20] particu-

1035 lieres, contre l'usage des colleges : **M**ais tant y a, que c'estoit tousjours college. Mon Latin s'abastardit incontinent : duquel depuis par desacous-tumance[21] j'ay perdu tout usage[22], **Et** ne me servit cette mienne nouvelle institution[23], que de me faire enjamber d'arrivée aux[24] premieres classes :

---

1. incommode : impropre, inadapté.
2. ferme : résistante.
3. quant & quant : en même temps.
4. traitable : accommodant, prêt à transiger, souple.
5. poisant : pesant, lourd, poussif.
6. non pas : pas même. Le texte de 1580 et 1588 donnait d'ailleurs : « *non pas mesme* ».
7. Texte de 1580 et 1588 : « *mener* ».
8. Texte de 1580 et 1588 : « *je le voyois d'un jugement bien seur & ouvert* ».
9. Texte de 1580 et 1588 : « *endormie* ».
10. imaginations : idées. Texte de 1580 et 1588 : « *des imaginations bien hardies, & des opinions eslevées au dessus* [...] ».

11. L'apprehension : la compréhension.
12. lache : flasque, avachie. Au lieu des mots « *lent* », « *menoit* », « *lache* » en addition C, le texte antérieur portait « *mousse* », « *guidot* » et « *tardive* ».
13. bon homme : homme bon (sans nuance péjorative ou familière, comme notre *bonhomme* moderne).
14. Texte de 1580 et 1588 : « *se rengea à l'usage & à la coustume* ».
15. aportées d'Italie : Pierre Eyquem était revenu des guerres d'Italie vers 1528. Cette pédagogie s'inspire également des principes d'Érasme.

champ stérile et impropre, car même si j'avais la santé ferme et
1230 intègre, à quoi s'ajoutait un naturel doux et conciliant, j'étais avec
cela si lourd, mou et endormi qu'on ne pouvait m'arracher à l'oisiveté, fût-ce pour me faire jouer. Ce que je voyais, je le voyais
bien et, sous cette complexion apathique, je développais des
représentations audacieuses et des opinions au-dessus de mon âge.
1235 L'esprit, je l'avais lent et il n'allait qu'autant qu'on le menait. La
compréhension traînarde, la conception flottante et par-dessus le
marché un incroyable manque de mémoire. De tout cela, il n'est
pas étonnant qu'il n'ait rien su tirer qui vaille. En deuxième lieu,
à l'image des gens qu'assaille un furieux désir de guérison et qui
1240 se laissent aller à toute sorte de résolutions, l'excellent homme,
ayant une peur extrême d'échouer en chose qui lui tenait tellement à cœur, se laissa pour finir gagner à l'opinion commune qui,
comme les grues, suit toujours ceux qui vont devant, et il rentra
dans le rang de la coutume, n'ayant plus dans son entourage les
1245 gens qui lui avaient donné ces premières méthodes éducatives
ramenées d'Italie. Et il m'envoya vers l'âge de six ans au collège
de Guyenne, alors très florissant et le meilleur de France. Et là, on
ne saurait rien ajouter au soin qu'il eut, et pour me choisir des instituteurs particuliers compétents, et sur toutes les autres conditions
1250 de mon développement, pour lequel il observa plusieurs façons
particulières et contraires à l'usage du collège. Mais toujours est-il
que cela ne cessait pas d'être du collège. Mon latin s'abâtardit à
l'instant ; depuis, par désaccoutumance, j'en ai perdu tout usage.
Et cette nouvelle méthode éducative qui m'avait été appliquée ne
1255 me servit que pour sauter d'emblée les premières classes. Car à

notes

16. **college de Guienne :** fondé
à Bordeaux en 1533 et pris en main par
André de Gouvéa, son prestigieux principal
de 1534 à 1547, que Montaigne évoque
un peu plus loin.
17. **suffisans :** compétents. Texte de 1580 :
« *tres-suffisans* ».
18. **nourriture :** instruction, développement.
19. **reserva :** retint, opta pour.

20. **façons :** adaptations, méthodes.
21. **desacoustumance :** manque de pratique.
22. Texte de 1580 et 1588 : « *tout l'usage* ».
23. **cette mienne nouvelle institution :** la
méthode nouvelle employée par mon père
pour me faire apprendre le latin. Ce groupe
nominal est sujet du verbe « *servit* ».
24. **enjamber [...] aux :** sauter, franchir les.

Car à treize ans, que je sortis du college, j'avoy achevé mon cours[1] (qu'ils
appellent[2]) & à la verité sans **aucun** fruit[3], que je peusse à present mettre
en compte. Le premier goust que j'eus aux livres, il me vint du plaisir des
fables de la Metamorphose d'Ovide : Car environ l'aage de sept ou huict
ans, je me desrobois de[4] tout autre plaisir, pour les lire : d'autant que cette
langue estoit la mienne maternelle, & que c'estoit le plus aisé livre, que je
cogneusse, & le plus accommodé à la foiblesse de mon aage, à cause de
la matiere : Car des Lancelots du Lac, **des Amadis**, des Huons de Bordeaus,
& tel fatras de livres[5], à quoy **l'enfance**[6] s'amuse, je n'en connoissois pas
seulement le nom, ny ne fais encore le corps[7] : tant exacte estoit **ma discipline**[8]. Je m'en rendois plus **nonchalant**[9] à l'estude de mes autres leçons
prescriptes. Là, il me vint[10] singulierement à propos[11], d'avoir affaire à un
homme d'entendement **de** precepteur[12], qui sçeut dextrement[13] conniver
à[14] cette mienne desbauche[15], & autres pareilles. Car par là, j'enfilay tout
d'un train Vergile en l'Æneide, & puis Terence, & puis Plaute, & des come-
dies Italiennes, lurré[16] tousjours par la douceur du subject. S'il eut esté si
fol de rompre ce train[17], j'estime que je n'eusse raporté du college que la
haine des livres, comme fait quasi toute nostre noblesse. Il s'y **gouverna
ingenieusement**[18]. Faisant semblant de n'en[19] voir rien, il aiguisoit ma faim,
ne me laissant que à la desrobée gourmander[20] ces livres, & me tenant

1040
1045
1050
1055

notes ....

1. **mon cours** : mon cursus, mon cycle.
Traditionnellement, encore aujourd'hui, on
distingue les classes (études secondaires) et
les études (enseignement supérieur).
2. **qu'ils appellent** : comme on dit.
3. Texte de 1580 : « nul fruict ».
4. **je me desrobois de** : je me passais de, je
renonçais à.
5. **tel fatras de livres** : ces ouvrages étaient très
populaires à la Renaissance. Le personnage
de Lancelot du Lac a d'abord fait l'objet de
romans en vers – notamment *Lancelot le
chevalier à la charrette* de Chrétien de Troyes
au XIIe siècle – puis d'un roman-fleuve en prose
vers 1225. *Amadis de Gaule* est un roman
de chevalerie espagnol qui connut, dès sa
publication en 1508 par Garcia Ordoñez de
Montalvo, un succès bientôt renforcé en
France par la traduction qu'en donna Nicolas
Herberay des Essarts (1540-1548). Enfin, *Huon
de Bordeaux* est une chanson de geste tardive
– sa première version date du début du

XIIIe siècle –, qui notamment met en scène le
roi de Féerie Aubéron, dont Shakespeare se
souviendra pour *Le Songe d'une nuit d'été*
(1595). Remarquons qu'il était de bon ton,
dans la noblesse française et les milieux
cultivés, d'adopter à l'égard de telles
productions l'attitude condescendante
affichée par Montaigne : ainsi François de La
Noue, dit « Bras de Fer » (1531-1591), homme
de guerre calviniste, dans ses *Discours
politiques et militaires* (1587).
6. Texte de 1580 et 1588 : « la jeunesse ».
7. **ny ne fais encore le corps** : ni ne connais
encore le contenu, la matière.
8. Texte de 1580 et 1588 : « le soing qu'on
avait à mon institution ».
9. Texte de 1580 et 1588 : « lâche » et plus
loin (fin de phrase) « contraintes ».
10. **il me vint** : il m'arriva.
11. **singulierement à propos** : d'une manière
spécialement opportune, avec une chance
rare.

treize ans, âge où je sortis du collège, j'avais achevé mon cycle scolaire (comme on dit) et à la vérité sans aucun fruit dont je pourrais à présent faire état. Le premier goût que j'eus pour les livres, il me vint du plaisir que me donnèrent les récits fabuleux des *Métamorphoses* d'Ovide. Car, vers l'âge de sept ou huit ans, je me dérobais à tout autre plaisir pour les lire dans la mesure où cette langue était ma langue maternelle et où c'était le livre le plus aisé à lire que je connusse, ainsi que le plus approprié à la faiblesse de mon âge du fait de sa matière. Car, pour les *Lancelots du Lac*, les *Amadis*, les *Huon de Bordeaux* et autres fatras de livres qui mobilisent le temps de l'enfance, je n'en connaissais pas seulement le nom, ni n'en connais, à l'heure qu'il est, la teneur — tant était stricte l'instruction que je recevais. De ce fait, je devenais plus nonchalant pour étudier les autres leçons prescrites. En l'occurrence, j'ai eu la chance spéciale d'avoir affaire à un instituteur, homme d'entendement, qui sut adroitement fermer les yeux sur cette dissipation dont je faisais preuve et sur d'autres analogues. Car, grâce à cela, j'ai enfilé à la même allure *L'Énéide* de Virgile, puis Térence, puis Plaute, ainsi que des comédies italiennes, piégé toujours par l'agrément de la matière. S'il avait été assez fou pour casser cette allure, j'estime que je n'aurais rapporté du collège que la haine des livres, comme le fait quasiment toute notre noblesse. Il se conduisit ingénieusement en la circonstance. Faisant semblant de ne rien voir, il aiguisait ma faim en ne me laissant engloutir ces

notes

12. homme d'entendement de precepteur : texte de 1580 : « *pour precepteur* ». Il semble qu'il faille identifier ce précepteur à l'humaniste français Élie Vinet (1509-1587). Arrivé au collège de Guyenne en 1539, il y fut d'abord régent des lettres et de mathématiques, puis exerça les fonctions de principal de 1562 à 1570, succédant notamment à Gouvéa, et de nouveau, après une brève période où la charge fut occupée par Jacques Peletier du Mans, de 1573 jusqu'à sa mort. Homme public, Vinet devint recteur de l'université à partir de 1580. C'est grâce à lui que Simon Millanges, l'éditeur bordelais de Montaigne pour les deux premiers livres en 1580, était lui-même entré comme régent au collège de Guyenne en 1562, et avait pu s'installer, dès 1572, comme imprimeur attitré du collège, puis de l'université.

13. dextrement : adroitement.

14. conniver à : fermer les yeux sur, marquer de la connivence avec.

15. desbauche : indiscipline, laisser-aller.

16. lurré : leurré, séduit.

17. train : allure, rythme.

18. Texte de 1580 : « *porta bien destrement, car faisant* [...] ».

19. en : de mon comportement.

20. gourmander : chaparder, attraper, engloutir.

doucement en office[1] pour les autres estudes **de la regle[2]**. Car les principales parties[3] que mon pere cherchoit à ceux à qui il donnoit charge de
moy c'estoit **la debonnaireté[4] & facilité de complexion[5]** : **A**ussi n'avoit la
mienne[6] autre vice, que **langur** et **paresse[7]**. Le danger n'estoit pas que je
fisse mal, mais que je ne fisse rien. Nul ne prognostiquoit que je deusse
devenir mauvais, mais inutile : **O**n y prevoyoit de la **faineantise[8]**, non pas de
la malice.

**Je sens qu'il en est advenu de mesmes[9]. Les pleintes qui me cornent[10]
aus oreilles sont come cela : Oisif : froit aux offices[11] d'amitié et de
paranté et aus offices publiques : trop particulier[12]. Les plus injurieus ne
disent pas : Pourquoy a il prins, pourquoi n'a il payé, mais pourquoy ne
quitte il[13] ne done il Je recevrois a[14] faveur qu'on ne desirat en moi que
tels effaicts de supererogation[15]. Mais ils sont injustes d'exiger ce que je
ne dois pas plus rigoureusement beaucoup qu'ils n'exigent deus ce qu'ils
doivent. En m'y[16] condemnant ils effacent la gratification[17] de laction & la
gratitude[18] qui m'en seroit due. La ou[19] le bien faire actif[20] devroit plus
poiser de ma main[21] en consideration de ce que je n'en ay passif[22] nul[23]
qui soit. Je puis d'autant plus librement disposer de ma fortune qu'elle
est plus miene. Toutesfois si j'estois grand enlumineur de mes actions
alavanture rembarrerois je bien ces reproches. Et à quelques uns**

1. en office : à mes devoirs (ici au sens scolaire, semble-t-il). Littéralement, « dans la discipline du cours », c'est-à-dire « dans la règle qu'il était chargé de m'inculquer ».
2. Texte de 1580 et 1588 : « *estudes plus necessaires* ».
3. parties : points, qualités.
4. debonnaireté : bonté de caractère.
5. complexion : tempérament, nature. Texte de 1580 : « *c'estoit la douceur & facilité des meurs* ».
6. la mienne : ma complexion, mon caractère. Texte de 1580 : « *n'avoint les miennes* ».
7. Texte de 1580 : « *la pesanteur & mollesse* ».
8. Texte de 1580 et 1588 : « *stupidité* ».
9. de mesmes : comme on l'avait prévu.
10. cornent : résonnent.
11. offices : devoirs.
12. particulier : personnel.
13. ne quitte il : ne fait-il pas remise d'une dette.

14. Je recevrois a : je regarderais comme.
15. supererogation : don purement désintéressé. Une action surérogatoire (en général, paiement ou garantie), action au sens strict non exigible, est une action qu'on fait – le plus souvent volontairement – « en plus », autrement dit au-delà de ce à quoi l'on est tenu. Comme souvent lorsque Montaigne va porter une attaque, en particulier dans les additions tardives, on constate que l'essayiste se réfugie sur un terrain où il se sent à l'aise. Or, en tant qu'ancien parlementaire, le domaine juridique lui est très familier. Il peut ici, grâce à une métaphore suffisamment brillante, à la fois éblouir le lecteur et enrober une invective des plus agressives d'un vernis de « *courtisanie* ».
16. y : à cette aune, selon ce critère (le principe énoncé dans la phrase précédente).
17. gratification : caractère de bienfait.

1280 livres qu'à la dérobée et en me maintenant avec douceur dans les obligations de nos séances pour les autres enseignements réglementaires. Car les principaux points que mon père recherchait chez ceux à qui il assignait la fonction de me prendre en charge, c'était d'être sympathique et d'avoir un caractère accommodant.

1285 Mon caractère à moi, aussi, n'avait d'autre tare que l'indolence et la paresse. Le danger n'était pas de me voir mal faire, mais de ne me voir rien faire. Aucun pronostic ne me vouait à devenir mauvais, mais inutile. On annonçait chez moi de la fainéantise, non pas de la méchanceté.

1290 J'ai le sentiment que c'est bien ainsi que les choses se sont passées. Les plaintes qui me bourdonnent aux oreilles sont de ce type : « Oisif, froid pour les obligations amicales et familiales, et pour les obligations publiques trop personnel. » Les plus injurieux ne disent pas : « Pourquoi a-t-il pris ? Pourquoi n'a-t-il pas

1295 payé ? », mais : « Pourquoi ne tient-il pas quitte son débiteur ? Pourquoi ne donne-t-il pas ? » Je tiendrais pour une faveur qu'on n'attende de ma part que de tels gestes en fait d'action surérogatoire. Mais les gens sont injustes d'exiger de moi ce que je ne dois pas, beaucoup plus rigoureusement qu'ils n'exigent d'eux-mêmes

1300 ce qu'ils doivent. En m'imposant cette exigence, ils effacent le caractère de désintéressement gratuit de ces gestes et la gratitude que je pourrais en attendre, alors qu'au contraire le bienfait qui est à mon actif devrait avoir plus de poids, étant donné que je ne le fais nullement pour équilibrer un passif que j'aurais à compenser.

1305 Je puis d'autant plus librement disposer de ma fortune qu'elle m'appartient davantage. Toutefois, si j'étais grand enlumineur de mes actions, peut-être que je rembarrerais fort ces reproches. Et à

notes

18. **gratitude** : reconnaissance.
19. **La ou** : là où, alors que (opposition logique).
20. **le bien faire actif** : les services que je rends.
21. **devroit [...] main** : devrait avoir plus de poids venant de moi.

22. **je n'en ay passif** : je n'en ai reçu, donc je n'en dois en retour.
23. **nul** : aucun. Ce vocabulaire de la comptabilité – « *actif* », « *passif* » –, appliqué aux échanges de bienfaits, relève de la question – capitale pour l'aristocratie au XVIe siècle – du point d'honneur.

apranderois[1] qu'ils ne sont pas si offancez que je ne face pas asses que de quoi[2] je puisse faire asses[3] plus que je ne fois.

Mon ame ne laissoit pourtant en mesme temps d'avoir à part soy[4] des remuemens[5] fermes **et des jugemans seurs & ouvers autour des[6] objets qu'elle conneissoit ; et les** digeroit seule[7], sans aucune communication[8]. Et entre autres **choses**, je croy à la verité qu'elle eust esté du tout[9] incapable de se rendre à[10] la force & violence.

Mettray-je en compte[11] cette faculté de mon enfance : **U**ne asseurance de visage, & soupplesse de voix & de geste, à m'appliquer aux rolles que j'entreprenois. Car, avant l'aage,

Alter ab undecimo tum me vix cœperat annus[12],

J'ai soustenu les premiers[13] personnages, és[14] tragedies latines de Bucanan, de Guerente, & de Muret, qui se representairent[15], en nostre college de Guienne avec dignité[16] : **En cela[17]** Andreas Goveanus[18] nostre principal, comme en toutes autres parties de sa charge, fut sans comparaison le plus grand principal[19] de France : **Et m'en[20]** tenoit[21]-on maistre ouvrier. C'est un exercice[22], que je ne mesloüe poinct[23] aux jeunes enfans de maison : **Et** ay veu nos Princes, s'y adonner depuis[24] en personne, à l'exemple d'aucuns[25] des anciens, honnestement[26] & louablement.

---

notes

1. **apranderois** : j'apprendrais, je ferais savoir.
2. **de quoi** : du fait que.
3. **asses** : beaucoup.
4. **à part soy** : en son for intérieur.
5. **remuemens** : mouvements, impressions.
6. **autour des** : à propos des, en rapport avec les.
7. Texte de 1580 et 1588 : « *remuements fermes, qu'elle dirigeroit* ».
8. **sans aucune communication** : sans en faire part à quiconque. Texte de 1580 et 1588 : « *& sans aucune communication* ».
9. **du tout** : totalement, tout à fait.
10. **se rendre à** : se soumettre à, plier devant. Une autre acception serait : en venir à. Mais elle paraît impossible dans le contexte du propos de 1580, où Montaigne dit qu'il faut « *allécher l'appétit* », autrement dit éviter de contraindre l'enfant qu'on éduque. Texte de

1580 et 1588 : « *se rendre à la force & à la violence* ».
11. **Mettray-je en compte** : prendrai-je en note, ferai-je connaître. Littéralement, « ferai-je entrer en ligne de compte, inscrirai-je dans le relevé (de ce chapitre) ».
12. On trouve là de nouveau une citation modifiée, en l'occurrence par la substitution de *vix* (« à peine ») à *iam* (« déjà ») qui figurait dans le texte original de Virgile.
13. **premiers** : principaux.
14. **és** : dans les.
15. **se representairent** : furent représentées (voix pronominale à valeur passive).
16. **dignité** : solennité, apparat.
17. Texte de 1580 et 1588 : « *En quoy* ».
18. André de Gouvéa (1497-1548), humaniste français d'origine portugaise, s'était réfugié en France pour échapper à l'Inquisition. Ce

un certain nombre je ferais connaître qu'ils ne s'offusquent pas tant que je ne fasse pas assez que du fait que je pourrais faire bien plus que je ne fais.

Mon âme ne laissait pas, pourtant, d'avoir en son for intérieur des mouvements fermes et des jugements sûrs et ouverts autour des objets qu'elle connaissait ; et elle digérait et assimilait ces phénomènes seule, sans échange avec personne. Et entre autres choses, je crois à la vérité qu'elle eût été tout à fait incapable de se laisser réduire par la force et la violence.

Ferai-je état de cette faculté de mon enfance : une assurance de visage et une plasticité de voix et de gestes pour m'appliquer aux rôles que j'entreprenais ? Car avant l'âge,

« à peine avais-je atteint ma douzième année »
(Virgile, *Bucoliques*, VIII, v. 39),

j'ai incarné les personnages principaux des tragédies latines de Buchanan, de Guérente et de Muret, qui furent jouées à notre collège de Guyenne en grand apparat. Et l'on me tenait en cette affaire pour le maître-ouvrier. C'est une activité de détente que je suis loin de désapprouver pour les jeunes enfants de noble maison. Et j'ai vu nos princes se livrer depuis en personne à cet exercice, à l'exemple de certains des Anciens, d'une manière digne d'honnêtes louanges.

notes

fut le père de Montaigne, qui, en tant que maire-adjoint de Bordeaux, rédigea les lettres de naturalisation du principal du collège de Guyenne. Dans ses fonctions, Gouvéa, disciple d'Érasme, professant des opinions évangélistes, recruta une brillante équipe qui fit beaucoup pour la réputation du collège : il recommandait l'indulgence aux maîtres et veillait particulièrement aux études latines. Il démarcha assidûment et avec succès Henri II, pour que celui-ci facilite l'immigration des Portugais en France. Après le collège de Guyenne, il mit sa compétence au service de l'université de Coïmbra.

19. Texte de 1588 : « *le plus grand, & plus noble principal* ».
20. en : de ces spectacles.
21. tenoit : considérait comme.
22. exercice : activité physique, activité récréative.
23. que je ne mesloüe poinct : que je ne désapprouve point. Litote pour « que je recommande vivement ».
24. depuis : par la suite, depuis lors.
25. d'aucuns : de certains, de quelques-uns.
26. honnestement : honorablement, dignement, sans déroger à « *l'honnêteté* » de leur condition.

Il estoit loisible mesme d'en faire mestier aus gens d'honur en grece :

1100 *Aristoni tragico actori rem aperit : huic et genus et fortuna honesta erant ; nec ars, quia nihil tale apud Græcos pudori est, ea deformabat.*[1]

Car j'ay tousjours accusé d'impertinence[2], ceux qui condemnent ces esbattemens[3] : **Et** d'injustice, ceux qui refusent l'entrée de nos bonnes villes[4] aux comediens qui le valent[5] : & envient[6] au peuple ces plaisirs
1105 publiques. Les bonnes polices[7], prennent soing d'assembler les citoyens, & les r'allier[8], comme aux offices serieux de la devotion, aussi aux exercices[9] & jeux : **La** société & amitié s'en augmente : **Et** puis on ne leur sçauroit **conceder**[10] des passetemps plus reglez, que ceux qui se font en presence d'un chacun, & à la veüe mesme du magistrat[11] : **Et**[12]
1110 trouverois[13] **raisonable** que le magistrat, & le prince à ses despens[14] en gratifiast quelquefois la commune[15], d'une affection & bonté comme paternelle. **Et qu'aus villes populeuses il y eut des lieus destinez et disposez[16] pour ces spectacles : quelque[17] divertissement[18] de pires actions &[19] occultes[20].**

1115 Pour revenir à mon propos, **Il** n'y à tel[21], que d'allécher l'appétit[22] & l'affection[23], autrement on ne faict que des asnes chargez de livres : **On** leur donne à coups[24] de foüet en garde leur pochette pleine de science : laquelle[25] pour bien faire, il ne faut pas seulement loger chez soy, il la faut espouser.

notes

1. Cette citation concerne le conspirateur Adranadore, qui avait des visées politiques et militaires sur Syracuse. Elle est donc adaptée au propos de Montaigne, qui s'adresse justement aux hommes d'honneur et d'entendement, dont les valeurs leur imposent de maintenir toujours de la tenue jusque dans les distractions auxquelles ils se plaisent.
2. impertinence : manque de lucidité, incompétence, aveuglement.
3. esbattemens : divertissements.
4. bonnes villes : villes jouissant d'un statut particulier, marqué par des privilèges et franchises que leur reconnaissait la royauté.

5. le valent : en sont dignes.
6. envient : refusent, contestent.
7. bonnes polices : États bien organisés.
8. r'allier : réunir.
9. comme aux offices […], aussi aux exercices : non seulement aux offices […], mais aussi aux exercices. D'où : aux exercices tout comme aux offices.
10. Texte de 1588 : « condonner ».
11. magistrat : détenteur de l'autorité publique.
12. Et : et même, et d'ailleurs.
13. trouverois : je trouverais. Texte de 1588 : « trouverois juste ».
14. à ses despens : à ses frais.

1330 Il était permis même d'en faire profession aux gens d'honneur en Grèce : « *À l'acteur tragique Ariston il découvre ses intentions : c'était un personnage de naissance et de fortune honorables, et son métier, parce qu'il n'y a rien de dégradant à en exercer un tel chez les Grecs, ne le déconsidérait pas.* » (Tite-Live, *Histoire romaine*, XXIV, 24.)

1335 Car j'ai toujours accusé d'impéritie ceux qui condamnent ces délassements et d'injustice ceux qui refusent l'entrée de nos bonnes villes aux comédiens qui le mériteraient, et qui contestent au peuple ces plaisirs publics. Les gouvernements bien organisés prennent soin d'assembler et de réunir les citoyens tant pour les 1340 graves cérémonies de dévotion que pour les activités de détente et les jeux. Le lien social et l'amitié s'en augmentent. Et puis on ne saurait accorder aux gens du peuple de passe-temps plus réglés que ceux qui se font devant tout un chacun et à la vue même du magistrat. Je trouverais même raisonnable que le magistrat et le 1345 prince consentissent à leurs frais à en gratifier quelquefois les gens du commun avec une affection et une bonté comme paternelles, et que dans les villes populeuses il y eût des lieux destinés à ces spectacles et aménagés pour cela : sorte de dérivatif à de pires actions inavouables.

1350 Pour revenir à mon propos, il n'y a rien de tel que de tenter la fantaisie et l'affection en les alléchant : autrement, on ne fait que des ânes chargés de livres. On leur donne à coups de fouet à garder leur pochette pleine de science. Or cette science, pour bien faire, il ne faut pas seulement la loger chez soi, il faut l'épouser.

notes

15. **la commune** : le peuple.
16. **disposez** : agencés, prévus dans leur aménagement.
17. **quelque** : ici, sorte de, genre de.
18. **divertissement** : moyen de détourner (les gens) de.
19. **&** : et de surcroît, et qui plus est (latin *etiam*).

20. **occultes** : cachées, clandestines.
21. **tel** : rien de tel.
22. **allécher l'appétit** : susciter l'attirance.
23. **affection** : émotion, sensibilité.
24. Texte de 1580 : « *a coup* ».
25. **laquelle** : science que.

En matière pédagogique, Montaigne, retrouvant la gratuité des « arts libéraux » (disciplines intellectuelles), s'inscrit dans la continuité des acquis de l'humanisme – ce qui l'amène à rejeter à la fois la violence, qui sévissait fréquemment dans les collèges, et le rôle de la mémoire, lié aux méthodes scolastiques* en usage depuis le Moyen Âge à l'Université.

Toutefois, contrairement par exemple à Rabelais, représentant de la Renaissance première période (celle que son enthousiasme devant la redécouverte de la culture antique portait à concevoir des programmes éducatifs improbables par leur gigantisme), Montaigne se montre surtout soucieux de réalisme et d'adéquation à la personnalité du jeune homme à former, dans le choix des connaissances comme dans l'application des techniques qu'il préconise.

Son style imagé et vivant contribue à l'attrait de l'enseignement auquel il réfléchit : un enseignement alerte, fondé sur le dialogue et l'interaction du maître et de l'élève, qui n'est pas sans rappeler la composition même des *Essais*.

Une éducation libre nouvelle manière

❶ En quoi la méthode de Montaigne tranche-t-elle radicalement avec celles qui régnaient dans le système éducatif à son époque ?

❷ Quelle différence Montaigne fait-il entre « *habile homme* » et « *homme savant* » ? et entre « *tête bien faite* » et « *tête bien pleine* » ? Ces deux oppositions sont-elles réductibles l'une à l'autre ? Pourquoi ?

* Cf. Lexique.

❸ Comment Montaigne décrit-il l'appropriation des connaissances par l'élève ? Les critères retenus pour vérifier cette appropriation vous paraissent-ils efficaces ?

❹ L'enseignement ici présenté serait-il applicable aux jeunes filles ? Montaigne l'envisage-t-il ?

❺ Pour quelle raison pratique une telle méthode s'avère-t-elle particulièrement coûteuse ? Pourrait-elle être généralisée ?

Une pédagogie humaniste soucieuse de réalisme

❻ Quelle différence peut-on faire d'emblée entre le programme de Montaigne et celui – encyclopédique – que Rabelais prêtait à Gargantua pour son fils Pantagruel dans la lettre qu'il lui envoyait à Paris du royaume d'Utopie, avec la fameuse formule : « *Somme, que je voye un abysme de science* » ?

❼ Comment comprendre l'expression définissant l'attitude que l'élève doit avoir à l'égard des Anciens : « *Il faut qu'il emboive leurs humeurs, non qu'il apprenne leurs preceptes* » ?

❽ De manière plus générale, que vise à former prioritairement la pédagogie recommandée par l'essayiste ?

Une description pittoresque des méthodes à employer

❾ Faites un relevé des différentes images (métaphores* ou comparaisons*) employées par Montaigne. Classez-les par thèmes : technique du précepteur, difficulté de l'apprentissage pour l'élève, exercices d'application, etc. Qu'en concluez-vous sur la conception que Montaigne se fait de l'enseignement ?

❿ Quelles expressions marquent l'insistance de Montaigne sur la nécessité d'échanges permanents entre le maître et l'élève ? Pourquoi une telle insistance ?

⓫ Dans quelle mesure la description de la nouvelle méthode éducative prônée par Montaigne pourrait-elle s'appliquer à l'écrivain lui-même et à sa manière de composer les *Essais* ?

* Cf. Lexique.

La question éducative passionne bien des écrivains à travers les siècles. Plutarque et Érasme (textes B et C), dont les textes relèvent du genre de la déclamation* et affichent une intention clairement didactique*, ont sans aucun doute influencé Montaigne (texte A). En revanche, le passage de Zadie Smith (texte D) s'inscrit dans une fiction : cela ne l'empêche pas de comporter des suggestions en filigrane sur la meilleure pédagogie possible. Quant au cliché de Robert Doisneau, il permet de relier et de mettre en perspective l'ensemble de ces textes.

Texte A : Extrait du chapitre « De l'institution des enfans » (I, 26) des *Essais* de Michel de Montaigne (pp. 72-81)

Texte B : Plutarque, *Œuvres morales*

Plutarque (Ier-IIe s. ap. J.-C.), historien et moraliste grec, est l'un des écrivains favoris de Montaigne. Manifestement, son traité sur l'éducation des enfants a fait l'objet d'une lecture attentive de la part de l'essayiste.

Mais quelqu'un me pourra dire à l'aventure[1] : Tu nous avais promis de nous donner exemples et préceptes, comme il faut nourrir[2] les enfants de libre condition, et puis on voit que tu délaisses l'institution des pauvres et populaires, et ne donnes enseignements que pour les nobles et pour les riches seulement. À cela il m'est aisé de répondre : car quant à moi je désirerai que cette mienne instruction[3] pût servir et être utile à tous : mais s'il y en a aucuns[4], à qui par faute de moyens mes préceptes ne puissent être profitables, qu'ils en accusent la fortune, non pas celui qui leur donne ces avertissements. Au reste, il faut que les pauvres s'évertuent et tâchent de faire nourrir leurs enfants en la meilleure discipline[5] qui soit : et si d'aventure ils n'y peuvent atteindre[6], au moins en la meilleure qu'ils pourront. J'ai bien voulu en passant ajouter ce mot à mon discours, pour au demeurant poursuivre les autres préceptes qui appartiennent à la droite instruction des jeunes gens. 1. Je dis donc notamment, qu'on doit attraire[7] et amener les enfants à faire leur devoir par bonnes paroles et

* Cf. Lexique.

douces remontrances, non pas par coups de verges ni par les battre ; pour ce qu'il[8] semble que cette voie-là convient plutôt à des esclaves, que non pas à[9] des personnes libres, pour ce qu'ils s'endurcissent aux coups : et deviennent comme hébétés, et ont le travail de l'étude puis après[10] en horreur, partie[11] pour la douleur des coups, et partie pour la honte. 2. Les louanges et les blâmes sont plus utiles aux enfants nés en liberté, que toutes verges ne[12] tous coups de fouet : l'un pour les tirer à bien faire, et l'autre pour les retirer de mal[13] : et faut alternativement user tantôt de l'un tantôt de l'autre : et maintenant leur user de répréhension, maintenant[14] de louange. Car s'ils sont quelquefois trop gais, il faut en les tançant leur faire un peu de honte, et puis tout soudain les remettre[15] en les louant : comme font les bonnes nourrices, qui donnent le tétin à leurs petits enfants après les avoir fait un peu crier : toutefois il y faut tenir mesure, et se garder bien de les trop haut louer, autrement ils présument d'eux-mêmes, et ne veulent plus travailler depuis qu'on les a loués un peu trop. Au demeurant j'ai connu des pères, qui pour avoir trop aimé leurs enfants les ont enfin haïs.

Plutarque, Œuvres morales, « Comment il faut nourrir les enfans »,
trad. d'Amyot (partiellement adaptée et modernisée), 1572.

1. à l'aventure : peut-être. **2. nourrir :** éduquer. **3. cette mienne instruction :** cet ensemble de conseils éducatifs que je propose. **4. aucuns :** certains. **5. en la meilleure discipline :** avec le meilleur enseignement. **6. atteindre :** parvenir. **7. attraire :** inciter. **8. pour ce qu'il :** parce qu'il. **9. que non pas à :** plutôt qu'à. **10. puis après :** par la suite. **11. partie :** en partie. **12. ne :** ni. **13. de mal :** de mal faire. **14. et maintenant […] maintenant :** dans certains cas […] dans d'autres cas. **15. remettre :** réconforter.

Texte C : Didier Érasme, *Il faut donner très tôt aux enfants une éducation libérale*

Le Hollandais Didier Érasme (1469-1536) est le « prince » des humanistes de la Renaissance. L'ironie* de son Éloge de la folie *(1511) – s'ajoutant aux* Adages *(1re éd. 1500) et complété par sa traduction du* Nouveau Testament *(1516) – lui valut très tôt une célébrité internationale. Il s'est lui-même livré à une réécriture de Plutarque avant de servir de modèle à Montaigne.*

Même les parents ne peuvent pas donner une bonne éducation à leurs enfants s'ils ne leur inspirent que de la crainte. La première tâche du maître, c'est de se faire aimer ; puis un sentiment apparaît progressivement, non de terreur mais de respect spontané, qui a plus d'efficacité que la crainte.

Aussi, quel bel effet de prévoyance que d'envoyer des enfants à peine âgés de quatre ans dans une école où préside un maître inconnu, un rustaud, de mœurs assez relâchées, quelquefois même au cerveau dérangé,

* Cf. Lexique.

souvent lunatique[1], sujet à l'épilepsie ou même atteint de cette lèpre qu'on appelle couramment de nos jours « la gale française[2] ». Car nous ne voyons pas aujourd'hui d'individu assez taré, assez incapable, assez insignifiant pour ne pas être jugé par le commun des mortels apte à diriger une école. Et croyant avoir trouvé une sorte de royauté, c'est merveille comme ces individus exercent leur violence, sous prétexte qu'ils ont plein pouvoir, non sur des fauves, comme dit l'auteur comique[3], mais sur un âge qu'il faudrait choyer par toutes les marques de douceur. On ne dirait pas que c'est une école, mais une salle de torture : on n'y entend que crépitement de férules, sifflement de verges[4], cris et sanglots, menaces épouvantables. Ces enfants y apprendront-ils autre chose qu'à haïr les études ? Et quand cette haine s'est fixée une fois dans leurs jeunes esprits, même devenus grands, ils ont les études en horreur.

Didier Érasme, *De pueris statim ac liberaliter instituendis* (1529),
trad. de Jean-Claude Margolin, in *Érasme*, « Il faut donner très tôt aux enfants
une éducation libérale », coll. « Bouquins », Robert Laffont, 1992.

1. lunatique : d'humeur changeante. **2. gale française :** syphilis (maladie vénérienne).
3. l'auteur comique : Térence (IIe s. av. J.-C.) dans sa pièce *L'Eunuque*.
4. férules, verges : baguettes, règles.

Texte D : Zadie Smith, *Sourires de loup*

Zadie Smith (née en 1975), jeune auteur jamaïcaine par sa mère et anglaise par son père, a publié Sourires de loup *(en anglais* White Teeth*), qui est son premier roman, en 2000. Le passage ici proposé nous donne l'occasion de suivre une séance de cours de musique dans un collège londonien de la fin du XXe siècle, cours auquel assiste le père de deux élèves de la classe.*

« Les enfants, s'il vous plaît, arrêtez. Chu-u-ut, un peu de silence. S'il vous plaît, on ne souffle plus dans les instruments, on pose les archets. On pose, Anita. C'est ça, oui, oui, par terre. Me-e-e-rci. Bon, vous avez sans doute remarqué que nous avons un visiteur aujourd'hui. » Elle se tourna vers lui, et il essaya de fixer son regard sur une partie de sa personne qui ne fît pas bouillir son sang déjà passablement échauffé. « Il s'agit de Mr. Iqbal, le père de Magid et de Millat. »

Samad se leva, comme si on lui avait demandé de se mettre au garde-à-vous, drapa soigneusement son pardessus à larges revers sur son entre-jambe fantasque, salua faiblement de la main avant de se rasseoir.

« Allez, tous ensemble, Bonjour, Mr. Iqbal.

– BONJOUR, MR. IQUE-BALLE », entonnèrent en chœur les musiciens, à l'exclusion de deux d'entre eux[1].

« Eh bien, la présence d'un auditeur va sûrement nous donner envie de nous surpasser, n'est-ce pas ?

– OUI, MISS BURT-JONES.

– Mr. Iqbal est notre auditeur aujourd'hui, mais c'est un auditoire très spécial, puisque c'est à cause de lui qu'à partir de la semaine prochaine nous ne jouerons plus le *Lac des cygnes*. »

L'annonce fut saluée par de grands cris, accompagnés d'un chœur discordant de bruits de trompette, de roulements de tambour et de claquements de cymbales.

« Ça suffit, ça suffit. Je ne m'attendais pas à une telle manifestation d'enthousiasme. »

Samad sourit. En plus, elle avait de l'humour. Il y avait là de l'esprit, un certain mordant – mais pourquoi penser que plus il y avait de raisons de pécher, moins grave était la faute ? Voilà qu'il raisonnait à nouveau comme un chrétien, qu'il disait au Créateur *Il n'y a pas plus équitable*.

« Posez vos instruments. Oui, toi, Marvin. Merci beaucoup.

– Et qu'est-ce qu'on jouera à la place, Miss ?

– Eh bien… », commença Poppy Burt-Jones, avec ce sourire à la fois timide et audacieux qui n'appartenait qu'à elle. « Quelque chose de vraiment passionnant. La semaine prochaine, j'aimerais essayer un peu de musique… indienne. »

Le préposé aux cymbales, craignant pour sa spécialité à la suite d'un changement de genre aussi radical, se chargea d'être le premier à ridiculiser le projet. « Hein, vous voulez dire cette musique Iiiiii Ananan Aaaaa Iiii ? » persifla-t-il, s'attachant à reproduire assez fidèlement les accords que l'on peut entendre au début d'une comédie musicale hindi ou dans la salle d'un restaurant « indien », et accompagnant le tout des mouvements de tête appropriés. La classe tout entière éclata de rire et reprit aussitôt en chœur le Iiiii Ananan Aaaaa Iiii du guignol de service. Le charivari, soutenu par les grincements parodiques de quelques violons, pénétra la rêverie érotique de Samad et le transporta en imagination dans un jardin, niché dans le marbre, où, vêtu de blanc et caché derrière un gros arbre, il épiait une Poppy Burt-Jones en sari², un bindi³ au front, qui, espiègle et provocante, apparaissait et disparaissait au travers des jets d'eau des fontaines.

« Je trouve… », commença Poppy Burt-Jones, forçant le ton pour arriver à dominer le vacarme, avant de monter de plusieurs décibels, « JE TROUVE QU'IL N'EST PAS TRÈS GENTIL DE… » et là, sa voix retrouva son registre normal, car les élèves, soudain conscients de sa colère, s'étaient calmés. « Je trouve qu'il n'est pas très gentil de se moquer de *la culture des autres*. »

L'orchestre, qui n'était guère conscient d'avoir commis pareil impair mais sentait bien qu'il s'agissait là de la plus grave infraction au code de conduite en vigueur à Manor School, baissa les yeux avec un bel ensemble.

« Qu'en pensez-vous ? Hein, dites-moi, qu'en pensez-vous ? Toi, Sophie, qu'est-ce que tu dirais si quelqu'un se moquait de Queen ? »

Sophie, une gamine de douze ans vaguement attardée, arborant la panoplie complète du fan lambda du groupe de rock en question, lui décocha un œil noir par-dessus ses gros verres de myope.

« J'aimerais pas trop, Miss.

– Tu vois, c'est ce que je te disais.

– Ouais, Miss.

– Parce que Freddie Mercury et toi partagez la même culture. »

Samad avait entendu les rumeurs qui couraient parmi les serveurs du Palace, selon lesquelles ce Mercury était en fait un Iranien à la peau très claire, du nom de Farookh, que le chef cuisinier se rappelait avoir fréquenté à l'école de Panchgani, près de Bombay. Mais à quoi bon épiloguer ? Peu désireux d'interrompre l'adorable Burt-Jones au beau milieu de sa démonstration, Samad garda l'information pour lui.

« Il nous arrive de trouver la musique des autres bizarre parce que leur culture est différente de la nôtre, dit Miss Burt-Jones d'un ton solennel. Mais ça ne veut pas dire pour autant qu'elle ne vaille pas la nôtre, n'est-ce pas ?

– OUI, MISS.

– Nous avons toujours quelque chose à apprendre de la culture des autres, n'est-ce pas ?

– OUI, MISS.

– Tiens, Millat, par exemple, quel genre de musique est-ce que tu aimes ? »

Millat réfléchit un instant, puis cala son saxophone sous son bras et fit mine de pincer les cordes d'une guitare. « *Bo-orn to ru-un*. Da da da da daaa ! Bruce Springsteen, Miss ! Da da da da daa ! *Baby, we werre bo-orn…*

– Oui, d'accord… mais rien d'autre ? Quelque chose que tu as l'habitude d'écouter chez toi, par exemple ? »

Millat se rembrunit, troublé à l'idée que sa réponse ait pu ne pas être celle qu'on attendait. Il regarda du côté de son père, qui gesticulait comme un fou derrière le professeur, essayant de reproduire les mouvements saccadés de la tête et des mains du bharata natyam, cette forme de danse qu'avait affectionnée Alsana[4], avant que la tristesse vienne peser sur son cœur.

« *Thriiiii-ller* », chanta Millat à pleine voix, croyant avoir saisi le sens du message paternel. « *Thriiii-ller night !* Michael Jackson, Miss ! Michael Jackson ! » Samad enfouit sa tête dans ses mains. Miss Burt-Jones eut un regard étonné pour le gamin qui, debout sur sa chaise, se contorsionnait tout en se plaquant la main sur l'entrejambe. « O.K., merci, Millat. Merci d'avoir bien voulu partager… ça.

– Pas de quoi, Miss », dit Millat avec un grand sourire.

Zadie Smith, *Sourires de loup*, « La tentation de Samad Iqbal », trad. de Claude Demanuelli,
coll. « Folio », Gallimard, 2001.

1. Ce sont les enfants de Mr. Iqbal : Millat le fantaisiste et son jumeau Magid très sérieux. **2. sari :** vêtement féminin en Inde. **3. bindi :** bijou que les femmes indiennes portent sur le front. **4. Alsana :** épouse de Mr. Iqbal.

Document : Robert Doisneau, *Au tableau noir* (1956)

Corpus

Texte A : Extrait du chapitre « De l'institution des enfans » (I, 26) des *Essais* de Michel de Montaigne (pp. 72-81).

Texte B : Extrait de *Comment il faut nourrir les enfans* de Plutarque (pp. 166-167).

Texte C : Extrait de *Il faut donner très tôt aux enfants une éducation libérale* de Didier Érasme (pp. 167-168).

Texte D : Extrait de *Sourires de loup* de Zadie Smith (pp. 168-171).

Document : *Au tableau noir* de Robert Doisneau (p. 171).

.... Examen des textes et de l'image ....

❶ Quel rapprochement peut-on faire entre Plutarque (texte B) et Montaigne (texte A) dans la manière dont ils semblent considérer l'éducation des classes défavorisées ? Justifiez votre réponse en citant des passages précis.

❷ Quelle est l'attitude d'Érasme (texte C) à l'égard des maîtres d'école ? Est-elle comparable à celle de Plutarque (texte B) ? et à celle de Montaigne (texte A) ?

❸ La scène présentée dans *Sourires de loup* (texte D) contraste avec les trois premiers textes du corpus. Prouvez-le en retenant divers points de vue : ambiance de classe, attitude du professeur, tolérance à l'égard des débordements individuels, etc.

❹ Pourquoi le sujet d'une telle scène (texte D), touchant l'ouverture à la différence culturelle, est-il inimaginable dans les autres textes du corpus ?

❺ Dans quelle mesure la scène figurée sur la photographie de Doisneau montre-t-elle que les méthodes de la pédagogie comportent des invariants, malgré toutes les évolutions et adaptations intervenues depuis l'Antiquité ?

.... Travaux d'écriture ....

Question préliminaire

D'après tous les éléments du corpus, quelles données vous apparaissent essentielles à une pédagogie efficace ?

Commentaire
Vous ferez le commentaire composé de l'extrait d'Érasme (texte C).

Dissertation
La question éducative vous paraît-elle une priorité plus grande à notre époque que par le passé ? Vous répondrez à cette question en vous appuyant sur les textes du corpus et sur vos lectures personnelles.

Écriture d'invention
Comme dans un roman, imaginez le dialogue possible, sur la photographie de Doisneau, entre l'institutrice, l'élève interrogé au tableau et le reste de la classe, en n'hésitant pas, le cas échéant, à faire intervenir un narrateur pour mener votre récit.

individualité et altérité

I, 42 : De l'inequalité qui est entre nous

passage analysé

Plutarque dit en quelque lieu[1], qu'il ne trouve point si grande distance de beste à beste, comme il trouve d'homme à homme. Il parle de la suffisance[2] de l'ame & qualitez[3] internes[4]. A la verité je trouve si loing d'Epaminundas, comme je l'imagine, jusques à tel que je connois, je dy capable de sens
5 commun[5], que j'encherirois volontiers sur Plutarque : & **dirois**[6] qu'il y a plus de distance de tel à tel homme qu'il n'y a de tel homme à telle beste[7].
hem vir viro quid præstat.

noteſ ....

1. en quelque lieu : dans un passage quelconque, quelque part dans un de ses ouvrages. Il s'agit du petit dialogue _Que les bêtes brutes usent de la raison_ (trad. d'Amyot, 1572). Citons cet extrait : « _C'est tout autant, dit Gryllus à Ulysse, que si tu conférais Polyphemus avec toi, ou Homère le Corinthien avec ton grand-père Autolycus, car je ne pense pas qu'il y ait si grande distance de bête à bête, comme il y a de grand intervalle d'homme à homme en_

matière de prudence, de discours [usage réfléchi] de raison, et de mémoire. »
2. suffisance : capacité, aptitude.
3. qualitez : facultés (bonnes ou mauvaises).
4. Le texte de 1580 ajoutait ici : « _Car quant a la forme corporelle il est bien evident, que les especes des bestes sont distinguées de bien plus apparente différence, que nous ne sommes les uns des autres._ » Montaigne a supprimé ce passage dès la réimpression de 1582.

174

I, 42 : De l'inégalité qu'il y a entre nous

Plutarque dit quelque part qu'il ne trouve pas une aussi grande distance de bête à bête que d'un homme à un autre. Il veut parler de la valeur de l'âme et des qualités internes. À la vérité, je trouve qu'il y a si loin d'Épaminondas tel que je l'imagine jusqu'à quelqu'un que je connais – j'entends quelqu'un doté de sens commun – que je pousserais volontiers par rapport à Plutarque ; et je dirais qu'il y a plus de distance de tel homme à tel autre que de tel homme à telle bête :

« *Ah ! quelle supériorité d'un homme sur un autre !* »
(Térence, *Eunuque*, acte II, scène 3.)

notes ....

5. Ici encore, le texte de 1580 comportait une parenthèse ensuite supprimée : « *(car les folz & insensez par accident ne sont pas hommes entiers)* ».

6. Texte de 1580 et 1588 : « *& pense* ».

7. Dans les éditions publiées du vivant de Montaigne, le texte poursuit : « *c'est à dire que, le plus excellent animal, est plus approchant de l'homme, de la plus basse marche, que n'est cet homme, d'un autre homme grand & excellent. Mais à propos de...* »

Et qu'il y a autant de degrez desprits qu'il y a d'icy au ciel de brasses[1], et autant innumerables[2].

10   Mais à propos de l'estimation des hommes, c'est merveille, que sauf nous, aucune chose ne s'estime que par[3] ses propres qualitez. Nous loüons un cheval de ce qu'il est vigoureux & adroit,

volucrem

Sic laudamus equum, facili cui plurima palma

15   *Fervet, et exultat rauco victoria circo,*

non de son harnois : un levrier de sa vitesse, non de son colier : un oyseau de son aile, non de ses longes[4] & sonettes. Pourquoy de mesmes n'estimons nous un homme par ce qui est sien ? Il à un grand train[5], un beau palais, tant de credit[6], tant de rente[7] : tout cela est autour de luy, non en 20 luy. Vous n'achetez pas un chat en poche[8] : Si vous marchandez un cheval, vous lui ostez ses bardes[9], vous le voyez nud & à descouvert : Ou s'il est couvert, comme on les presentoit anciennement aux Princes à vandre, c'est par les parties moins necessaires, afin que vous ne vous amusez pas à la beauté de son poil, ou largeur de sa croupe, & que vous 25 vous arrestez[10] principalement à considerer les jambes, les yeux, & le pied, qui sont les membres les plus utiles[11],

Regibus hic mos est, ubi equos mercantur, opertos

Inspiciunt, ne si facies ut sæpe decora

Molli fulta pede est, emptorem inducat hiantem,

30   *Quod pulchræ clunes, breve quod caput, ardua cervix.*

---

notes

1. brasses : la brasse était une ancienne unité de mesure équivalant à 1,60 m – ce qui correspondait à la longueur des deux bras étendus.

2. innumerables : innombrables. La citation et le commentaire tardifs remplacent un passage de 1580 et 1588 : « *c'est à dire, que le plus excellent animal, est plus approchant de l'homme, de la plus basse marche, que n'est cet homme, d'un autre homme grand & excellent* ».

3. aucune chose ne s'estime que par : on ne juge aucune chose que d'après. Emploi de la voix pronominale dans un sens passif : « n'est estimée ».

4. longes : courroies. De telles lanières servaient pour le dressage des faucons. Ces oiseaux de proie utilisés pour la chasse avaient également des sonnettes attachées à leurs pattes pour qu'on puisse les retrouver.

5. train : équipage, suite ; d'où « train de vie ». Au sens propre, le train était l'ensemble des domestiques, chevaux, voitures qui accompagnaient une personne de la bonne société dans ses déplacements.

6. credit : influence, confiance qu'on inspire, ascendant. L'acception pourrait toutefois, dans le contexte, être aussi bien financière (cf. « *tant de rente* »).

Et qu'il y a autant de degrés d'esprits qu'il y a de brasses d'ici jusqu'au ciel, et aussi innombrables.

Mais, à propos de l'estime à accorder aux hommes, il est étonnant de voir que, sauf nous, aucune chose n'est estimée que d'après ses propres qualités. Nous louons un cheval pour la vigueur et l'adresse qu'il manifeste,

> « ainsi nous louons un cheval aérien dans sa course,
> qui remporte facilement de nombreuses palmes et que le cirque
> enthousiaste s'enroue à acclamer, »
> (Juvénal, *Satire*, VIII, v. 57-59)

non pour son harnais ; un lévrier pour sa vitesse, non pour son collier ; un oiseau pour son coup d'ailes, non pour ses lanières et ses sonnettes. Pourquoi ne faisons-nous pas de même en estimant un homme pour ce qui lui est propre ? Il mène grand train, a un beau palais, tant de crédit, tant de rente : tout cela est autour de lui, non en lui. Vous n'achetez pas un chat dans son panier. Si vous marchandez un cheval, vous lui ôtez son harnachement, vous le voyez à nu et découvert ; ou, s'il est couvert, comme on les présentait dans l'Antiquité aux princes pour la vente, c'est sur les parties les moins importantes, afin que vous ne vous attardiez pas à la beauté de son poil ou à la largeur de sa croupe, mais que vous passiez l'essentiel de votre temps à considérer les jambes, les yeux et les pieds, qui sont les éléments les plus utiles.

> « Les rois ont cette coutume, lorsqu'ils achètent des chevaux, de les
> examiner couverts, de peur que, dans le cas où, comme souvent, un beau
> museau couronnerait un pied faible, l'acheteur béat ne se laisse séduire
> par l'aspect d'une jolie croupe, d'une tête fine, d'une haute encolure. »
> (Horace, *Satires*, I, 2, v. 86-89.)

notes

7. rente : revenu périodique d'un bien, souvent immobilier, ou d'un capital.
8. en poche : dans son panier. L'idée – proverbiale – est qu'on veut voir le chat avant de l'acheter.
9. ses bardes : son harnachement.

10. que vous ne vous amusez [...] & que vous vous arrestez : que vous ne vous amusiez [...] et que vous vous arrêtiez. Flottement, aujourd'hui incorrect, dans l'emploi du subjonctif. S'amuser signifie « se laisser retarder, obnubiler par ».
11. Texte de 1580 et 1588 : « *les plus nobles, & les plus utiles* ».

Pourquoy estimant un homme l'estimez vous tout enveloppé & empacqueté ? Il ne nous faict montre[1] que des parties, qui ne sont aucunement siennes, & nous cache celles, par lesquelles seules on peut vrayement juger de son estimation[2]. C'est le pris de l'espée que vous cherchez, non de la guaine : Vous n'en donnerez à l'adventure pas un quatrain[3], si vous l'avez despouillé[4]. Il le faut juger par luy mesme, non par ses atours[5]. Et comme dit tres-plaisamment un ancien[6], Sçavez vous pourquoy vous l'estimez grand, vous y comptez la hauteur de ses patins : la base n'est pas de la statue. Mesurez le sans ses eschaces : Qu'il mette à part ses richesses & honneurs, qu'il se presente en chemise : A il[7] le corps propre à ses functions, sain & allegré ? Qu'elle ame à il ? est elle belle, capable, & heureusement **pourveue**[8] de toutes ses pieces[9] ? Est elle riche du sien, ou de l'autruy[10] ? la fortune[11] n'y à elle que voir[12] ? Si les yeux ouverts elle[13] attend les espées traites[14] : s'il ne luy chaut[15] par ou luy sorte la vie, par la bouche, ou par le gosier : si elle est rassise[16], equable[17] & contente : c'est ce qu'il faut voir, & juger par la les extremes differences qui sont entre nous. Est-il

sapiens, sibique imperiosus,
Quem neque pauperies, neque mors, neque vincula terrent,
Responsare cupidinibus, contemnere honores
Fortis, et in seipso totus teres atque rotundus,
Externi ne quid valeat per læve morari,
In quem manca ruit semper fortuna :

un tel homme est cinq cents brasses au dessus des Royaumes & des duchez : il est luy mesmes à soy, son empire[18].

passage analysé

notes ....

1. Texte de 1580 et 1588 : « *monstre* ».
2. estimation : valeur.
3. quatrain : petite monnaie qui valait environ un liard, c'est-à-dire trois deniers ou encore le quart d'un sou (le terme ne signifie donc pas, ici, « strophe de quatre vers »). Ce mot, venu de l'italien *quattrino*, s'écrivait de préférence *quatrin*.
4. despouillé : dévêtu.
5. atours : ornements, parure, toilette.
6. un ancien : Sénèque, qui, comme source, oriente tout le passage. Voir la 76e des *Lettres à Lucilius* (§ 32-33), dont on peut citer cet

extrait : « *À quoi tient l'erreur qui fait notre mal, l'illusion qui nous abuse ? À ce que nous ne prisons jamais un homme pour ce qu'il est ; nous ajoutons à la personne, par surcroît, son équipage.* »
7. A il : a-t-il.
8. Texte de 1580 et 1588 : « *garnie* ».
9. pieces : parties.
10. du sien, ou de l'autruy : de son bien propre ou d'un bien emprunté.
11. fortune : chance, hasard.
12. n'y à elle que voir : n'a-t-elle rien à voir là-dedans.

Pourquoi, lorsque vous estimez la valeur d'un homme, l'esti-
mez-vous tout enveloppé et empaqueté ? Il prend soin de ne nous
montrer que des parties qui ne lui sont pas du tout propres, et
nous cache les seules par lesquelles on peut vraiment juger de l'estime à lui accorder. C'est la valeur de l'épée que vous cherchez,
non celle du fourreau : vous ne donnerez peut-être pas un liard
de lui une fois que vous l'aurez dévêtu. Il faut le juger d'après lui-
même, non d'après ses atours. Et comme dit de manière très
cocasse un auteur antique : « Savez-vous pourquoi vous le
trouvez grand ? Parce que vous comptez aussi la hauteur des
talons qu'il porte. » Le socle ne fait pas partie de la statue.
Mesurez-le sans ses échasses ; qu'il mette dans un coin ses richesses
et ses honneurs, qu'il se présente en chemise. Son corps est-il apte
aux fonctions qu'il remplit, en bonne santé et alerte ? Quelle âme
a-t-il ? Est-elle belle, a-t-elle de l'envergure, est-elle heureusement
pourvue de tous ses composants ? Est-elle riche de son propre
bien ou de celui d'autrui ? La fortune n'a-t-elle rien à y voir ? Si
c'est les yeux ouverts qu'elle fait face aux épées levées contre elle,
si peu lui importe de savoir par où la vie va la quitter, par
la bouche ou par la gorge, si elle est pondérée, équilibrée et
contente de son sort : c'est ce qu'il faut voir, en jugeant par là des
différences extrêmes qu'il y a entre nous. Est-ce

« un sage, maître de lui-même, que n'effraient ni la pauvreté,
ni la mort, ni les chaînes, ferme pour résister aux désirs, pour mépriser
les honneurs, et tout concentré sur lui-même, véritable boule qu'aucun
objet étranger ne peut freiner, lui contre lequel s'élance la fortune
toujours impuissante ? » (Horace, *Satires*, II, 7, v. 83-88.)
Un tel homme est cinq cents brasses au-dessus des royaumes et
des duchés ; il est à lui-même son propre empire.

notes

13. elle : l'âme.
14. traites : tirées (cf. le participe passé du verbe latin *traho*, « tirer » : *tractus*).
15. il ne luy chaut : il ne lui importe (emploi impersonnel, encore possible quoique rare, du verbe *chaloir*).

16. rassise : calme, stable, dans son assiette.
17. equable : égale, sereine.
18. Texte de 1580 et 1588 : « *son empire & ses richesses : il vit satis-fait, content & allegre. Et à qui à cela, que reste-il ? »*

179

> *Sapiens pol ipse fingit fortunam sibi.*
> **Que luy reste il a desirer ?**
>
> *nonne videmus*
> *Nil aliud sibi naturam latrare, nisi ut quoi*
> *Corpore sejunctus dolor absit, mente fruatur,*
> *Jucundo sensu cura semotus metúque ?*

60

Comparez **luy**[1], la tourbe[2] de nos hommes[3], stupide, basse, servile, instable, & continuellement flotante en l'orage des passions diverses, qui la poussent & **repoussent**[4] : pendant[5] toute d'autruy : il y à plus d'esloigne-ment que du Ciel à la terre : & toutefois l'aveuglement de nostre usage est tel, que nous en faisons peu ou point d'estat[6]. Là où, si nous considerons un paisan & un Roy, **un noble et un villain un magistrat**[7] **et un home privé un riche et un povre,** il se presente soudain à nos yeux un' extreme dispa-rité[8] : qui[9] ne sont differents par maniere de dire[10] qu'en leurs chausses[11].

65

70

En Thrace le Roy estoit distingué de son peuple d'une plaisante manière, et bien rencherie[12] **il avoit une religion apart un dieu tout a luy qu'il n'apartenoit a**[13] **ses subjects d'adorer c'estoit Mercure et luy desdeignoit les leurs Mars Bacchus Diane**[14]. **Ce ne sont pourtant que peintures**[15] **qui ne font aucune dissemblance essentielle.**

75

Car comme les joueurs de comedie, vous les voyez sur l'eschaffaut[16] faire une mine de **D**uc & d'Empereur, mais tantost apres[17], les voyla deve-nuz valets & crocheteurs[18] miserables, qui[19] est leur nayfve[20] & originelle condition : aussi l'Empereur, duquel la pompe vous esblouit en public,

passage analysé

---

notes

1. Texte de 1580 et 1588 : « *comparez à celuy là* ».
2. tourbe : foule.
3. On lit dans les éditions publiées du vivant de Montaigne : « *la tourbe de nos hommes, ignorante, stupide & endormie, basse, servile, pleine de fiebvre & de fraieur, instable...* ».
4. Texte de 1580 et 1588 : « *tempestent* ».
5. pendant : dépendant.
6. nous en faisons peu ou point d'estat : nous y accordons peu ou pas d'importance. *Faire état de* signifie « tenir compte de, prendre note de ».
7. magistrat : officier d'administration publique (n'appartenant pas forcément à l'ordre judiciaire). Sens large encore en

vigueur dans certains emplois aujourd'hui : « le président de la République, premier magistrat de France ».
8. un' extreme disparité : une extrême inégalité.
9. qui : entre eux qui, entre ces gens qui.
10. par maniere de dire : si je puis ainsi m'exprimer.
11. chausses : anciennement, partie du vêtement masculin qui couvrait les membres inférieurs depuis la ceinture (hauts-de-chausses jusqu'aux genoux, bas-de-chausses jusqu'aux pieds).
12. rencherie : exagérée, outrancière, hautaine.
13. il n'apartenoit a : il était interdit à.

« *Le sage, par Pollux, se forge lui-même sa fortune.* »
(Plaute, *Trinummus*, II, 2, v. 84.)

70 Que lui reste-t-il à désirer ?

« *Ne voyons-nous pas que la nature ne requiert rien d'autre
que l'absence de douleur pour le corps et un esprit savourant
son bien-être, exempt de soucis et de craintes ?* »
(Lucrèce, *De natura rerum*, II, v. 16.)

75 Comparez-lui la tourbe de nos hommes, stupide, basse, servile,
instable et continuellement flottante dans l'orage des passions
diverses qui la poussent et la repoussent, entièrement dépendante
d'autrui ; on trouve entre le sage et elle plus d'éloignement que du
ciel à la Terre. Et pourtant l'aveuglement lié à nos usages est tel que
80 nous faisons peu ou pas de cas de cet aspect des choses, tandis que,
si nous considérons un paysan et un roi, un noble et un vilain, un
homme exerçant une charge publique et un particulier, un riche
et un pauvre, ce qui nous saute aux yeux c'est leur extrême disparité, eux qui pour ainsi dire ne diffèrent que par leurs chausses.

85 En Thrace, le roi était distingué de son peuple d'une façon
cocasse et bien poussée. Il avait une religion dans son coin, un
dieu tout à lui que ses sujets n'avaient pas le droit d'adorer : c'était
Mercure ; et lui, il dédaignait les leurs : Mars, Bacchus, Diane. Ce
ne sont là, toutefois, que badigeons, qui ne créent aucune dissem-
90 blance essentielle.

Car, comme les comédiens, vous les voyez sur l'estrade faire une
mine de duc et d'empereur, mais aussitôt après les voilà devenus
valets et misérables portefaix : de même, l'empereur, dont le faste
vous éblouit en public,

passage analysé

notes

14. Montaigne tire ces éléments pittoresques de l'historien grec Hérodote (ve s. av. J.-C.), *L'Enquête* (IV, 7).
15. peintures : déguisements, simagrées, faux-semblants.
16. eschaffaut : scène, estrade.
17. tantost apres : tout de suite après.

18. crocheteurs : portefaix, porteurs. Le métier de crocheteur consistait à porter des fardeaux avec un crochet. Le crocheteur, en dehors de ses maigres moyens de subsistance, était le type social par excellence du personnage au parler naturel et savoureux sans souci de correction grammaticale.
19. qui : ce qui.
20. nayfve : native, authentique, naturelle.

80

> *Scilicet et grandes viridi cum luce smaragdi*
> *Auro includuntur, teritúrque Thalassima vestis*
> *Assiduè, et Veneris sudorem exercita potat,*

voyez le derriere le rideau, ce n'est rien qu'un homme commun, & à l'adventure, plus vil que le moindre de ses subjects.

> *Ille beatus introrsum est. Istius bracteata failicitas est*

85 La coüardise[1], l'irresolution, l'ambition, le despit[2] & l'envie l'agitent comme un autre :

> *Non enim gazæ, neque consularis*
> *Summovet lictor[3], miseros tumultus*
> *Mentis et curas laqueata circum*
90 > *Tecta volantes :*

Et le soing[4] & la crainte le tiennent à la gorge au milieu de ses armées,

> *Re veráque metus hominum, curæque sequaces,*
> *Nec metuunt sonitus armorum, nec fera tela,*
95 > *Audactérque inter reges, rerúmque potentes*
> *Versantur, neque fulgorem reverentur ab auro.*

La fiebvre, la micraine & la goutte l'espargnent elles non plus que nous ? Quand la vieillesse luy sera sur les espaules, les archiers de sa garde l'en deschargeront ils ? Quand la frayeur de la mort le transira, se
100 r'asseurera il par l'assistance des gentils-hommes de sa chambre ? Quand il sera en jalousie & caprice, nos bonnettades[5] le remettront elles ? Ce ciel de lict[6] tout enflé d'or & de perles, n'a **aucune**[7] vertu à rappaiser les tranchées[8] d'une verte colique :

notes

1. **coüardise** : lâcheté, poltronnerie. Originellement, le *couard* est celui qui s'enfuit « la queue basse » (le mot vient de l'ancien francais *coe*, qui signifie « queue »).
2. **le despit** : l'inconstance.
3. **lictor** : le licteur était un garde du corps qui, dans la Rome antique, escortait les magistrats dotés de l'*imperium* ou pouvoir absolu lors de leurs déplacements, en portant à l'épaule, comme insigne d'autorité, une hache entourée d'un faisceau de baguettes.

Le nombre des licteurs variait en fonction de l'importance du magistrat (préteur, consul, dictateur). Au contraire, les magistrats dotés de la simple *potestas* ou pouvoir limitatif (questeur, édile, tribun de la plèbe ou censeur) n'avaient pas droit aux licteurs.
4. **soing** : souci.
5. **bonnettades** : coups de bonnet, salutations (en soulevant bonnet ou chapeau).
6. Texte de 1580 et 1588 : « *Ce ciel de lict de velours* […] ».

95 « *bien sûr, et c'est sur lui que brillent, avec leurs reflets verdâtres,*
de grosses émeraudes serties dans l'or, et qu'un vêtement de pourpre
marine se froisse à s'imprégner des sueurs de Vénus, »
(Lucrèce, *De natura rerum*, IV, v. 1126-1128)
voyez-le derrière le rideau, ce n'est qu'un homme ordinaire, et
100 peut-être plus vil que le moindre de ses sujets.
« *L'un jouit d'un bonheur intérieur,*
l'autre n'a qu'un épanouissement de paillettes. »
(Sénèque, *Lettres à Lucilius*, montage des lettres 109 et 115.)
La couardise, l'irrésolution, l'ambition, le dépit et l'envie l'agitent
105 comme un autre :
« *Ni les trésors, en effet, ni les licteurs consulaires*
n'écartent les pénibles troubles de l'esprit et les soucis voltigeant
autour des demeures lambrissées. »
(Horace, *Odes*, II, 16, v. 9-12.)
110 Et la préoccupation et la crainte le tiennent à la gorge au milieu
de ses armées,
« *en vérité les angoisses des hommes et leurs soucis tenaces*
ne s'angoissent ni du bruit des armes, ni des traits cruels :
hardiment, ils se répandent parmi les rois et les puissants,
115 *et ne respectent pas le rutilement de l'or.* »
(Lucrèce, *De natura rerum*, IV, v. 34-37.)
La fièvre, la migraine et la goutte épargnent-elles ce personnage
plus que nous ? Quand la vieillesse sera sur ses épaules, les archers
de sa garde l'en déchargeront-ils ? Quand la frayeur de la mort le
120 glacera d'effroi, retrouvera-t-il son assurance par la présence à ses
côtés des gentilshommes de sa chambre ? Quand il sera en proie
à la jalousie et aux caprices, nos bonnetades le remettront-elles
d'aplomb ? Ce ciel de lit tout enflé d'or et de perles n'a aucune
vertu pour apaiser les contractions d'une forte colique :

---

notes

7. Texte de 1580 : « *nulle* ».

8. **tranchées** : élancements, douleurs violentes.

Nec calidæ citius decedunt corpore febres,
105 *Textilibus si in picturis ostróque rubenti*
Jacteris, quam si plebeia in veste cubandum est.

Les flateurs du grand Alexandre, luy faisoyent à croire qu'il estoit fils de Jupiter : un jour estant blessé, regardant escouler le sang de sa plaie : **Et** bien qu'en dites-vous ? fit-il, est-ce pas icy un sang vermeil, & purement
110 humain ? il n'est pas de la **trampe**[1] de celuy que Homere fait escouler de la playe des dieux. Hermodorus le poëte, avoit fait des vers en l'honneur d'Antigonus, ou il l'appelloit fils du Soleil : & luy au contraire, celuy, dit-il, qui vuide ma chaize percée, sçait bien qu'il n'en est rien[2]. C'est un homme pour tous potages[3] : & si de soy-mesmes c'est un homme mal né,
115 l'empire[4] de l'univers ne le sçauroit rabiller :

puellæ
Hunc rapiant, quicquid calcaverit hic, rosa fiat,

quoy pour cela[5], si c'est une ame grossiere & stupide ? la volupté mesme & le bon heur, ne **se** perçoivent point sans vigueur & **sans esprit**[6] :
120 *hæc perinde sunt, ut illius animus qui ea possidet,*
Qui uti scit, ei bona, illi qui non utitur rectè, mala.

Les biens de la fortune tous tels qu'ils sont, encores faut il avoir du **sentimant**[7] pour les savourer : **C'**est le jouïr, non le posseder, qui nous rend heureux :

125 *Non domus et fundus, non æris acervus et auri,*
Aegroto domini deduxit corpore febres,
Non animo curas, valeat possessor oportet,
Qui comportatis rebus benè cogitat uti.
Qui cupit, aut metuit, juvat illum sic domus aut res,
130 *Ut lippum pictæ tabulæ, fomenta podagram*[8].

notes

1. **trampe** : nature, qualité. Texte de 1580 et 1588 : « façon ».
2. Ces deux épisodes, concernant Alexandre de Macédoine et Antigonos, sont empruntés par Montaigne à Plutarque, *Dits notables des anciens rois, princes et grands capitaines* (trad. d'Amyot, 1572).
3. **pour tous potages** : ni plus ni moins, et voilà tout.

4. **empire** : domination, commandement, maîtrise.
5. **quoy pour cela** : qu'est-ce que cela change.
6. Texte de 1588 : « sans vigueur & suffisance ».
7. Texte de 1580 et 1588 : « goust ».
8. Les éditions publiées du vivant de Montaigne ajoutent : « *Sincerum est nisi vas, quodcunque infundis acessit* », « Si le vase n'est pas pur, tout ce que vous y versez

125 *« Et les fièvres brûlantes ne quittent pas le corps plus vite si l'on s'agite*
sur des brocarts historiés et de la pourpre rougeoyante que s'il faut coucher
sur un drap plébéien. » (Lucrèce, *De natura rerum*, II, v. 34-36.)

Les flatteurs d'Alexandre le Grand lui donnaient à croire qu'il
était fils de Jupiter. Un jour, blessé et regardant couler le sang de sa
130 plaie : « Eh bien, qu'en dites-vous ? fit-il. N'est-ce pas là un sang
vermeil et purement humain ? Il n'est pas de la trempe de celui
qu'Homère fait couler de la plaie des dieux. » Le poète Hermodore
avait fait des vers en l'honneur d'Antigonos, où il l'appelait « fils du
Soleil » ; et lui d'observer au contraire : « Celui qui vide ma chaise
135 percée sait bien qu'il n'en est rien. » C'est un homme, pour tous
potages ; et si, en lui-même, c'est un homme né avec de mauvaises
dispositions, le gouvernement de l'univers ne saurait le revêtir :

« que les jeunes filles se l'arrachent, que sous chacun de ses pas
naisse une rose, » (Perse, *Satire* II, v. 37-39)

140 qu'est-ce que cela fera, si c'est une âme grossière et stupide ? La
volupté même et le bonheur ne se perçoivent pas sans vigueur et
sans esprit :

« Ces choses valent ce que vaut l'esprit de qui les possède : bonnes pour
qui sait en user, mauvaises pour qui n'en fait pas un usage correct. »
145 (Térence, *Héautontimorouménos*, acte I, scène 3, v. 195.)

Les biens de la fortune, tous tels qu'ils sont, encore faut-il avoir
de la sensibilité pour les savourer. C'est le fait de jouir, non de
posséder, qui nous rend heureux :

« Ce ne sont pas une maison, des terres, un monceau de bronze ou d'or,
150 *qui chassent les fièvres du corps malade de leur maître, ni les soucis de*
son esprit ; il faut que le possesseur soit en bonne santé s'il entend tirer
profit de ce qu'il a acquis. Qui éprouve désir ou angoisse, sa maison et ses
biens lui apportent autant de réconfort qu'un tableau à un malvoyant ou
que des pommades à un arthritique. » (Horace, *Épîtres*, I, 2, v. 47-52.)

notes..

s'aigrit » (où le verbe *acessit* doit se lire
acescit). Cette citation, tirée toujours de la
même épître d'Horace (v. 54), a été reportée

ailleurs, au chapitre « De l'experience » (III,
13), sur l'Exemplaire de Bordeaux.

Il est un sot, son goust est mousse & hebeté[1] : il n'en jouit non plus qu'un morfondu[2] de la douceur du vin Grec, ou qu'un cheval de la richesse du harnois, duquel on l'a paré. **Tout ainsi comme Platon dict[3] que la sante la beaute la force les richesses et tout ce qui s'apele bien est egalemant**

135 **mal a l'injuste come bien au juste et le mal au rebours.** Et puis, ou le corps & l'esprit sont en mauvais estat, à quoy faire[4] ces commoditez[5] externes ? veu que la moindre picqueure d'espingle, **et** passion[6] de l'ame, est suffisante à nous oster le plaisir de la monarchie du monde : **a** la **premiere** strette[7] que luy donne la goutte, **il à beau estre Sire & Majesté,**

140 *Totus et argento conflatus, totus et auro,*

perd il pas le souvenir de ses palais & de ses grandeurs ? S'il est en colere, sa principauté le garde elle de rougir, de paslir, de grincer les dents, comme un fol ? Or si ç'est un habile homme[8] & bien né[9], la royauté adjoute **peu**[10] à son bon'heur :

145 *Si ventri bene, si lateri est pedibúsque tuis, nil*
Divitiæ poterunt regales addere majus,

il voit que ce n'est que biffe[11] & piperie[12] : **Oui**[13] à l'adventure[14] il sera de l'advis du Roy Seleucus, que[15] qui sçauroit le poix d'un sceptre, ne daigneroit l'amasser[16] quand il le trouveroit à terre : il[17] le disoit pour[18]

150 les grandes & penibles charges, qui touchent un bon Roy[19]. Certes ce n'est pas peu de chose que d'avoir à regler autruy, puis qu'à regler nous mesmes il se presente tant de difficultez. Quant au commander, qui semble estre si doux : considerant l'imbecillité[20] du jugement humain, &

notes

1. **hebeté** : affadi, engourdi.
2. **morfondu** : malade ; spécialement personne enrhumée, qui a pris froid.
3. **comme Platon dict** : voir *Lois* (II, 661d) : « *Voyez, mon langage est clair en effet : les soi-disant maux sont des biens pour l'homme injuste et, pour le juste, des maux ; tandis que les biens sont des biens réels pour le juste et, pour le méchant, des maux.* »
4. **à quoy faire** : à quoi bon.
5. **commoditez** : avantages, biens.
6. Texte de 1580 et 1588 : « *veu que la moindre passion* […] ».
7. **strette** : atteinte, douleur. Texte de 1580 et 1588 : « *moindre strette* ».

8. **habile homme** : homme de talent, homme astucieux.
9. **bien né** : doté de bonnes dispositions naturelles, bien doué par la nature.
10. On lit dans les éditions publiées du vivant de Montaigne : « *n'adjoute rien* ».
11. **biffe** : clinquant, fausse apparence.
12. **piperie** : tromperie.
13. **Oui** : mieux, et même, qui plus est (ici). Tournure orale pour enchaîner avec vivacité sur un nouvel argument. Texte de 1580 : « *Voire* », modifié par une minuscule à l'initiale en 1588.
14. **à l'adventure** : peut-être.
15. **que** : selon lequel.

155 C'est un sot, son goût est engourdi et hébété ; il ne jouit pas plus de ses biens qu'un homme enrhumé de la douceur du vin grec ou qu'un cheval de la richesse du harnais dont on l'a paré ; il en va exactement de même, aux dires de Platon, pour la santé, la beauté, la force, les richesses et tout ce qui s'appelle « bien », qui constituent

160 autant un mal pour l'homme injuste qu'un bien pour le juste, et il en va pour le mal à l'inverse. Et puis, là où le corps et l'esprit sont en mauvais état, à quoi bon ces avantages externes, vu que la moindre piqûre d'épingle ou passion de l'âme est suffisante pour nous ôter le plaisir d'avoir la monarchie du monde ? Au premier

165 élancement que lui donne la goutte, il a beau être Sire et Majesté, « *tout enflé d'argent et tout enflé d'or*, » (Tibulle, *Élégies*, I, 2, v. 71) ne perd-il pas le souvenir de ses palais et de ses grandeurs ? S'il est en colère, son état de prince le préserve-t-il de rougir, de pâlir, de grincer des dents comme un fou ? Maintenant, si c'est un homme

170 intelligent et né avec de bonnes dispositions, la royauté ajoute peu à son bonheur :
   « *Si tu as bon ventre, bons poumons et bons pieds, des richesses de roi ne pourront rien t'apporter de plus*, » (Horace, *Épîtres*, I, 12, v. 5-6)
   il voit que ce n'est que toc et tromperie. Et peut-être même sera-t-

175 il de l'avis du roi Séleucos, que, si l'on savait le poids d'un sceptre, on ne daignerait pas le ramasser quand bien même on le trouverait par terre ; lui disait cela à cause des grandes et pénibles charges qui incombent à un bon roi. Ce n'est certes pas peu de chose que d'avoir à régler la conduite d'autrui puisqu'à régler

180 nous-mêmes la nôtre, il se présente tant de difficultés. Quant au fait de commander, qui semble être quelque chose de si agréable, si je considère la fragilité du jugement humain et la difficulté du

16. amasser : ramasser.
17. il : Séleucos.
18. pour : en considération de, du fait de.

19. Pour rapporter cette opinion de Séleucos, Montaigne s'inspire encore de Plutarque, *Si l'homme d'âge se doit mêler des affaires publiques* (trad. d'Amyot, 1572).
20. imbecillité : faiblesse, incapacité.

la difficulté du chois és[1] choses nouvelles & doubteuses, je suis fort[2] de
155 cet advis, qu'il est bien plus aisé & plus plaisant[3] de suivre, que de guider : & que c'est un grand sejour[4] d'esprit de n'avoir à tenir qu'une voye
tracée, & à respondre que de soy :

> *Ut satiùs multo jam sit, parere quietum,*
> *Quam regere imperio res velle.*

160 **Joint que[5] Cyrus disoit, qu'il n'appartenoit de commander à homme,**
qui ne vaille mieux que ceux à qui il commande[6]. Mais le Roy Hieron en
Xenophon[7] dict davantage : qu'**en[8]** la jouyssance des voluptez mesmes,
ils[9] sont de pire condition que[10] les privez[11], d'autant que l'aysance & la
facilité, leur oste l'aigre-douce pointe que nous y trouvons,

165 > *Pinguis amor nimiúmque potens, in tœdia nobis*
> *Vertitur, et stomacho dulcis ut esca nocet.*

Pensons nous que les enfans de cœur[12] prennent grand plaisir à la
musique ? la sacieté la leur rend plustost ennuyeuse. Les festins, les
danses, les masquarades, les tournois rejouyssent ceux qui ne les voyent
170 pas souvent, & qui ont desiré de les voir : mais à qui en faict ordinaire[13],
le goust en devient fade & mal plaisant : ny les dames ne chatouillent
celuy qui en joyt à cœur saoul[14]. Qui ne se donne loisir d'avoir soif,
ne sçauroit prendre plaisir à boire. Les farces des bateleurs nous res-
jouissent, mais aux joüeurs elles servent de corvée. Et qu'il soit ainsi, ce
175 sont delices aux Princes, c'est leur feste[15], de se pouvoir quelque fois
travestir, & démettre[16] à la façon de vivre basse & populaire,

notes

1. **és** : dans les (*cf.* encore aujourd'hui le diplôme de « licence ès lettres », où l'emploi est identique, seule l'orthographe de Montaigne marquant un écart).
2. **fort** : tout à fait.
3. **plaisant** : agréable, sympathique, commode.
4. **sejour** : repos, tranquillité.
5. **Joint que** : ajoutons que.
6. Sur cette déclaration, voir Xénophon, *Cyropédie* (VIII, 1), ainsi que, de nouveau, Plutarque, *Dits notables des anciens rois, princes et grands capitaines* (trad. d'Amyot, 1572).
7. **en Xenophon** : cette fois, il s'agit du dialogue *Hiéron ou De la condition des rois*, dont le premier chapitre traite des plaisirs et qui met en scène le tyran de Syracuse conversant avec le philosophe Simonide pour comparer le sort des souverains et celui des particuliers.
8. Texte de 1580 et 1588 : « à ».
9. **ils** : les monarques, ceux qui commandent.
10. **de pire condition que** : moins bien lotis que.
11. **les privez** : les simples particuliers.
12. **cœur** : chœur.
13. **en faict ordinaire** : en fait son ordinaire.

choix sur des choses nouvelles et douteuses, je suis complètement
de cet avis qu'il est bien plus aisé et plaisant de suivre que de gui-
185 der et que c'est un grand repos pour l'esprit de n'avoir à prendre
qu'une voie tracée et de n'avoir à répondre que de soi :
    « *De sorte qu'il vaut bien mieux obéir, tranquille, que de vouloir exercer*
    un pouvoir absolu. » (Lucrèce, *De natura rerum*, V, v. 1126-1127.)
    Ajoutons que Cyrus disait que le commandement ne devait pas
190 revenir à un homme qui n'ait pas plus de valeur que ceux sur qui
il commande. Mais le roi Hiéron, dans Xénophon, dit plus : il
affirme que, dans la jouissance des voluptés elles-mêmes, les
souverains connaissent un sort pire que les particuliers, dans la
mesure où l'aisance et la facilité des choses leur ôtent la suavité
195 piquante que nous y trouvons.
        « *Un amour repu et trop despotique tourne à l'ennui*
        et nous lasse, comme les douceurs fatiguent l'estomac. »
                (Ovide, *Amours*, II, 19, v. 25-26.)
    Pensons-nous que les enfants de chœur prennent grand plaisir à
200 la musique ? Sa pratique à saturation la leur rend plutôt ennuyeuse.
Les festins, les danses, les mascarades, les tournois réjouissent ceux
qui n'en voient pas souvent et qui avaient envie d'en voir ; mais
pour qui en fait son ordinaire, le goût s'en affadit et devient
déplaisant ; les femmes ne démangent pas non plus celui qui en
205 jouit à cœur saoul. Qui ne se donne pas loisir d'avoir soif ne
saurait prendre plaisir à boire. Les farces des bateleurs nous réjouissent, mais pour les comédiens, elles constituent une corvée. Et
la preuve qu'il en est ainsi, c'est que pour les princes ce sont
pures délices, c'est une fête que de pouvoir quelquefois changer
210 d'accoutrement et se ravaler à la façon de vivre du bas peuple :

notes

14. à cœur saoul : à volonté, tout son saoul.
15. Texte de 1580 et 1588 : « *& c'est leur
faste* ».

16. se pouvoir [...] démettre : pouvoir
s'abaisser.

> *Plerúmque gratæ principibus vices*
> *Mundæque parvo sub lare pauperum*
> *Cænæ[1], sine aulæis et ostro,*
> 180   *Solicitam explicuere frontem.*

Il n'est rien si empeschant[2] si desgouté[3] que l'abondance. Quel appetit ne se rebuteroit a voir trois cens femmes a sa merci come les ha le grand seigneur en son serrail[4] ? Et quel appetit et visage[5] de chasse s'estoit reservé celuy de ses ancestres[6] qui n'aloit jamais aus champs a
185   moins de septmille fauconniers.

Et outre cela, je croy[7], que ce lustre[8] de grandeur, apporte non legieres incommoditez à la jouyssance des **plaisirs plus doux**[9] ,Ils sont trop esclairez & trop en butte[10].

Et je ne sçay comment, on requiert plus d'eux de cacher & couvrir leur
190   faute : car ce qui est à nous indiscretion[11], à eux le peuple juge que ce soit tyrannie, mespris, & desdain des loix : & outre l'inclination au vice, il semble qu'ils y adjoustent, encore le plaisir de gourmander[12], & sousmettre à leur pieds les observances[13] publiques. De vrai Platon en son *Gorgias*[14] definit tyran celuy qui a licence[15] en une cite de faire tout ce
195   qui luy plait. Et souvent à cette cause[16], la montre[17] & publication de leur vice[18], blesse plus, que le vice mesme. Chacun[19] craint à estre espié & contrerollé[20] : ils le sont jusques à leurs contenances & à leurs pensées : tout le peuple estimant avoir droict & interest d'en juger. Outre

---

notes

1. ***Mundæque* [...] *Cænæ*** : le repas simple, frugal, sans recherche est, dans la pensée européenne, bien avant le « *bon sauvage* » forgé par les Grandes Découvertes, l'un des attributs constitutifs de l'homme naturel, que la civilisation n'a pas encore dépravé.
2. **empeschant** : gênant, embarrassant.
3. **desgouté** : dégoûtant, désagréable.
4. **le grand seigneur en son serrail** : voir Guillaume Postel, *De la République des Turcs* (1560). À propos des femmes, Postel écrit par exemple : « *Le Prince Turc en a en divers parcs ou serail grandes multitudes, et principalement en un serail de Constantinople, qui est au milieu de la ville, là où à mon partir* [il] *y en avait plus de trois cents.* »
5. **visage** : forme, sorte.

6. **celuy de ses ancestres** : il s'agit du sultan Bajazet, qui fut plus tard, en 1402, battu et fait prisonnier par Tamerlan. C'est l'historien Laonikos Chalcocondyle (1452-1490), connu alors sous le nom de Chalcondyle, qui précise, dans son *Histoire de la décadence de l'Empire grec* (XIII, 13, trad. de Blaise de Vigenère, 1577), concernant Bajazet : « *Car on dit qu'il entretenait d'ordinaire bien sept mille fauconniers.* »
7. **Texte de 1580 et 1588** : « *je croy à dire la verité* ».
8. **lustre** : éclat.
9. **des plaisirs plus doux** : des plaisirs les plus doux. Texte de 1580 et 1588 : « *principales voluptez* ».
10. **en butte** : à la vue de tous (comme une cible).

190

> « *Bien souvent le changement est agréable aux princes, et des repas frugaux dans l'humble foyer des pauvres, sans tentures ni pourpre, ont déridé leur front soucieux.* » (Horace, *Odes*, III, 29, v. 13-16.)

Il n'est rien de si incommodant, de si écœurant que l'abondance.
215 Quel désir ne se rebuterait, à voir trois cents femmes à sa merci, comme les a le Grand Turc en son sérail ? Et quel désir et quel genre de chasse s'était réservé celui de ses ancêtres qui n'allait jamais à la campagne avec moins de sept mille fauconniers ?

Et, sans compter cela, je crois que cet éclat de grandeur apporte
220 des inconvénients non négligeables pour goûter la jouissance des plaisirs les plus doux : ils sont trop en pleine lumière, trop à la vue de tous.

Et, je ne sais comment, on exige davantage des princes qu'ils se cachent et agissent à couvert quand ils fautent. Car ce qui venant
225 de nous est taxé d'inconvenance, venant d'eux le peuple juge que c'est de la tyrannie, du mépris et du dédain des lois ; et sans compter l'inclination au vice, il semble qu'ils y ajoutent encore le plaisir de bafouer et fouler aux pieds les règles d'ordre public. Il est vrai que Platon, dans son *Gorgias*, définit le tyran comme celui qui a la
230 liberté dans une cité de faire tout ce qui lui plaît. Et souvent pour cette raison, l'étalage et l'officialisation de leur vice montré en public choquent plus que le vice lui-même. Chacun craint d'être épié et contrôlé ; les princes le sont jusqu'à leur contenance et à leurs pensées, tout le peuple estimant être en droit de les juger et

notes

11. **indiscretion** : indécence, manque de mesure, faute de goût.
12. **gourmander** : malmener, secouer, mettre à mal.
13. **observances** : règles en vigueur. On notera que Montaigne ne corrige pas la coquille « *leur pieds* ».
14. **en son *Gorgias*** : voir le *Gorgias* (469c), où cette définition est énoncée par Pôlos : « *Eh bien ! ce que, moi, j'entends par "exercer la tyrannie", c'est exactement ce que je disais tout à l'heure : ce qu'on juge bon de faire, avoir dans la cité le droit de le faire, que ce soit de faire périr ou de bannir ; bref, d'agir* en tout selon le décret arbitraire de son jugement personnel. »
15. **licence** : latitude, liberté arbitraire. Montaigne avait d'abord ébauché une autre formule : « *celuy a qui tou* [...] ».
16. **à cette cause** : pour cette raison. Retour au texte de 1588 qui, sans s'attarder à la définition du tyran, évoquait les griefs faits aux princes, de se livrer à des abus de pouvoir jusque dans leur pratique de la volupté.
17. **la montre** : l'ostentation.
18. En 1588, le texte était « *vie* ».
19. **Chacun** : tout homme, tout un chacun.
20. **contrerollé** : contrôlé.

ce que les taches s'agrandissent selon l'eminence[1] & clarté du lieu, où
200 elles sont assises[2], & qu'un seing[3] & une verrue au front[4], paroissent
plus que ne faict ailleurs une balafre.

Voyla pourquoy, les poëtes feignent[5] les amours de Jupiter conduites
soubs autre visage que le sien : & de tant de practiques amoureuses
qu'ils luy attribuent, il n'en est qu'une seule, ce me semble, ou il se trouve
205 en sa grandeur & Majesté[6]. Mais revenons à Hyeron : il recite[7] aussi
combien il sent d'incommoditez en sa royauté, pour ne pouvoir aller &
voyager en liberté, estant comme prisonnier dans les limites de son païs :
& qu'en toutes ses actions il se trouve enveloppé[8] d'une facheuse presse[9].
De vray, à voir les nostres tous seuls à table, assiegez de tant de parleurs
210 & regardans inconnuz, j'en ay eu souvent plus de pitié que d'envie.

Le Roy Alphonse disoit que les asnes estoyent en cela de meilleure
condition que les Roys : leurs maistres les laissent paistre[10] à leur aise,
là où les Roys ne peuvent pas obtenir cela de leurs serviteurs[11].

Et ne m'est jamais tombé en fantasie, que ce fut quelque notable com-
215 modité à la vie d'un homme d'entendement[12], d'avoir une vingtaine de
contrerolleurs à sa chaise percée[13] : ny que les services d'un homme qui à
dix mille livres de rente, ou qui à pris Casal, ou defendu Siene[14], luy soyent
plus commodes & acceptables[15], que d'un bon valet & bien experimenté.

---

notes

1. **eminence** : élévation.
2. **assises** : situées, placées.
3. **seing** : tache de naissance, marque naturelle.
4. Texte de 1588 : « *visage* ».
5. **feignent** : imaginent, dépeignent fictivement.
6. **en sa grandeur & Majesté** : deux épisodes mythologiques peuvent correspondre à cette évocation, l'union de Zeus et d'Héra sur le mont Ida, relatée notamment par Homère dans l'*Iliade* (chant XIV, v. 346-351) – cas où le roi des dieux n'est pas en faute (puisque son alliance est précisément maritale) –, et l'épisode où Sémélé, piégée par la jalouse Junon, comme le raconte Ovide dans ses *Métamorphoses* (livre III, v. 287-315), demande à son amant Jupiter de lui apparaître dans toute sa gloire et périt alors foudroyée – c'est ce second cas qui semble

correspondre le mieux au propos de Montaigne.
7. **recite** : raconte. Voir à nouveau Xénophon, *Hiéron ou De la condition des rois* (chap. I).
8. **enveloppé** : assailli, environné, entouré.
9. **facheuse presse** : foule importune.
10. **paistre** : brouter, pâturer.
11. C'est Conrad Lycosthenes, dans ses *Apophtegmata* (1557), qui relate cette anecdote (en renvoyant pour plus de détails à Æneas Silvius, *Des dits et faits du roi Alphonse d'Aragon*) : « *On raconte que le roi Alphonse, comme durant son dîner un vieillard importun et bavard n'en finissait pas de lui remplir la tête, aurait dit en s'exclamant que la condition des ânes était préférable à celle des rois. Car eux, lorsqu'ils paissaient, les maîtres les épargnaient ; les rois, personne ne leur faisait grâce.* »

235 y avoir intérêt ; sans compter que les taches augmentent de taille selon l'élévation et la clarté de l'endroit où elles sont placées, et qu'une marque et une verrue au front se voient plus que ne se voit ailleurs une balafre.

Voilà pourquoi les poètes forgent à Jupiter des amours menées
240 sous une autre apparence que la sienne ; et de tant de relations amoureuses qu'ils lui prêtent, il n'y en a qu'une seule, me semble-t-il, où il se trouve dans sa grandeur et majesté. Mais revenons à Hiéron. Il raconte aussi combien il ressent d'inconvénients à être roi, parce qu'il ne peut aller et voyager librement, étant comme
245 prisonnier à l'intérieur des frontières de son pays ; et il indique que dans toutes ses actions il se trouve enveloppé d'une foule importune. Il est vrai qu'à voir les nôtres tout seuls à table, assiégés de tant de parleurs et d'assistants inconnus qui regardent à ce qu'ils font, j'ai eu souvent plus de pitié que d'envie.

250 Le roi Alphonse disait que les ânes avaient en cela un meilleur sort que les rois : leurs maîtres les laissent paître à leur aise, tandis que les rois ne peuvent pas obtenir cela de leurs serviteurs.

Et il ne m'est jamais venu à l'idée que ce serait un notable avantage, pour la vie d'un homme d'entendement, que d'avoir une
255 vingtaine de contrôleurs auprès de sa chaise percée ; ni que les services d'un homme qui a dix mille livres de rente, ou qui a pris Casal ou défendu Sienne, lui seraient plus utiles et recevables que ceux d'un bon valet, bien expérimenté.

notes

12. homme d'entendement : homme de culture et de réflexion. Ce type social représente le lecteur que vise Montaigne – d'où sa réapparition fréquente tout au long des *Essais*. « *L'homme d'entendement* » est idéalement un patricien humaniste, doté de prudence et de jugement, un homme capable en tout cas de fréquenter les hautes sphères de l'esprit et du pouvoir sans perdre sa lucidité, mais pas nécessairement un homme de haute noblesse ou, comme dit Montaigne, « *de bon lieu* ».
13. chaise percée : lunette des cabinets, siège percé (ancêtre de nos toilettes).

14. qui à pris Casal, ou defendu Siene : la première allusion concerne probablement le maréchal de Brissac, grand panetier de France, qui prit Casal, ville du Nord de l'Italie, en 1534 ; la seconde touche Blaise de Monluc, qui, en 1555, soutint vainement le siège de Sienne en Toscane. Montaigne fait référence au fait que les charges relatives au service personnel du souverain, dans la maison de France, étaient confiées aux membres des plus nobles familles, souvent grands capitaines.
15. acceptables : indiqués, recevables.

Les avantages principesques[1] sont quasi avantages imaginaires : 220 Chaque degré de fortune a quelque image[2] de principauté. Cesar appelle Roytelets, tous les Seigneurs ayant justice en France de son temps[3]. De vray, sauf le nom de Sire, on va bien avant, avec nos Roys[4]. Et voyez aux Provinces esloingnées de la Cour, nommons Bretaigne pour exemple, le train[5], les subjects, les officiers, les occupations, le service 225 & cerimonie d'un Seigneur retiré[6] & casanier, nourry entre[7] ses valets : & voyes aussi le vol de son imagination, il n'est rien plus Royal : il oyt[8] parler de son maistre une fois l'an, comme du Roy de Perse : & ne le recognoit[9], que par quelque vieux cousinage, que son secretaire tient en registre. A la verité nos loix sont libres assez[10], & le pois de la sou- 230 veraineté ne touche un gentil-homme François, à peine deux fois en sa vie. La subjection[11] essentielle & effectuelle[12], ne regarde d'entre nous, que ceux qui s'y convient, & qui ayment à s'honnorer & enrichir par tel service : car qui se veut tapir en son foyer, & sçait conduire sa maison sans querelle, & sans procés, il est aussi libre que le Duc[13] de Venise : 235 *paucos servitus, plures servitutem tenent.*

Mais sur tout Hieron faict cas, dequoy[14] il se voit privé de toute amitié & société mutuelle : en laquelle[15] consiste le plus parfait & doux fruict de la vie humaine. Car quel tesmoignage d'affection & de bonne volonté[16], puis-je tirer de celuy, qui me doit, veuille il ou non, tout ce qu'il peut ?

---

notes

1. principesques : inhérents à la qualité de prince.
2. image : apparence, simulacre, vision. Nous n'avons pas rendu dans la translation le jeu « imaginaires » / « image » des deux phrases, mais il aurait pu l'être : « Chaque degré de fortune projette une quelconque image de principauté. »
3. Sur cette information qui concerne les Germains, et non les Gaulois (le propos de Montaigne perdrait peut-être en force si l'essayiste en restait à une lecture stricte et rigoureuse de sa source), voir César, *Commentaires de la guerre des Gaules* (VI, 23), évoquant les « chefs des régions et des cantons qui rendent la justice entre leurs concitoyens ».

4. on va bien avant, avec nos Roys : on va de pair à beaucoup d'égards avec eux, on partage presque tous leurs privilèges.
5. train : suite, équipage – d'où, plus généralement, pied sur lequel on vit.
6. retiré : qui vit à l'écart.
7. nourry entre : ayant grandi parmi, vivant avec (sens assez lâche ici, plutôt que l'acception stricte « éduqué, entretenu »).
8. il oyt : il ouït, il entend.
9. ne le recognoit : n'en connaît la suzeraineté, c'est-à-dire n'a conscience de son existence et n'en subit les conséquences.
10. assez : notablement, beaucoup, vraiment (cf. le latin *aliquantum*, « en quantité certaine, en forte quantité »).

Les privilèges des princes sont quasiment des privilèges imaginaires. Chaque degré de fortune comporte un genre de principauté. César appelle « roitelets » tous les seigneurs rendant justice
en France à son époque. Il est vrai que, sauf le nom de Sire, on
est à beaucoup d'égards de plain-pied avec nos rois. Et voyez dans
les provinces éloignées de la Cour, prenons la Bretagne par
exemple, le train, les sujets, les officiers, les occupations, le service
et le cérémonial d'un seigneur vivant en retrait du monde et
casanier, élevé au milieu de ses valets ; et voyez aussi le vol de son
imagination : il n'est rien de plus royal. Il entend parler de son
maître une fois l'an comme du roi de Perse, et ne le reconnaît
que par quelque vieux cousinage que son secrétaire garde inscrit
dans un registre. À la vérité, nos lois sont fort libérales et le poids
de la souveraineté ne touche un gentilhomme français qu'à peine
deux fois dans sa vie. La sujétion essentielle et effective ne
concerne, parmi nous, que ceux qui s'y investissent et qui aiment
à s'honorer et à s'enrichir grâce à un tel service ; car celui qui
veut se tapir dans son foyer et qui sait conduire sa maison sans
querelle et sans procès est aussi libre que le doge de Venise : « *La
servitude enchaîne peu d'hommes ; beaucoup s'enchaînent à elle.* »
(Sénèque, *Lettres à Lucilius*, lettre 22.)

Mais par-dessus tout, Hiéron met en avant le fait qu'il se voit
privé de toute amitié et de toute entente mutuelles, choses en
quoi réside le fruit le plus parfait et le plus doux de la vie humaine.
Car quelle preuve d'attachement et de bonne volonté puis-je tirer
de celui qui me doit, qu'il le veuille ou non, tout ce qui est en

notes ....

11. subjection : allégeance, situation du vassal à l'égard de son suzerain.
12. effectuelle : effective, tangible, qui produit d'efficaces effets concrets.
13. le Duc : le doge.
14. faict cas, dequoy : prend en compte, considère le fait que ; attache de

l'importance au fait que. C'est toujours Xénophon, *Hiéron ou De la condition des rois* (III et VI), qui fournit ces indications à Montaigne.
15. Texte de 1580 : « *En laquelle amitié* ».
16. bonne volonté : bienveillance, bons sentiments envers quelqu'un.

195

240 Puis-je faire estat de son humble parler & courtoise reverence, veu qu'il n'est pas en luy de me la refuser ? L'honneur que nous recevons de ceux qui nous craignent, ce n'est pas honneur : ces respects se doivent à la royauté non à moy :

maximum hoc regni bonum est
245 *Quod facta domini cogitur populus sui*
Quam ferre tam laudare.

Vois-je pas que le meschant, le bon Roy, celuy qu'on haït, celuy qu'on ayme, autant en à[1] l'un que l'autre : de mesmes apparences, de mesme cerimonie, estoit servy mon predecesseur, & le sera mon successeur. Si
250 mes subjects ne m'offencent pas, ce n'est tesmoignage d'aucune bonne affection : Pourquoy le prendray-je en cette part-là, puis qu'ils ne pourroient quand ils voudroient ? Nul ne me suit pour l'amitié, qui soit entre luy & moy, car il ne s'y sçauroit coudre amitié, où il y à si peu de relation[2] & de correspondance[3]. Ma hauteur m'a mis hors du commerce des
255 hommes : il y a trop de disparité & de disproportion[4]. Ils me suivent par contenance & par coustume ou **plus tost que moy, ma fortune, pour en accroistre la leur** : Tout[5] ce qu'ils me dient, **et**[6] font, ce n'est que fard[7]. Leur liberté estant bridée **de toutes pars**, par[8] la grande puissance que j'ay sur eux, je ne voy rien autour de moy, que couvert & masqué. Ses
260 courtisans loüoient un jour Julien l'Empereur de faire bonne justice : je m'en'orgueillirois volontiers, dict-il, de ces loüanges, si elles venoient de personnes, qui ozassent accuser ou mesloüer mes actions contraires, quand elles y seroient[9].

---

notes

1. **autant en à** : récoltent autant de « *respects* », c'est-à-dire de marques de respect.
2. **relation** : proportion, rapport, points de rencontre.
3. **correspondance** : convenance, ponts, bases d'échanges.
4. Montaigne s'inspire peut-être ici de son ami Étienne de La Boétie, qui écrivait dans le *Discours de la servitude volontaire* (1548) : « *Encore serait-il malaisé de trouver en un tyran un amour assuré, parce qu'étant au-dessus de tous, et n'ayant point de*

compagnon, il est déjà au-delà des bornes de l'amitié, qui a son vrai gibier dans l'égalité. »
5. Texte de 1580 et 1588 : « *ou pour en tirer leurs aggrandissemens & commoditez particulieres, tout… ».*
6. Texte de 1580 et 1588 : « *dient, tout ce qu'ils me font* ».
7. Texte de 1580 et 1588 : « *fard & piperie* ».
8. Texte de 1580 et 1588 : « *toute bridée par* ».
9. **quand elles y seroient** : quand elles le seraient (contraires à la justice), dans le cas où il y en aurait. L'empereur Julien l'Apostat

285 son pouvoir ? Puis-je faire cas de sa parole humble et de sa respectueuse courtoisie, vu qu'il n'est pas en mesure de me les refuser ? L'honneur que nous recevons de ceux qui nous craignent, ce n'est pas un honneur. Ces marques sont dues à la royauté, non à moi :

290   *« La plus grande prérogative de la royauté, c'est que le peuple,*
    non moins que de supporter les actes de son maître, est contraint
    de les louer. » (Sénèque, *Thyeste*, II, 1, v. 205.)

Ne vois-je pas que le méchant, le bon roi, celui qu'on hait, celui qu'on aime récoltent autant l'un que l'autre : c'est avec le même

295 apparat, avec le même cérémonial que mon prédécesseur était servi et que mon successeur le sera. Si mes sujets ne me portent pas atteinte, cela ne prouve aucun attachement réel de leur part : pourquoi l'interpréterais-je de la sorte puisqu'ils ne pourraient me nuire même s'ils le voulaient ? Personne ne me suit par égard

300 à l'amitié que j'inspirerais, car une amitié ne saurait se tisser là où il y a si peu d'adéquation et d'interaction possibles. Ma haute condition m'a placé hors de la fréquentation des hommes : il y a trop de disparité et de disproportion. Ils me suivent par simple

305 contenance et par habitude ou, plutôt que moi, ils suivent ma fortune pour en accroître la leur. Tout ce qu'ils disent et font pour moi, ce n'est que fard. Leur liberté étant bridée de toutes parts du fait de la grande puissance que j'ai sur eux, je ne vois rien autour de moi qui ne soit à jeu couvert et masqué. Les courtisans de

310 l'empereur Julien, un jour, le louaient d'exercer une bonne justice. « Je m'enorgueillirais volontiers de ces louanges, dit-il, si elles émanaient de personnes qui oseraient blâmer ou désapprouver mes actions contraires au moment où elles le seraient. »

---

notes

(331-363 ap. J.-C.) fait l'objet du fameux chapitre « De la liberté de conscience » (II, 19), qui se trouve au centre du deuxième livre des *Essais*. C'est donc un personnage important dans l'univers de Montaigne, comparable en un certain sens à La Boétie – ne serait-ce que parce que les poèmes de ce dernier occupent le cœur du livre I. L'anecdote relatée est empruntée à l'historien Ammien Marcellin, *Rerum gestarum libri XXXI* (XXII, 10).

Toutes les vraies commoditez qu'ont les Princes, leur sont communes
avec les hommes de moyenne fortune[1] : c'est à faire aux Dieux de monter des chevaux aislez, & se paistre d'Ambrosie : ils[2] n'ont point d'autre
sommeil & d'autre appetit que le nostre : leur acier n'est pas de meilleure
trempe, que celuy dequoy nous nous armons, leur couronne ne les
couvre, ny du soleil, ny de la pluie. Diocletian qui en portoit une si reve-
rée & si fortunée, la resigna pour se retirer au plaisir d'une vie privée :
& quelque temps apres, la necessité des affaires publiques, requerant
qu'il revint en prendre la charge[3], il respondit à ceux qui l'en prioient :
vous n'entreprendriez pas de me persuader cela, si vous aviez veu le bel
ordre des arbres que j'ay moymesme planté chez moy, & les beaux
melons que j'y ay semez[4]. A l'advis d'Anacharsis, le plus heureux estat
d'une police[5], seroit, ou toutes autres choses estant esgales, la precedence[6] se **mesuroit**[7] à la vertu, & le rebut au vice[8].

Quand le Roy Pyrrhus entreprenoit de passer en Italie, Cyneas son
sage conseiller luy voulant faire sentir[9] la vanité[10] de son ambition : &
bien Sire, luy demanda-il, à quelle fin dressez vous cette grande entreprinse ? Pour me faire maistre de l'Italie, respondit-il soudain : **& puis suy-**
vit[11] Cyneas, cela faict ? Je passeray dict l'autre, en Gaule & en
Espaigne : & apres ? je m'en iray subjuguer l'Afrique, & en fin[12], quand
j'auray mis le monde en ma subjection, je me reposeray & vivray content
& à mon aise. Pour Dieu, Sire, **rechargea**[13] lors Cyneas, dictes moy, à

notes

1. **fortune** : condition sociale, statut, réussite.
2. **ils** : les princes.
3. **en prendre la charge** : prendre la charge de sa couronne.
4. Sur cet épisode, voir l'humaniste italien Pietro Crinito qui, dans son ouvrage publié en 1534 *De honesta disciplina* (XIII, 8), faisait dire à l'empereur Dioclétien (245-313 ap. J.-C.) retiré dans sa ville natale de Salone en Dalmatie : « *Si seulement, Romains, vous pouviez aller voir les légumes que j'ai plantés de mes propres mains à Salone, à coup sûr en effet jamais vous ne jugeriez votre démarche de mise.* »

5. **police** : gouvernement, organisation politique.
6. **precedence** : prééminence.
7. Texte de 1588 : « *mesureroit* ».
8. C'est encore Plutarque, mais cette fois dans le *Banquet des sept sages* (trad. d'Amyot, 1572), qui fournit à Montaigne ce propos, rapporté par Thalès : « *Anacharsis dit que la république la mieux ordonnée, c'était à son avis celle où, toutes autres choses étant égales entre les habitants, la précédence se mesurait à la vertu, et le rebut au vice.* »
9. **sentir** : mesurer, prendre conscience de.
10. **vanité** : inanité, absurdité.
11. Texte de 1580 : « *Et puis, suivit* ».

Tous les véritables avantages qu'ont les princes leur sont com-
315 muns avec les hommes de moyenne fortune (c'est le fait des dieux
que d'enfourcher des chevaux ailés et de se nourrir d'ambroisie) :
ils n'ont pas d'autre sommeil et d'autre appétit que le nôtre ; leur
acier n'est pas de meilleur trempe que celui dont nous nous
armons ; leur couronne ne les couvre ni du soleil, ni de la pluie.
320 Dioclétien, qui en portait une si respectée et si comblée par la fortune, y renonça pour se retirer dans l'agrément d'une vie de particulier ; et quelque temps après, la nécessité des affaires publiques
exigeant qu'il revînt la prendre en charge, il répondit à ceux qui
l'en priaient : « Vous n'entreprendriez pas de me persuader si vous
325 aviez vu le bel ordre des arbres que j'ai moi-même plantés chez
moi et les beaux melons que j'y ai semés. » De l'avis d'Anacharsis,
le plus heureux état d'une société organisée serait celui où, toutes
choses égales par ailleurs, la prééminence se mesurerait eu égard à
la vertu, et la réprobation au vice.

330 Quand le roi Pyrrhus entreprenait de passer en Italie, Cynéas,
son sage conseiller, voulant lui faire ressentir la vanité de son
ambition, lui demanda : « Eh bien, Sire, dans quel but formez-vous
cette grande entreprise ? – Pour me rendre maître de l'Italie,
répondit-il aussitôt. – Et puis, poursuivit Cynéas, une fois cela
335 fait ? – Je passerai, dit l'autre, en Gaule et en Espagne. – Et après ?
– Je m'en irai subjuguer l'Afrique ; et enfin, quand j'aurai assujetti
le monde à ma domination, je me reposerai et vivrai heureux et
à mon aise. – Pardieu, Sire, reprit alors Cynéas, dites-moi ce qui

notes

12. Plutarque, dont Montaigne – après Rabelais évoquant les rêves de Picrochole en guise de caricature à la politique de l'empereur Charles Quint (*Gargantua*, chap. 33) – présente ici une réécriture, avait fait prononcer ces deux mots dans sa *Vie de Pyrrhus* (trad. d'Amyot, 1559) par Cynéas. L'essayiste a d'abord suivi l'auteur grec dans les premières éditions de son ouvrage, plaçant un point d'interrogation après « *et en fin* », puis, dans l'édition de 1588, il a remplacé cette ponctuation par une virgule, peut-être pour donner plus de rythme et de légèreté au dialogue.
13. rechargea : reprit, revint à la charge. Texte de 1580 et 1588 : « *fit* ».

quoy il tient que vous ne soyez dés à présent, si vous voulez en **cet** estat ? **p**ourquoy ne vous logez vous des cette heure, ou[1] vous dictes aspirer, & vous espargnez tant de travail & de hazard, que vous jettez entre deux ?

Nimirum quia non bene norat quæ esset habendi
Finis, et omnino quoad crescat vera voluptas.

Je m'en vais clorre ce pas[2] par ce verset ancien, que je trouve singulierement beau à ce propos,

Mores cuique sui fingunt fortunam.

---

notes

1. ou : là où, dans cette tranquillité où.
2. pas : ici, passage, article, chapitre. L'expression *clore le pas* fait, comme sa symétrique *ouvrir le pas*, référence aux tournois et jeux guerriers dont la lice était appelée « pas d'armes ». *Ouvrir et clore le pas* signifiait donc « commencer et terminer le tournoi ».

340 empêche que vous ne soyez dès à présent, si vous le voulez, dans cet état ? Pourquoi, dès cet instant, ne vous installez-vous là où vous dites aspirer à vous trouver, en vous épargnant tant de fatigues et de hasards que vous jetez dans l'intervalle ? »

« C'est clairement qu'il ne connaît pas bien la limite de la possession et jusqu'où, au fond, peut croître la véritable volupté. »

345 (Lucrèce, *De natura rerum*, V, v. 1432-1433.)

Je m'en vais clore cette joute par un verset que je trouve singulièrement beau dans la perspective de notre propos :

« Ce sont ses mœurs qui forgent à chacun sa destinée. »
(Cornélius Népos, *Vie d'Atticus*, II.)

La relativité des conditions est une donnée d'abord sociale, à laquelle Montaigne a été sensibilisé dès sa petite enfance, puisqu'il fut placé par ses parents dans un hameau de bûcherons durant ses premières années d'existence. Le passage ici étudié oriente, sur ce thème, sa réflexion dans un sens moral, sur la base d'un rapprochement avec les animaux et surtout à partir de la distinction stoïcienne entre ce qui dépend de soi et ce qui n'en dépend pas. Une telle inspiration n'empêche cependant pas Montaigne, en penseur autonome, d'émailler son texte de citations latines empruntées à d'autres courants philosophiques (épicurisme notamment).

Mais le contraste entre les apparences sociales et la réalité humaine, recoupant l'opposition entre réussite matérielle et mérite personnel, conduit l'essayiste à des considérations sur le pouvoir et ses aléas. En dépit de ce qu'on pourrait croire, le sort des rois est souvent moins enviable que le nôtre.

En définitive, loin de tout apparat et parfois même à l'opposé du statut social manifeste, c'est l'individualité personnelle de chacun et son ouverture à autrui, ainsi que sa capacité à se contenter du sort que lui fait la destinée qui permettent de mesurer la valeur concrète des hommes les uns par rapport aux autres.

Hommes et bêtes

❶ Pourquoi l'expression de Montaigne, affirmant qu'il y a « *plus de distance de tel à tel homme qu'il n'y a de tel homme à telle beste* », peut-elle paraître choquante ? Vous semble-t-elle vraisemblable au regard du vécu de l'essayiste ?

❷ Faites un relevé des images employées par l'essayiste pour opposer les qualités intrinsèques et les éléments inessentiels chez les animaux et chez l'homme. Autour de quelle notion tournent toutes ces images ?

❸ En vous aidant éventuellement de dictionnaires, citez trois philosophes stoïciens et résumez le principe fondamental de cette philosophie en une ou deux phrases.

❹ À votre avis, pourquoi les citations latines qu'utilise Montaigne ne sont-elles pas empruntées à des penseurs stoïciens ? Ces derniers sont-ils pourtant totalement absents de ce passage ? Pour répondre, servez-vous des notes de bas de page.

Apparences sociales et réalité humaine

❺ Quel rôle, d'après ce passage, Montaigne semble-t-il assigner à la fortune dans la destinée humaine ?

❻ Comment Montaigne s'arrange-t-il pour suggérer que le pouvoir est davantage un fardeau qu'un privilège ?

Singularité des individus

❼ Quel usage Montaigne fait-il du pluriel et du singulier quand il parle de l'être humain pour mettre en valeur les différences entre individus ? Illustrez votre réponse de citations précises.

❽ Quelles sont les qualités qui font pour Montaigne la valeur humaine d'un individu ?

« *L'habit ne fait pas le moine* », dit le proverbe. Si un tel avertissement est nécessaire, c'est que l'apparence sociale l'emporte le plus souvent et s'avère donc décisive dans la réalisation personnelle de chaque être humain. La relativité des valeurs fait que les gens ne donnent pas priorité aux mêmes choses dans leur existence quotidienne. Néanmoins, l'aune dominante est celle de la richesse matérielle et de ses signes extérieurs. Or le langage est un « marqueur » évident dans cette perspective.

Là où le chapitre de Montaigne (texte A) met en relief l'opposition des conditions sociales et la relativité des vécus individuels au-delà de critères de capacité financière ou de reconnaissance symbolique, le texte de Furetière (texte B) s'attache au registre stylistique de toute œuvre littéraire et à ses implications pour la dignité d'un récit donné. Quant à Victor Hugo et Charles Baudelaire (textes C et D), ils s'intéressent ici davantage à l'attitude des classes aisées à l'égard des pauvres. Enfin, la mosaïque représentant *L'Impératrice Théodora et sa Suite* (VIe s. ap. J.-C.) donne à voir, à l'inverse, le sommet de la pyramide sociale, à travers cette figure de souverain incarnant Dieu sur Terre.

Texte A : Extrait du chapitre « De l'inequalité qui est entre nous » (I, 42) des *Essais* de Michel de Montaigne (pp. 174-183)

Texte B : Antoine Furetière, *Le Roman bourgeois*
Antoine Furetière (1619-1688) est surtout connu pour son Dictionnaire universel *(publication posthume en 1690), qui, publié quatre ans auparavant, fit concurrence à celui de l'Académie française. Mais, en 1666, il avait, sous le titre* Le Roman bourgeois, *fait paraître, en réaction à la mode précieuse du romanesque galant plein d'invraisemblances, une sorte d'antiroman*

dénonçant les conventions de ce genre et parlant, plutôt que d'amour dans des décors idylliques, d'histoires de mariage et de procès dans un cadre des plus réalistes. Le narrateur s'en explique au cours de ce passage tiré du début de l'ouvrage.

Pour éviter encore davantage le chemin battu des autres, je veux que la scène de mon roman soit mobile, c'est-à-dire tantôt en un quartier et tantôt en un autre de la ville ; et je commencerai par celui qui est le plus bourgeois, qu'on appelle communément la place Maubert.

Un autre auteur moins sincère, et qui voudrait paraître éloquent, ne manquerait jamais de faire ici une description magnifique de cette place. Il commencerait son éloge par l'origine de son nom ; il dirait qu'elle a été anoblie par ce fameux docteur Albert le Grand, qui y tenait son école, et qu'elle fut appelée autrefois la place de Me Albert, et, par succession de temps, la place Maubert. Que si, par occasion, il écrivait la vie et les ouvrages de son illustre parrain, il ne serait pas le premier qui aurait fait une digression aussi peu à propos[1]. Après cela il la bâtirait superbement selon la dépense qu'y voudrait faire son imagination. Le dessin de la place Royale ne le contenterait pas ; il faudrait du moins qu'elle fût aussi belle que celle où se faisaient les carrousels[2], dans la galante et romanesque ville de Grenade. N'ayez pas peur qu'il allât vous dire (comme il est vrai) que c'est une place triangulaire, entourée de maisons fort communes pour loger de la bourgeoisie ; il se pendrait plutôt qu'il ne la fît carrée, qu'il ne changeât toutes les boutiques en porches et galeries, tous les auvents en balcons, et toutes les chaînes de pierres de taille en beaux pilastres[3]. Mais quand il viendrait à décrire l'église des Carmes, ce serait lors que l'architecture jouerait son jeu[4], et aurait peut-être beaucoup à souffrir. Il vous ferait voir un temple aussi beau que celui de Diane d'Éphèse[5] ; [...] il ferait l'autel de jaspe et de porphyre[6] ; et, s'il lui en prenait fantaisie, tout l'édifice : car, dans le pays des romans, les pierres précieuses ne coûtent pas plus que la brique et que le moellon. Encore il ne manquerait pas de barbouiller cette description de [...] termes inconnus qu'il aurait trouvés dans les tables de Vitruve[7] ou de Vignole[8], pour faire accroire[9] à beaucoup de gens qu'il serait fort expert[10] en architecture. C'est aussi ce qui rend les auteurs friands de telles descriptions, qu'ils ne laissent passer aucune occasion d'en faire ; et ils les tirent tellement par les cheveux, que, même pour loger un corsaire[11] qui est vagabond et qui porte tout son bien avec soi, ils lui bâtissent un palais plus beau que le Louvre ni[12] que le Sérail.

Grâce à ma naïveté, je suis déchargé de toutes ces peines, et quoique toutes ces belles choses se fassent pour la décoration du théâtre à fort peu de frais, j'aime mieux faire jouer cette pièce sans pompe et sans appareil, comme ces comédies qui se jouent chez le bourgeois avec un simple paravent. De sorte que je ne veux pas même vous dire comment est faite cette église, quoique assez célèbre : car ceux qui ne l'ont point vue la peuvent aller voir, si bon leur semble, ou la bâtir dans leur imagination comme il leur plaira. Je dirai seulement que c'est le centre de toute la galanterie bourgeoise du quartier, et qu'elle est très fréquentée, à cause que la licence de causer y est assez grande. C'est là que, sur le midi, arrive une caravane de demoiselles à fleur de corde[13]. [...]

Cette assemblée fut bien plus grande que de coutume un jour d'une grande fête qu'on y solennisait[14]. [...]

Une belle fille qui devait y quêter ce jour-là y avait encore attiré force monde, et tous les polis[15] qui voulaient avoir quelque part en ses bonnes grâces y étaient accourus exprès pour lui donner quelque grosse pièce dans sa tasse : car c'était une pierre de touche[16] pour connaître la beauté d'une fille ou l'amour d'un homme que cette quête. [...]

Certainement la quêteuse était belle, et si elle eût été née hors la bourgeoisie, je veux dire si elle eût été élevée parmi le beau monde, elle pouvait donner beaucoup d'amour à un honnête homme. N'attendez pas pourtant que je vous la décrive ici, comme on a coutume de faire en ces occasions [...].

Antoine Furetière, *Le Roman bourgeois,* 1666.

1. Albert le Grand (XIIe-XIIIe s.), philosophe et théologien médiéval, célèbre commentateur d'Aristote, eut saint Thomas d'Aquin pour étudiant. Sa biographie serait hors sujet ici, puisqu'elle est sans rapport avec l'action du récit. Mais beaucoup de romanciers se permettaient à l'époque ce type de détour, croyant briller par leur érudition.
2. carrousels : parades et fêtes publiques comportant des cavalcades, des défilés de chariots de triomphe et autres joutes ou tournois de noblesse.
3. pilastres : piliers ouvragés le plus souvent, accolés à une façade et présentant l'aspect de colonnes plates ou rectangulaires.
4. jouerait son jeu : inspirerait de nouveaux développements au récit.
5. Diane d'Éphèse : ce temple de Diane (Artémis en grec) à Éphèse constituait, dès l'Antiquité, l'une des Sept Merveilles du monde.
6. jaspe, porphyre : matériaux précieux.
7. Vitruve : le plus grand architecte de l'Antiquité romaine, qui vécut au Ier s. av. J.-C. et a laissé un traité *De l'architecture*.
8. Vignole : l'un des plus grands architectes de la Renaissance italienne, qui a vécu au XVIe s. et construit à Rome la première des églises jésuites, appelée *Gesù* (1568).
9. faire accroire : faire croire, donner à croire.
10. Nouvelle pique contre les romanciers précieux qui émaillaient leurs récits de digressions savantes.
11. corsaire : marin aventureux piratant les mers pour le service de son souverain dans l'Ancien Régime. Beaucoup de romans à la mode, adaptés de la littérature alexandrine antique, comportaient ce type de personnage.
12. ni : et même (ici).

13. à fleur de corde : expression employée au jeu de paume, ancêtre du tennis, et signifiant « au ras du filet » (car, à la place du filet actuel, on tendait une corde au-dessus de laquelle les joueurs échangeaient leur paume). Ici, le sens est « tout juste en âge d'être courtisées ».
14. solennisait : organisait avec éclat.
15. polis : beaux parleurs, galants, prétendants.
16. pierre de touche : critère.

Texte C : Victor Hugo, *Les Misérables*

On ne présente plus Victor Hugo (1802-1885), dont Les Misérables *(1862) constituent l'une des œuvres majeures, non seulement de la production française du XIXe siècle, mais du patrimoine littéraire de l'humanité. L'exergue* * *de ce grand roman en expose les visées sociales.*

> Tant qu'il existera, par le fait des lois et des mœurs, une damnation sociale créant artificiellement, en pleine civilisation, des enfers, et compliquant d'une fatalité humaine la destinée qui est divine ; tant que les trois problèmes du siècle, la dégradation de l'homme par le prolétariat, la déchéance de la femme par la faim, l'atrophie de l'enfant par la nuit, ne seront pas résolus ; tant que, dans de certaines régions, l'asphyxie sociale sera possible ; en d'autres termes, et à un point de vue plus étendu encore, tant qu'il y aura sur la terre ignorance et misère, des livres de la nature de celui-ci pourront ne pas être inutiles.

Hauteville-House, 1er janvier 1862.
Victor Hugo, *Les Misérables*, 1862.

Texte D : Charles Baudelaire, *Petits Poèmes en prose*
(ou *Le Spleen de Paris*)

Peintre de la « vie moderne » qui, du fait de la révolution industrielle (chemins de fer, etc.), prend son essor dans la seconde moitié du XIXe siècle avec le Second Empire de Napoléon III et les travaux du baron Haussmann chamboulant la capitale, Charles Baudelaire (1821-1867) est surtout connu pour son recueil Les Fleurs du mal *(1857). Mais dans ses* Petits Poèmes en prose *(première publication partielle en 1862), finalement intitulés* Le Spleen de Paris*, il donne une autre expression à ses états d'âme. Jugé d'abord impubliable, le poème « Assommons les pauvres ! » trouve son origine dans une aventure qu'eut le poète à Bruxelles (et qu'il relate à son ami le photographe Nadar dans une lettre de l'été 1864).*

Assommons les pauvres !

> Pendant quinze jours je m'étais confiné dans ma chambre, et je m'étais entouré des livres à la mode dans ce temps-là (il y a seize ou dix-sept ans) ; je veux parler des livres où il est traité de l'art de rendre les

* *Cf.* Lexique.

peuples heureux, sages et riches, en vingt-quatre heures. J'avais donc digéré, – avalé, veux-je dire, – toutes les élucubrations de tous ces entrepreneurs de bonheur public, – de ceux qui conseillent à tous les pauvres de se faire esclaves, et de ceux qui leur persuadent qu'ils sont tous des rois détrônés. – On ne trouvera pas surprenant que je fusse alors dans un état d'esprit avoisinant le vertige ou la stupidité.

Il m'avait semblé seulement que je sentais, confiné au fond de mon intellect, le germe obscur d'une idée supérieure à toutes les formules de bonne femme dont j'avais récemment parcouru le dictionnaire[1]. Mais ce n'était que l'idée d'une idée, quelque chose d'infiniment vague.

Et je sortis avec une grande soif. Car le goût passionné des mauvaises lectures engendre un besoin proportionnel du grand air et des rafraîchissants[2].

Comme j'allais entrer dans un cabaret, un mendiant me tendit son chapeau, avec un de ces regards inoubliables qui culbuteraient les trônes, si l'esprit remuait la matière, et si l'œil d'un magnétiseur faisait mûrir les raisins.

En même temps, j'entendis une voix qui chuchotait à mon oreille, une voix que je reconnus bien ; c'était celle d'un bon Ange, ou d'un bon Démon, qui m'accompagne partout. Puisque Socrate avait son bon Démon, pourquoi n'aurais-je pas mon bon Ange, et pourquoi n'aurais-je pas l'honneur, comme Socrate, d'obtenir mon brevet de folie, signé du subtil Lélut et du bien avisé Baillarger[3] ?

Il existe cette différence entre le Démon de Socrate et le mien, que celui de Socrate ne se manifestait à lui que pour défendre, avertir, empêcher, et que le mien daigne conseiller, suggérer, persuader. Ce pauvre Socrate n'avait qu'un Démon prohibiteur ; le mien est un grand affirmateur, le mien est un Démon d'action, un Démon de combat.

Or, sa voix me chuchotait ceci : « Celui-là seul est l'égal d'un autre, qui le prouve, et celui-là seul est digne de la liberté, qui sait la conquérir. » Immédiatement, je sautai sur mon mendiant. D'un seul coup de poing, je lui bouchai un œil, qui devint, en une seconde, gros comme une balle. Je cassai un de mes ongles à lui briser deux dents, et comme je ne me sentais pas assez fort, étant né délicat et m'étant peu exercé à la boxe, pour assommer rapidement ce vieillard, je le saisis d'une main par le collet de son habit, de l'autre, je l'empoignai à la gorge, et je me mis à lui secouer vigoureusement la tête contre un mur. Je dois avouer que j'avais préalablement inspecté les environs d'un coup d'œil, et que j'avais

∗ *Cf.* Lexique.

vérifié que dans cette banlieue déserte je me trouvais, pour un assez long temps, hors de la portée de tout agent de police.

Ayant ensuite, par un coup de pied lancé dans le dos, assez énergique pour briser les omoplates, terrassé ce sexagénaire affaibli, je me saisis d'une grosse branche d'arbre qui traînait à terre, et je le battis avec l'énergie obstinée des cuisiniers qui veulent attendrir un beefteack.

Tout à coup, – ô miracle ! ô jouissance du philosophe qui vérifie l'excellence de sa théorie ! – je vis cette antique carcasse se retourner, se redresser avec une énergie que je n'aurais jamais soupçonnée dans une machine si singulièrement détraquée, et, avec un regard de haine qui ma parut de *bon augure*, le malandrin décrépit se jeta sur moi, me pocha les deux yeux, me cassa quatre dents, et avec la même branche d'arbre me battit dru comme plâtre. – Par mon énergique médication, je lui avais donc rendu l'orgueil et la vie.

Alors, je lui fis force signes pour lui faire comprendre que je considérais la discussion comme finie, et me relevant avec la satisfaction d'un sophiste[4] du Portique[5], je lui dis : « Monsieur, *vous êtes mon égal !* Veuillez me faire l'honneur de partager avec moi ma bourse ; et souvenez-vous, si vous êtes réellement philanthrope, qu'il faut appliquer à tous vos confrères, quand ils vous demanderont l'aumône, la théorie que j'ai eu la *douleur* d'essayer sur votre dos. »

Il m'a bien juré qu'il avait compris ma théorie, et qu'il obéirait à mes conseils.

Charles Baudelaire, « Assommons les pauvres ! », *Petits Poèmes en prose*, 1862.

1. parcouru le dictionnaire : expression ironique et recherchée pour « fait l'inventaire » ou « en un aperçu » (grâce aux lectures indiquées dans le premier paragraphe).
2. rafraîchissants : boissons fraîches.
3. Lélut, Baillarger : savants
spécialistes de l'aliénation mentale, qui venaient de soutenir la thèse de la folie de Socrate (V[e]-IVe s. av. J.-C.), le plus grand philosophe de l'Antiquité grecque, lequel affirmait avoir une voix intérieure ou « *démon* » pour le guider dans sa conduite.
4. sophiste : professeur de sagesse qui, dans l'Athènes antique, exerçait ses compétences moyennant finance. Les sophistes furent combattus par Socrate et son disciple Platon.
5. Portique : quartier d'Athènes où les philosophes stoïciens (en grec, *stoa* signifie « portique » et *stoïcos* « du portique ») se réunissaient et tenaient école.

Document : Mosaïque de *L'Impératrice Théodora et sa Suite*

La mosaïque anonyme de L'Impératrice Théodora et sa Suite *(première moitié du VIe s. ap. J.-C.), dans l'église Saint-Vital de Ravenne, en Italie du Nord-Est, est représentative de l'art byzantin avec ses décors luxueux. Théodora a deux hommes à sa droite, qui sont des dignitaires ecclésiastiques, et à sa gauche sept jeunes femmes, qui font partie de ses suivantes. Cette composition rigoureuse, où la taille des personnages a son importance, comme l'auréole dont seule l'impératrice en majesté est pourvue, exprime une hiérarchie intangible et sans ambiguïté pour le spectateur.*

Corpus

Texte A : Extrait du chapitre « De l'inequalité qui est entre nous » (I, 42) des *Essais* de Michel de Montaigne (pp. 174-183).

Texte B : Extrait du *Roman bourgeois* d'Antoine Furetière (pp. 204-207).

Texte C : Extrait de l'exergue des *Misérables* de Victor Hugo (p. 207).

Texte D : « Assommons les pauvres ! », *Petits Poèmes en prose* de Charles Baudelaire (pp. 207-209).

Document : Mosaïque de *L'Impératrice Théodora et sa Suite* (p. 210).

Examen des textes et de l'image

❶ Montrez en quoi l'état d'esprit démystificateur de Furetière (texte B) rejoint celui de Montaigne (texte A), à l'aide d'un ou deux rapprochements précis.

❷ Quels effets rhétoriques* pouvez-vous repérer dans l'exergue* des *Misérables* (texte C) ?

❸ Pourquoi, malgré tout, un tel exergue peut-il sembler poignant ? Est-ce votre avis ? Pourquoi ?

❹ Peut-on dire que le poème en prose de Baudelaire (texte D) soit provocateur aussi bien dans son titre que dans son contenu ? Justifiez votre réponse.

❺ Quel raisonnement ce texte (texte D) met-il en œuvre ? Résumez-le en quelques lignes.

❻ En quoi les symboliques de la mosaïque de Ravenne (document), hiératique*, et du poème en prose de Baudelaire (texte D), volontariste*, s'opposent-elles diamétralement ? Expliquez les messages respectifs de ces deux œuvres.

Travaux d'écriture

Question préliminaire
De toutes les œuvres du corpus, lesquelles classeriez-vous plutôt comme conservatrices dans leur message social et lesquelles comme progressistes ? Justifiez votre réponse.

Commentaire
Vous ferez le commentaire composé du poème en prose « Assommons les pauvres ! » de Charles Baudelaire (texte D).

Dissertation
Les artistes vous paraissent-ils bien placés pour donner des directives sociales à leurs contemporains ? Vous répondrez à cette question en vous servant des textes du corpus et de votre culture personnelle.

Écriture d'invention
Imaginez le dialogue initié par le poète et le mendiant, dans le poème « Assommons les pauvres ! » (texte D), tel qu'il pourrait se poursuivre au cabaret après leur altercation.

* *Cf.* Lexique.

Essais :
bilan de première lecture

① De quoi l'essayiste prétend-il parler dans son livre d'après l'avis « Au Lecteur » ?

② À quelle région du monde cet avis fait-il allusion ?

③ Qu'est-ce qui caractérise le genre de l'essai d'après « De l'Oisiveté » (I, 8) et « De Democritus et Heraclitus » (I, 50) ?

④ De quoi parle le chapitre « Par divers moyens on arrive à pareille fin » (I, 1) ? Quelle conclusion Montaigne en tire-t-il sur la condition humaine ?

⑤ Dans quel chapitre l'écrivain fait-il allusion à l'âne de Buridan ? Expliquez ce dont il s'agit.

⑥ Quelle était la trouvaille de Cecinnus pour communiquer à distance avec ses proches (II, 22) ?

⑦ À quoi servaient les pouces chez les rois barbares d'après Tacite (II, 26) ?

⑧ Quelle interprétation politique Montaigne suggère-t-il à l'anecdote racontée dans « D'un enfant monstrueux » (II, 30) ?

⑨ De quels écrivains Montaigne s'inspire-t-il pour composer son chapitre sur l'éducation (I, 26) ? Citez-en au moins deux.

⑩ À qui Montaigne applique-t-il la formule de la tête « *pleine* » (I, 26) ?

⑪ En quoi consiste l'image du « *mont de vertu* » à laquelle Montaigne fait allusion dans « De l'institution des enfans » (I, 26) ? Qu'en pense l'essayiste en ce qui le concerne ?

⑫ Quelle est l'opinion de Montaigne sur Ronsard et Du Bellay (I, 26) ?

⑬ Quel auteur estime qu'il y a plus de distance d'homme à homme que de bête à bête (I, 42) ?

⑭ Quel point commun, d'après Montaigne, y a-t-il entre les « *joueurs de comédie* » et les souverains (I, 42) ?

Dossier

Bibliolycée

Montaigne ou l'insolente conscience de soi

Les années de formation

« *Je naquis entre onze heures et midi, le dernier jour de février mil cinq cent trente trois* » (I, 20 : « Que Philosopher, c'est apprendre à mourir »). Michel Eyquem de Montaigne naît dans le château acheté en 1477 par son arrière-grand-père Ramon Eyquem, ancien négociant bordelais qui avait ainsi accédé à la petite noblesse. Il est, du fait de la mort en bas âge de deux aînés, le premier enfant de Pierre Eyquem et d'Antoinette née Louppes de Villeneuve. Il sera suivi de sept frères et sœurs. Ses toutes premières années se passent dans un hameau de bûcherons campagnard. Il est ensuite confié à un pédagogue allemand qui ne lui parle qu'en latin, comme tout le reste de son entourage. « *Quant à moi, j'avais plus de six ans avant que j'entendisse* [je comprenne] *non plus de français ou de périgourdin que d'arabesque* » (I, 26 : « De l'institution des enfans »). À six ans, il est envoyé au collège de Guyenne, premier foyer intellectuel de Bordeaux, où il reçoit l'enseignement de nombreux érudits du temps comme André de Gouvéa, George Buchanan, Marc-Antoine Muret, mais aussi Élie Vinet (1503-1587) que Montaigne – contrairement aux trois autres – ne cite pas nommément, mais dans lequel on s'accorde à reconnaître le fameux « *homme d'entendement de précepteur qui sut dextrement conniver* [se prêter] *à cette mienne débauche* [indiscipline] *et autres pareilles* », en laissant le jeune Michel lire des ouvrages réputés au-dessus de son âge.

Une amitié exceptionnelle

Par la suite, Montaigne étudie le droit, sans doute à Toulouse, vers 1547-1549. En 1554 (peut-être, plus probablement en 1556), il est nommé conseiller à la cour des aides (cour de justice chargée des matières fiscales) de Périgueux. Celle-ci étant rattachée, dès 1557, au parlement de Bordeaux, Montaigne siège dorénavant à la chambre des enquêtes de ce parlement (après un passage à celle des requêtes), et il fait la connaissance d'Étienne de La Boétie. C'est le début d'une exceptionnelle amitié, assez brève puisque La Boétie mourra en 1563.

Depuis son début de carrière, Montaigne s'efforce de suivre la vie de la Cour de France. En 1561, il est à Paris ; en 1562, à Rouen, où il rencontre les indigènes présentés au roi Charles IX.

Les débuts de l'écrivain

L'écriture comme exutoire

Quatre événements personnels majeurs ponctuent la décennie 1560 : la mort de La Boétie (18 août 1563) ; le mariage de raison avec Françoise de La Chassaigne, fille d'un collègue du parlement de Bordeaux (1565) ; la mort du père de Montaigne, Pierre Eyquem (1568) ; et l'accident de cheval au cours duquel Montaigne lui-même crut trépasser (vers 1569-1570).

L'année 1570 marque un tournant. Montaigne revient, par l'écriture, vers les êtres chers qu'il a perdus. Après avoir fait paraître la traduction française de la *Theologia naturalis sive Liber creaturarum* (*Théologie naturelle ou Livre des créatures*) de Raimond Sebond (XIVe-XVe s.), entreprise à la demande de son père, Montaigne publie une *Lettre à son père* dans laquelle il relate le décès de La Boétie. Cette dernière lettre est composée à la mode oratoire des récits de morts exemplaires, mais en « extrait » – ce qui en accroît l'effet dramatique concentré sur les derniers instants, sur le passage de l'ici-bas à l'au-delà. C'est encore en 1570, le 24 juillet, que Montaigne vend sa charge de conseiller au parlement de Bordeaux. Désormais il vivra de ses rentes en son château de Montaigne. En mars 1571, il fait peindre deux inscriptions solennelles sur les murs de sa « *librairie* ». La composition des *Essais* s'ébauche. Et, dès 1572, les guerres de Religion atteignent un sommet avec le massacre des protestants par les catholiques durant la nuit de la Saint-Barthélemy (23-24 août), ordonné par Charles IX à contrecœur. Montaigne, semble-t-il, n'en dira jamais un mot.

L'écriture comme tremplin politique

Son retrait de la profession judiciaire est-il une simple « *retraite studieuse* », comme c'était l'usage à l'époque, ou plutôt une transition dans sa carrière politique ? Le fait est, en tout cas, que, dans les années qui précèdent la première publication des *Essais*, le futur maire de Bordeaux est décoré du collier de l'ordre de Saint-Michel (1571), il devient gentilhomme ordinaire de la Chambre du roi Charles IX (1573), participe à des négociations politiques pour le compte de l'armée royale du duc de Montpensier au parlement de Bordeaux (1574), puis reçoit le titre de gentilhomme ordinaire de la Chambre du roi de Navarre, le futur Henri IV (1577). Il semble bien que cet afflux d'honneurs ait été, de la part du protecteur de Montaigne Gaston de Foix, le puissant marquis de Trans, figure majeure de la région bordelaise à l'époque, un moyen de récompenser ce serviteur efficace.

La rédaction des Essais

Montaigne élabore et produit ses *Essais* sur une petite dizaine d'années pour les deux premiers livres, publiés en 1580. Durant cette période, installé le plus souvent dans la « *librairie* » qu'il a fait aménager au troisième étage d'une tour d'angle de son château et d'où il peut, « *tout d'une main* », commander à son « *ménage* » (sa maisonnée) et contempler les paysages du Périgord sur lesquels donnent ses fenêtres, l'essayiste dicte ou rédige de sa main. Il s'occupe « *du jour à la journée* » à écrire ses pensées sur les sujets les plus divers, tâche à laquelle il ne consent toutefois que, précise-t-il, « *lorsqu'une trop lâche oisiveté me presse* ». Sa rédaction est entrecoupée : par exemple, en 1574, il sert à Bordeaux d'intermédiaire entre les partis catholique et protestant. D'autre part, la lecture des *Hypotyposes* de Sextus Empiricus (IIe-IIIe s. ap. J.-C.), vulgarisateur tardif de la doctrine sceptique, est sans doute décisive, en particulier pour le chapitre au titre paradoxal « Apologie de Raimond Sebond » (II, 12), épais de plus de deux cents feuillets. En 1576, Montaigne fait frapper à son effigie une médaille portant l'emblème de la balance et la devise : « *ÉPÉKHÔ* » (ce mot grec signifie « Je suspends [mon jugement] » – ce que l'écrivain traduira dans son texte par la formule « *Que sais-je ?* »). L'essayiste fait parallèlement l'expérience des premières atteintes de la gravelle ou maladie de la pierre, c'est-à-dire de crises de colique néphrétique fort douloureuses.

Le voyage et la mairie de Bordeaux

Après l'édition de 1580, Montaigne entreprend un long voyage à travers l'Europe, à la fois pour se soigner dans des stations thermales et pour se changer les idées, peut-être également, à défaut de pouvoir accéder à un poste d'ambassadeur (cette hypothèse touchant les visées de carrière diplomatique caressées par Montaigne est émise par George Hoffmann dans son ouvrage *Montaigne's Career*, Clarendon Press, Oxford, 1998), pour quitter Bordeaux conformément au vœu du marquis de Trans qui pense être mieux à même, en cette période troublée, de préparer en l'absence de l'essayiste son élection à la mairie. L'auteur des *Essais* veut, en outre, obtenir pour son œuvre l'approbation du Saint-Siège, dont la censure est réputée moins sévère que celle des théologiens de la Sorbonne. En septembre 1581, il est à Rome quand il apprend effectivement qu'il a été désigné à la mairie de Bordeaux. Sur l'ordre officiel et exprès du roi Henri III, il revient assumer ses fonctions et sera réélu en 1583.

En décembre 1584, Henri de Navarre, héritier présomptif de la Couronne de France depuis la mort, quelques mois auparavant, de François d'Alençon, frère d'Henri III, se rend au château de Montaigne : ce dernier est devenu un notable du royaume. Déjà reconnu par les Valois, il a la sympathie du Bourbon. En 1585, une épidémie de peste ravage Bordeaux et ses environs. Montaigne quitte son château pour quelque temps ; il a commencé à écrire le troisième livre des *Essais*.

L'édition de 1588

Ce livre est publié, avec plus de six cents additions aux deux premiers, en juin 1588 à Paris. Un peu plus tôt la même année, Montaigne a fait la connaissance de Marie de Gournay, sa « *fille d'alliance* ». À Paris, en juillet, il est embastillé quelques heures par représailles contre l'arrestation d'un ligueur, puis libéré à la demande de la reine mère Catherine de Médicis. Aux états généraux de Blois, en décembre, il rencontre Étienne Pasquier, avocat et humaniste érudit, avec lequel il a une conversation qui fera dire à ce dernier : « *Il estoit personnage hardy, qui se croyoit et comme tel se laissoit aisément emporter à la beauté de son esprit. Tellement que par ses escrits il prenoit plaisir de desplaire plaisamment.* » Toutefois Pasquier ajoute : « *Et quant à ses* Essais *(que j'appelle* Chefs-d'œuvre*), je n'ay Livre entre les mains que j'aye tant caressé, que celuy-là. J'y trouve tousjours quelque chose à me contenter.* »

Les trois dernières années de la vie de Montaigne se passent à faire de nouvelles additions – plus de mille – aux *Essais*, sur son propre exemplaire aujourd'hui appelé « Exemplaire de Bordeaux », en vue d'une autre édition. Il meurt dans son château, entouré des siens, le 13 septembre 1592.

1562-1598 : les guerres de Religion

Les guerres de Religion, pendant toute la fin du XVIe siècle, ont ensanglanté la France. Opposant catholiques et protestants, elles furent pour les chefs de partis davantage des guerres civiles, une lutte d'influences, mettant aux prises des stratégies politiques en vue de la conquête du pouvoir, que véritablement un conflit religieux. Il semble, en revanche, que les convictions du gros de leurs troupes, c'est-à-dire de la majorité des Français des deux camps, ne faisaient pas de doute.

Des troubles à répétition

Durant quarante ans environ, les conflits n'ont pas cessé, qu'ils fussent déclarés ou latents. De 1562 à 1598, du massacre de Wassy à l'édit de Nantes, on distingue huit guerres de Religion scandées par deux événements charnières : la tuerie des protestants par les catholiques au cours de la nuit de la Saint-Barthélemy, le 23-24 août 1572, et la formation de la Ligue catholique après 1576. Les sept premiers affrontements durèrent chacun entre un et deux ans, entrecoupés de trêves assez brèves. Le huitième fut, quant à lui, une véritable guerre qui dura treize ans et qui s'explique par le conflit dynastique né de la mort du frère d'Henri III, François d'Alençon, en 1584. Cette mort avait pour effet – Henri III n'ayant pas eu d'enfant de son mariage avec Louise de Lorraine – de faire, selon les lois fondamentales du royaume, d'Henri de Navarre, son plus proche parent, l'héritier présomptif de la Couronne. Mais ce dernier était un protestant : or les protestants, avec environ deux millions d'adeptes, ne représentèrent jamais plus de 10 % de la population du royaume. D'où l'ampleur et la violence de la contestation durant cette huitième guerre, dite « la guerre des Trois Henri » : Henri III qui menait les royalistes, Henri de Guise à la tête de la Ligue et Henri de Navarre à la tête des protestants.

Quatre étapes

Sur l'ensemble de la période, on peut distinguer quatre étapes : les trois premières guerres (1562-1570) forment un tout ; la quatrième guerre (1572-1573), déclenchée par le massacre de la Saint-Barthélemy, et la cinquième (1574-1576), qui vit François d'Alençon prendre la tête des « Malcontents » et contraindre le pouvoir à une paix très avantageuse pour les protestants en mai 1576 (« paix de Monsieur »), forment une deuxième étape, dans la mesure où elles aboutirent à la formation de la Ligue, signe d'un durcissement des positions catholiques et d'un affaiblissement de la monarchie régnante ; la troisième étape, que constituent les sixième (1576-1577) et septième guerres (1579-1580), peut être considérée comme une simple suite, un enchaînement de péripéties liées à la « paix de Monsieur » ; enfin, après cinq années de paix dans le royaume, la guerre de la Ligue (1585-1598) marque l'apogée des conflits.

Les principaux protagonistes

Une fois tracé ce cadre, il convient d'indiquer très sommairement les principaux protagonistes :
• Dans le **camp des catholiques** intransigeants (alors surnommés « les papistes »), les Guise : le duc François de Guise (1519-1563), grand chef de guerre, et son frère Charles (1524-1574), cardinal de Lorraine ; puis, dans la génération suivante, le duc Henri de Guise (1549-1588) et son frère Louis (1555-1588), cardinal de Guise, tous deux fils de François.
• Dans le **camp des protestants** (alors appelés « huguenots » ou « luthériens »), Antoine de Bourbon (1518-1562), homme léger, charmeur mais versatile, père d'Henri de Navarre, le futur Henri IV, et son frère Louis, prince de Condé (1530-1569), être passionné, téméraire et brouillon, auxquels s'ajoutent l'amiral

Gaspard de Coligny et ses deux frères Odet, cardinal de Châtillon, et François, seigneur d'Andelot.

• Dans le **camp modéré**, la reine mère Catherine de Médicis jusqu'en 1567, date à laquelle les protestants tentèrent, par la « surprise de Meaux », d'enlever le jeune Charles IX (ce qu'elle ne leur pardonnera jamais vraiment), et le chancelier Michel de L'Hospital, ainsi qu'Anne de Montmorency, le vieux connétable (1493-1567), ami d'enfance de François Ier, pris entre son hostilité aux Guise intégristes, son aversion pour le protestantisme et sa volonté de protéger les trois frères Coligny, ses neveux, fils de sa sœur Louise de Montmorency et du maréchal de Coligny.

• Quant aux **souverains**, les derniers Valois, François II ne régna qu'un an, Charles IX et Henri III subirent l'influence de leur mère Catherine de Médicis, veuve d'Henri II et qui exerça d'ailleurs un temps la régence du royaume. Ils s'efforcèrent de préserver le pouvoir royal en naviguant à vue durant toute la période. Leur sœur Marguerite de Valois, future « reine Margot », fut mariée à Henri de Navarre quelques jours avant la Saint-Barthélemy. Le dernier frère, François d'Alençon, était un garçon envieux et avide de pouvoir, qui se livra, en 1575-1576, à une agitation des « Malcontents » aux seules fins d'affaiblir la position d'Henri III.

Préludes

La mort d'Henri II, en 1559, plaça sur le trône le jeune François II, neveu des Guise par alliance (puisqu'il était marié à Marie Stuart, fille de leur sœur Marie de Guise). Elle permit au duc François de Guise et à son frère Charles de Lorraine d'exercer la réalité du pouvoir et eut pour effet d'éclipser quelque peu le connétable de Montmorency jusque-là tout-puissant. Les Guise s'attachèrent à redresser la désastreuse situation financière du royaume et poursuivirent la politique religieuse intransigeante d'Henri II. Mais le passage à la Réforme de nombreux gentilshommes de l'Ouest et du Midi, désœuvrés par la fin des guerres d'Italie, donna l'occasion aux Bourbon – princes du sang qui pouvaient, en raison de leur naissance, revendiquer la direction des affaires accaparée par les Guise – de réunir autour d'eux tous les gens avides d'action. En mars 1560, la conjuration – ou tumulte – d'Amboise, organisée par le fougueux prince de Condé, avait pour objet de capturer les Guise, de les faire juger par les états généraux et de confisquer la direction des affaires au profit des Bourbon. Mais elle fut ébruitée et tourna à la confusion des conjurés.

Après leur arrestation, l'intervention de Catherine de Médicis, pour incliner son fils à la clémence et, plus généralement, pour contrebalancer la puissance des Guise, infléchit la politique dans un sens plus tolérant (édits d'Amboise et de Romorantin en mars et en mai 1560). Ces efforts se poursuivirent après la mort de François II en décembre 1560. Catherine de Médicis obtint du roi de Navarre, Antoine de Bourbon, d'exercer elle-même la régence de Charles IX qui n'avait que neuf ans et demi. Elle tenta de mettre en œuvre une politique de conciliation qui trouva son illustration dès les états généraux d'Orléans (décembre 1560) – au cours desquels le chancelier de L'Hospital prononça son célèbre appel à la tolérance : « *Ôtons ces mots diaboliques, noms de partis, factions et séditions, luthériens, huguenots, papistes ; ne changeons le nom de chrétiens* » – et lors du colloque de Poissy (septembre 1561), auquel Montaigne fait allusion dans ses *Essais*.

En avril 1561, les plus grands personnages – Bourbon exceptés – du royaume (le duc de Guise, le connétable de Montmorency et le maréchal de Saint-André) formèrent le triumvirat pour la défense du catholicisme. Même s'il s'agissait en réalité d'une alliance de circonstance (entre trois ex-favoris d'Henri II) destinée à faire face à la montée en puissance de la nouvelle génération des Condé et des Coligny, cette formation ne pouvait que faire échouer la politique de Catherine de Médicis. Le conflit entre les partis devenait inévitable.

Les trois premières guerres (1562-1570)

La première guerre (1562-1563)

Elle eut pour signal le massacre par les gens du duc de Guise à Wassy, le 1er mars 1562, de protestants illégalement réunis dans une grange pour y célébrer leur culte. Les principaux événements de cette guerre sont la prise de Rouen par les catholiques le 26 octobre 1562 (au cours de ce siège, Montaigne rencontra ses Cannibales), la victoire catholique de Dreux le 19 décembre, où le maréchal de Saint-André trouva la mort, et le siège d'Orléans, au cours duquel François de Guise, le 18 février 1563, fut assassiné par le protestant Poltrot de Méré. Catherine de Médicis conclut avec les protestants la paix d'Amboise le 19 mars 1563, et, dans le but d'apaiser le royaume, après avoir fait proclamer la majorité de Charles IX (août 1563), elle entama avec lui un long voyage à travers le pays, de mars 1564 à mai 1566, pour faire connaître le jeune prince à ses peuples.

La deuxième guerre (1567-1568)

Elle a pour origine lointaine l'entrevue de Bayonne, en juin 1564, entre Catherine de Médicis et l'ambassadeur de Philippe II d'Espagne. Les inquiétudes que firent naître ces négociations (dont pourtant rien ne ressortit de précis) chez les protestants, encouragés eux-mêmes par la révolte des Pays-Bas de tendance réformée contre le pouvoir espagnol ultra-catholique en août 1566, les poussèrent à tenter – vainement – d'enlever Charles IX à Meaux le 28 septembre 1567. Ils furent battus le 10 novembre, à Saint-Denis, par Montmorency qui mourut lors de cette bataille, et ils signèrent la paix de Longjumeau le 23 mars 1568.

La troisième guerre (1568-1570)

Elle s'explique par la rancœur de Catherine de Médicis à l'égard du procédé utilisé par les protestants. Cette guerre éclata dès septembre 1568, à la suite de la disgrâce du chancelier Michel de L'Hospital – marquant la fin de la période de conciliation – et d'un ordre d'arrestation contre Louis de Condé et l'amiral de Coligny. Plus acharnée que les précédents heurts, elle fut marquée par les victoires catholiques de Jarnac, le 13 mars 1569 – où le prince de Condé fut abattu de sang-froid par un gentilhomme du duc d'Anjou, futur Henri III –, et de Moncontour, le 3 octobre de la même année. Ces victoires auréolèrent Henri d'Anjou d'une gloire militaire acquise à peu de frais mais qui provoqua la jalousie de Charles IX. Bizarrement, le traité de Saint-Germain, le 8 août 1570, fut assez avantageux pour les protestants compte tenu de leurs défaites sur le terrain. Ils obtinrent l'amnistie, l'autorisation d'exercer leur culte dans deux villes par province et quatre places de sûreté pour deux ans : La Rochelle, Cognac, Montauban et La Charité-sur-Loire.

Les quatrième et cinquième guerres, tournant des hostilités (1572-1576)

Un retournement complet des données politiques suit la paix de Saint-Germain. Catherine de Médicis, qui n'aimait pas l'amiral de Coligny, se rendit compte qu'en poursuivant cette politique de ménagements à l'égard des protestants, les Valois risquaient d'être renversés par les Guise, en particulier le cardinal Charles de Lorraine et surtout son neveu Henri de Guise, très populaire comme son défunt père François : un grand parti catholique virtuel se profilait contre la monarchie.

Aussi la reine mère se jugea-t-elle dans l'obligation de devancer les Guise et de frapper le parti protestant à la tête. Un attentat contre Coligny fut organisé, qui échoua peu de jours après le mariage d'Henri de Navarre avec la sœur de Charles IX, Marguerite de Valois. Beaucoup de protestants se trouvaient à Paris en l'honneur des festivités de la noce. Paniquée par l'échec de la tentative d'assassinat de Coligny – lequel avait l'oreille du roi – dont les instigateurs risquaient d'être découverts, la reine mère vraisemblablement poussa son fils Charles IX à ordonner le massacre de tous les huguenots durant la nuit du 23-24 août. Montaigne, manifestement en signe de réprobation et de dégoût, ne dit pas un mot de l'événement dans ses *Essais*. Seuls chefs à avoir survécu : Henri de Navarre et son cousin Henri de Condé, fils de Louis.

La quatrième guerre (1572-1573)

Elle fut donc déclenchée par le massacre de la Saint-Barthélemy. Son principal épisode est la vaine tentative des catholiques menés par les troupes du duc d'Anjou – lequel fut entre-temps élu au trône de Pologne le 9 mai 1573 – pour s'emparer de La Rochelle. L'édit de Boulogne, en juillet 1573, terminait les hostilités : la liberté de conscience – on comprend que Montaigne ait fait de cette question le thème central de son deuxième livre des *Essais* – fut accordée une nouvelle fois aux protestants, mais la liberté de culte n'était plus autorisée que dans trois villes (La Rochelle, Nîmes et Montauban).

La cinquième guerre (1574-1576)

Après la mort de Charles IX en mai 1574 et le retour en France du duc d'Anjou comme roi sous le nom d'Henri III, cette guerre commença en novembre 1574. Au cours de ces « *troubles civils* », les partis ne furent plus aussi tranchés qu'auparavant : une partie des catholiques, les « Malcontents », s'étaient, en effet, rapprochés des huguenots, et leur union se manifesta sous la conduite du dernier fils de Catherine de Médicis, le duc François d'Alençon. Ses principaux alliés étaient Henri Damville, le second fils du connétable de Montmorency, dans le Languedoc, et les protestants de l'Ouest. Cette montée en puissance d'une alliance entre protestants modérés et catholiques malcontents – formant le parti des Politiques – s'expliquait par la colère suscitée par le massacre de la Saint-Barthélemy inassouvie aussi bien chez Catherine de Médicis, qui constate l'inefficacité d'un tel massacre, que chez les protestants, désormais plus que jamais décidés à obtenir gain de cause. Cette cinquième guerre vit la victoire du duc Henri de Guise à Dormans, le 10 octobre 1575, sur les « reîtres » (mercenaires allemands) recrutés par Guillaume de Montmorency, seigneur de Thoré, autre fils du connétable. Mais, outre la gravité politique de la situation créée par François d'Alençon, qui plaçait – ce qu'on n'avait encore jamais vu – un « fils de France » à la tête des adversaires de l'autorité royale, Henri III dut faire face aux soldats allemands levés par le prince Henri de Condé dans l'Empire. Ils faisaient, en mars 1576, leur jonction avec les troupes du duc d'Alençon (après avoir ravagé la Moselle, la Meuse et la Bourgogne : cela donne une idée de la vie en campagne à cette époque). Henri III apprit, de surcroît, la fuite d'Henri de Navarre, prisonnier à la Cour depuis la Saint-Barthélemy, dans la nuit du 2 au 3 février 1576, en route vers la Gascogne. Aussi le roi de France se vit-il contraint de signer l'édit de Beaulieu le 6 mai 1576, sanctionnant la paix dite « de Monsieur », très favorable aux protestants, puisqu'ils avaient le droit, sauf à Paris, de célébrer leur culte dans toute la France, d'accéder à toutes les fonctions, d'occuper huit places fortes au lieu des quatre de l'édit de Saint-Germain et d'avoir, dans chaque parlement, des chambres mi-parties où les juges seraient pour moitié catholiques et protestants. Ce résultat provoqua la formation de la Ligue dès 1575 : on l'appelle « la première Ligue », celle des princes, par opposition à la Ligue parisienne qui se développera après 1585 et associera aux grands toute la petite bourgeoisie parisienne ultra-catholique.

Les sixième et septième guerres, simples péripéties (1576-1580)

La sixième guerre (1576-1577)

Elle voit les succès des catholiques à La Charité et à Issoire, d'avril à juin 1577. Elle fut déclenchée à titre préventif par les chefs protestants, au moment de la réunion, par Henri III, des états généraux de décembre 1576, au cours desquels le roi se proclama chef de la Ligue et annonça qu'il ne tolérerait plus qu'une seule religion dans son royaume, « *selon qu'il l'avait juré à son sacre* » un an auparavant. Les protestants avaient avancé en Poitou et en Guyenne : c'est alors que Montaigne se trouva vraiment « *dans le moiau de tout le trouble des guerres civiles de France* » (II, 6 : « De l'exercitation »). Henri de Navarre s'était emparé d'Agen. Le 17 septembre 1577, grâce aux dispositions conciliantes de ce dernier, désormais chef incontesté du parti protestant, le traité de Bergerac fut signé et confirmé par l'édit de Poitiers le 8 octobre suivant. C'était la paix du Roi par opposition à celle de Monsieur en 1576. Cet édit de Poitiers marque un tournant dans l'histoire des guerres de Religion. Comme il n'imposait pas le rétablissement de l'unité religieuse, il était acceptable pour les protestants. Et, du fait qu'il n'accordait pas de privilèges excessifs à ces derniers, les catholiques pouvaient l'admettre. C'est pourquoi il procura au royaume sept années de calme relatif, sans toutefois ramener une paix complète.

La septième guerre (1579-1580)

Dite « la guerre des Amoureux », par référence aux seigneurs frivoles et débauchés qui entouraient Henri de Navarre et sa femme Marguerite à la petite Cour de Nérac, cette guerre ne fut qu'un épisode engagé avec légèreté par le camp huguenot parmi la décomposition généralisée de l'État qui s'accomplissait alors. Après la prise de Cahors, le 5 mai 1580, les protestants ne connurent que des échecs, et Henri de Navarre signa, le 26 novembre 1580, la paix de Fleix, qui confirmait celle de Bergerac. Mais le fait essentiel était la rivalité personnelle des trois personnages qui s'affrontaient au sommet de l'État : le roi Henri III, son frère François d'Alençon devenu à son tour duc d'Anjou et le duc Henri de Guise. Chacun était à la tête d'une clientèle de fidèles dévoués jusqu'à la mort et prêts à tout en échange des libéralités de leur maître. À cet égard, Henri III, entouré d'adversaires puissants, trouva un appui solide dans le courage et le dévouement à toute épreuve de ses Mignons. « *Roi de la basoche* » selon ses adversaires, autrement dit « souverain fantoche », il essaya vainement de restaurer la monarchie absolue par une intense activité législative, qui resta, hélas ! lettre morte. Pendant ce temps, Montaigne était en plein voyage à travers la France, l'Allemagne et l'Italie (juin 1580-novembre 1581).

La guerre de la Ligue (1585-1598)

La guerre des Trois Henri – Henri III, Henri de Navarre et Henri de Guise – a pour origine la mort de François d'Alençon en juin 1584. Dès septembre, la seconde Ligue se forma pour empêcher le passage redouté du royaume au protestantisme en la personne du nouvel héritier présomptif Henri de Navarre. Les affrontements commencèrent à la suite du traité de Nemours, le 7 juillet 1585, par lequel Henri III s'alliait à la Ligue et révoquait toutes les concessions faites jusque-là aux protestants.

De fait, Henri III était plutôt l'otage que l'allié de la Ligue menée par Henri de Guise : il combattit donc Henri de Navarre à contrecœur. Ce dernier remporta la victoire de Coutras, le 20 octobre 1587, mais les succès d'Henri de Guise à Vimory, le 26 octobre, et à Auneau, le 24 novembre, contre les renforts suisses et allemands financés par la reine Élisabeth Ire d'Angleterre pour soutenir les huguenots, empêchèrent la jonction des forces protestantes. La journée des Barricades, le 12 mai 1588, alors que Montaigne s'apprêtait à faire éditer précisément à Paris son troisième livre des *Essais*, consomma la rupture entre Henri III et la Ligue. Le roi, en effet, avait fait entrer ses troupes dans la capitale – ce qui avait soulevé la protestation des ligueurs dénonçant le risque d'une Saint-Barthélemy des catholiques. Le roi, de plus en plus humilié par la montée en puissance et la popularité d'Henri de Guise, réunit les états généraux de Blois en octobre de la même année. Il en profita pour faire exécuter, pour crime de lèse-majesté, le duc de Guise, le 23 décembre, et son frère, le cardinal Louis de Guise, le 24, par sa garde des Quarante-Cinq. Quinze jours plus tard s'éteignait la reine mère, Catherine de Médicis. On assista alors à un déchaînement de passion tyrannique, non plus chez les protestants, mais dans la Ligue, désormais dirigée par le duc de Mayenne, autre frère d'Henri de Guise. Henri III s'allia avec Henri de Navarre et vint avec lui mettre le siège devant Paris. Le 1er août 1589, l'assassinat d'Henri III par Jacques Clément fait d'Henri de Navarre le souverain de droit sous le nom d'Henri IV. Mais les catholiques refusent de le reconnaître, bien que le parti modéré des Politiques gagne du terrain dans l'opinion publique et travaille à l'apaisement et à la réconciliation des adversaires sous l'autorité royale.

Vainqueur du duc de Mayenne à Arques, en septembre 1589, et à Ivry, en mars 1590, Henri IV ne put toutefois s'emparer de Paris. Le fanatisme de la Ligue atteignait alors son paroxysme dans la capitale assiégée... En avril 1591, Alexandre Farnèse débloquait Rouen de l'emprise d'Henri IV et, par là même, remettait en cause l'exercice effectif de sa royauté. À la mort de Montaigne en septembre 1592, rien n'était réglé.

Le 25 juillet 1593, Henri IV se résolut à abjurer le protestantisme. En 1594, il était sacré à Chartres et fit bientôt son entrée solennelle dans Paris. Après la victoire de Fontaine-Française, le 5 juin 1595, il obtint pour finir la soumission de Mayenne lui-même, à la suite de plusieurs villes.

Le 13 avril 1598, l'édit de Nantes, instaurant la liberté de conscience et des garanties aux deux camps, mettait définitivement un terme aux guerres de Religion.

Montaigne en son temps

	Vie et œuvre de Montaigne	Événements historiques et culturels
1533	Naissance de Michel de Montaigne. Il est placé dans un hameau de bûcherons.	Mariage du dauphin (futur Henri II) avec Catherine de Médicis.
1535	Confié à un pédagogue allemand, il apprend, selon une méthode originale, le latin avant le français.	
1536		Arrivée de Calvin à Genève.
1539	Entrée au collège de Guyenne à Bordeaux, l'un des premiers de France.	Ordonnance de Villers-Cotterêts.
1547	Étudie le droit à Toulouse.	Mort d'Henri VIII et de François Ier.
1557	Entre comme conseiller au parlement de Bordeaux.	
1558	Début d'une amitié unique avec Étienne de La Boétie.	Mort de Charles Quint. Du Bellay, *Les Regrets*.
1559	Montaigne suit François II, le nouveau souverain, à Bar-le-Duc.	Mort d'Henri II. François II lui succède.
1562	Montaigne suit la Cour au siège de Rouen où il rencontre les indigènes évoquées dans son essai *Des Cannibales* (I, 31).	Massacre des Huguenots à Wassy : première guerre de Religion. Ronsard, *Discours des misères de ce temps*.
1563	Mort de La Boétie (18 août).	Assassinat du duc François de Guise.
1565	Mariage de Montaigne avec Françoise de La Chassaigne.	Philibert Delorme construit les Tuileries.
1568	Mort de son père, Pierre Eyquem.	Emprisonnement de Marie Stuart. Troisième guerre de Religion.
1569	Publie la traduction de *La Théologie naturelle* de Raimond Sebond.	Mercator dresse sa carte du monde.
1570	Vend sa charge de conseiller au parlement de Bordeaux.	Édit de Saint-Germain : liberté de culte pour les protestants.
1571	Se retire dans son château.	Palladio, *Traité d'architecture*.

	Vie et œuvre de Montaigne	Événements historiques et culturels
1572	Début de la composition des *Essais*.	Massacre de la Saint-Barthélemy.
1574	Participe à la reprise de Fontenay-le-Comte aux protestants.	Mort de charles IX. Avènement d'Henri III.
1576	Fait frapper une médaille portant la devise « *Que sais-je ?* ».	Paix de Monsieur : formation de la première Ligue.
1577	Devient gentilhomme de la Chambre du roi de Navarre.	Jean de Léry, *Histoire d'un voyage fait en la terre du Brésil…*
1580	Publication des deux premiers livres des *Essais* à Bordeaux (mars). Voyages à la Cour, en Suisse…	Prise de Cahors par Henri de Navarre.
1581	Séjour à Lucques. Apprend son élection à la mairie de Bordeaux. Regagne la France à la demande expresse d'Henri III.	Les Provinces-Unies des Pays-Bas proclament leur indépendance.
1582	Deuxième édition bordelaise des *Essais* avec quelques additions inspirées du voyage (état A).	Grégoire XIII institue le calendrier grégorien.
1583	Réélu à la mairie de Bordeaux. Rôle de négociateur entre les partis d'Henri III et d'Henri de Navarre.	
1585	Peste à Bordeaux : il quitte son château. Commence la rédaction du troisième livre des *Essais*.	Reprise de la guerre (huitième et dernière). Mort de Ronsard.
1588	Publication du troisième livre avec de considérables additions aux deux premiers (état B). À Paris, est embastillé quelques heures puis libéré à la demande de la reine mère.	Journée des Barricades (12 mai) : Henri III quitte Paris aux mains des ligueurs. Exécution d'Henri de Guise et de son frère le cardinal Louis de Guise.
1589	Nouveaux ajouts aux *Essais* en vue d'une nouvelle édition.	Mort de Catherine de Médicis. Assassinat d'Henri III.
1592	Mort de Montaigne dans son château (13 septembre).	Shakespeare, *Richard III*. Naissance du peintre Jacques Callot.
1595	Édition posthume des *Essais* à Paris.	La Ligue fait régner la terreur et le fanatisme dans Paris assiégé.

structure de l'œuvre

L'édition de 1580 en deux livres

Quand Montaigne produit ses *Essais*, publiés chez l'imprimeur bordelais Simon Millanges, il ne paraît pas envisager une édition ultérieure, et son ouvrage en deux volumes constitue un ensemble qui se veut cohérent et complet. Comme l'a montré Michel Butor, l'architecture des deux premiers livres repose sur des principes de symétrie à partir de leurs chapitres centraux.

Cela est particulièrement flagrant pour le premier livre, qui comporte 57 chapitres. Montaigne lui-même nous en donne la clé au commencement de l'essai « De l'amitié » (I, 28), lequel précède immédiatement le chapitre central du volume. Il compare sa besogne à celle d'un peintre de sa connaissance : « *Il choisit le plus bel endroit au milieu de chaque paroi pour y loger un tableau élaboré de toute sa suffisance* [capacité] ; *et, le vide tout autour, il le remplit de grotesques, qui sont peintures fantasques, n'ayant grâce qu'en la variété et l'étrangeté.* » Montaigne rapproche donc ses *Essais* de ces fameux grotesques remis à la mode au XVIᵉ siècle après la redécouverte, à Rome, de la Maison dorée de Néron, dont les pièces comportaient nombre de telles figures.

Mais, pour ce qui est du morceau à placer au « *plus bel endroit* », il soutient que sa « *suffisance ne va pas si avant que d'oser entreprendre un tableau riche, poli et formé selon l'art* ». Et il ajoute : « *Je me suis avisé d'en emprunter un d'Étienne de La Boétie.* » Le chapitre 29, parfait milieu du premier livre des *Essais*, sera non pas le « Discours de la servitude volontaire » comme prévu initialement (parce que entre-temps ce pamphlet a été récupéré par les protestants pour défendre leur cause, après les massacres de la Saint-Barthélemy), mais le recueil des « Vingt et neuf sonnets ».

Le deuxième livre des *Essais* met au cœur de ses préoccupations, comme de son organisation interne, la liberté – d'esprit et de conscience – et la paternité – charnelle et littéraire. Il comporte 20 chapitres de moins que le précédent (37 au lieu de 57), mais l'un d'entre eux, l'« Apologie de Raimond Sebond » (II, 12), est à lui seul une somme de plus de 200 pages. Dans le détail, il se confirme que les quatre piliers de ce second tome se répondent deux à deux : « De l'affection des peres aux enfans » (II, 8) trouve un écho dans le chapitre ultime « De la ressemblance des enfans aux peres » (II, 37) ; l'« Apologie de Raimond Sebond » (II, 12) tente de débarrasser l'esprit humain des entraves intellectuelles qui brident sa liberté, tandis que l'essai « De la liberté de conscience » (II, 19), centre optique du livre, inscrit cette liberté comme une revendication absolue dans le triste contexte des guerres de Religion.

Il faut ajouter à ces piliers certains contreforts, chapitres de soutènement si l'on peut dire, traitant d'autres thèmes majeurs : d'abord « De l'exercitation » (II, 6), qui insiste sur une expérience directe de Montaigne avec ce qu'il crut être sa propre mort ; puis « Des livres » (II, 10), qui procède à une esquisse assez nourrie – et enrichie d'additions – des goûts littéraires de Montaigne ; un autre jeu de miroirs est repérable entre les essais 11 (« De la cruauté ») et 27 (« Couardise mere de la cruauté ») ; enfin, les chapitres 17 et 18, « De la præsomption » et « Du démentir », qui s'enchaînent et sont placés au centre du volume juste avant « De la liberté de conscience », relancent l'autoportrait.

L'édition de 1588 : un troisième livre et des additions aux deux premiers

Le livre III vient 8 ans après les deux précédents. Dicté à Montaigne par une nouvelle inspiration, par des soucis et des souvenirs qui ont étoffé son expérience, il obéit à une économie tout autre, et de ce fait modifie largement l'économie générale de l'œuvre. L'écrivain introduit du troisième aux deux premiers livres des symétries et des appels d'air qui élargissent l'horizon du lecteur, les additions (état B) insérant par ailleurs, dans le texte des chapitres déjà en place (livres I et II), ce même souffle pour donner du moelleux et de l'harmonie à l'ensemble. D'autres ajouts (état C, 1592), cette fois aux trois livres, parachèveront la besogne tout en insistant sur le caractère toujours évolutif et provisoire de la réflexion.

Au lieu des courts chapitres (le plus souvent) des deux premiers volumes, le livre III contient seulement 13 essais assez longs : chacun fait au moins une quinzaine de pages, sauf le chapitre central (III, 7), « De l'incommodité de la grandeur » (6 pages), mis ainsi artificiellement en relief. Parmi eux, on compte certains chapitres fleuves, comme « Sur des vers de Virgile » (III, 5), « De la vanité » (III, 9) – qui, par son étendue, semble calquer le sujet dont il traite –, et encore « De l'experience » (III, 13) – essai final et figure de proue qui résume toute l'œuvre et lui donne son sens ultime par l'importance accordée au corps et à la vie concrète.

Les rapprochements à faire concernent notamment : « De trois commerces » (III, 3) qui, dans ses remarques sur la lecture, fait écho à l'essai « Des livres » (II, 10) ; « Des coches » (III, 6), qui est à lire en parallèle avec « Des Cannibales » (I, 31) ; et « Sur des vers de Virgile » (III, 5) et « De la vanité » (III, 9), dont les observations littéraires évoquent « De l'institution des enfans » (I, 26). Mais on pourrait aussi montrer, en matière d'éthique, la confirmation, dans les chapitres « De la diversion » (III, 4) ou « De la phisionomie » (III, 12), d'une tendance à la simplicité et à l'acceptation du mourir qui ressortait déjà, derrière la satire de toutes les cérémonies sociales accompagnant la mort, d'essais comme « Que Philosopher, c'est apprendre à mourir » (I, 20), « Du jeune Caton » (I, 37) et assimilés.

Bilan et interprétation

Chacun des trois livres des *Essais* comporte donc un nombre de chapitres impair et décroissant, mais débouchant finalement sur un volume équivalent. Si l'on doit tenter d'en dégager une structure, on peut dire que les deux premiers livres apparaissent comme bâtis suivant un principe de symétrie par rapport à leur centre (I, 29 : « Vingt et neuf sonnets d'Estienne de La Boetie » ; II, 19 : « De la liberté de conscience »). Le troisième livre pourrait s'ordonner sur ce même modèle qui met alors en valeur le renoncement de Montaigne à toute ambition autre que littéraire, avec un chapitre 7 intitulé « De l'incommodité de la grandeur » ; mais ce troisième livre révèle surtout comme centre de gravité et comme support de son organisation profonde le chapitre final, « De l'experience » (III, 13), auquel tout aboutit.

Or le découpage thématique des trois livres prouve que les *Essais* ne sont en aucun cas une œuvre laissée au hasard, probablement pas même – quoi qu'en dise Montaigne – dans le détail de leur rédaction et des caractéristiques de chaque chapitre, et encore moins dans leur composition et dans les grandes questions qu'ils abordent. Le premier livre, fidèle aux vœux du mur de la librairie (*cf.* Biographie), s'emploie à donner à Étienne de La Boétie « *un sien second vivre* » en plaçant ses « *vingt-et-neuf sonnets* » au cœur des 57 chapitres qu'il contient. Dès novembre 1570, dans une *Lettre à son père*, Montaigne avait fait le récit des neuf jours (9-17 août 1563) que durèrent la maladie et l'agonie de son ami, et ce texte explique peut-être à lui seul la composition des deux premiers livres. C'est à tout le moins, puisqu'il est publié deux ans après la mort de Pierre Eyquem, la première œuvre par laquelle Michel s'affirme écrivain. Le futur essayiste n'a pas brillé dans la carrière des armes, ni en tant que magistrat, contrairement aux espoirs que fondait Pierre Eyquem en ce fils aîné. C'est La Boétie qui semble avoir déterminé Montaigne dans sa mission d'écrivain. Tous deux sont associés dans le souvenir qu'en garde Montaigne. Ils font partie de son « *enfance* » : le premier parce qu'il est mort alors que le futur écrivain venait d'avoir 30 ans, le second pour des raisons plus évidentes et qui donnent à penser, au sortir du premier livre des *Essais*, que chez Montaigne non seulement l'amitié et l'éducation sont liées mais qu'elles s'entremêlent dans leurs caractéristiques. En outre, la structure du premier livre ménage des symétries très précises : citons au moins les essais 8 et 50, qui, sortant de l'anecdote, élucident l'un et l'autre, à sept chapitres du début et de la fin du volume, la notion même d'*essai*.

Quant au deuxième livre, il confirme l'importance des deux figures masculines. L'« Apologie de Raimond Sebond » (II, 12), constituant un ouvrage par elle-même, domine l'ensemble de ce volume et y fait planer la généreuse ombre paternelle prise dans l'enthousiasme de la Renaissance première période et dans son appétit de savoir : en écrivant une somme de pure spéculation intellectuelle aussi considérable, aussi hétéroclite, aussi répétitive et broussailleuse parfois, Montaigne ne s'efforce-t-il pas de solder une bonne fois les comptes des devoirs qu'il voulait rendre à « *un si bon père* », auteur à son endroit d'une « *forme d'institution exquise* » ? Face à un tel magma d'opinions et de connaissances, la position adoptée par Montaigne est alors assez logiquement le « *Que sais-je ?* ». Et, pour la figure de Julien l'Apostat placée au centre des 37 chapitres, comment ne pas voir s'en dégager en surimpression celle de l'auteur du *Discours de la servitude volontaire*, pamphlet que La Boétie écrivit « *par manière d'essai en sa première jeunesse, à l'honneur de la liberté contre les tyrans* » ? Au passage, on peut remarquer le vocable d'« *essai* » appliqué par Montaigne à l'œuvre de son ami, et qui trouve ainsi peut-être une autre de ses sources comme titre pour la sienne. Julien l'Apostat et La Boétie sont morts « *en la fleur de l'âge* ». Plus important : les deux personnages, malgré tout ce qui les sépare (La Boétie professait un catholicisme sans vacillements de conscience, Julien, aux dires de Montaigne, « *n'avait jamais eu à cœur notre religion* »), sont d'ardents défenseurs de la liberté, et l'un comme l'autre ont tenté de maintenir les valeurs de la culture antique. Enfin, ce deuxième livre exprime, après le premier dont l'essai final, « De l'aage » (I, 57), soulignait déjà l'empreinte du temps, la volonté de Montaigne de sortir définitivement de l'« *enfance* » et de devenir un père digne de celui qu'avait été le sien, sinon avec ses enfants de chair, qui, hélas ! lui « *meurent tous en nourrice* », du moins avec ses *Essais*, enfants produits « *de l'accointance des Muses* » (II, 8).

Une fois libéré de tout cet héritage lourd à porter et à valoriser, Montaigne peut partir, l'esprit enfin en repos, pour son long voyage européen, d'où les affaires et l'ordre du roi vont le rappeler à la mairie de Bordeaux. Alors commencent à se faire sentir l'intérêt et le poids grandissants de l'expérience. Associée au bref chapitre central du troisième livre, « De l'incommodité de la grandeur » (III, 7), la maturité incline l'écrivain à renoncer sans regret à toute carrière pour ses actions et à livrer au public un bonheur de vivre retrouvé par l'écriture, au quotidien de ses appétits corporels et de ses habitudes, dans l'étonnant essai « De l'experience » (III, 13), emblématique de l'ensemble de l'œuvre.

Les thèmes que nous retiendrons parmi d'autres possibles, pour chacun des trois livres, sont l'amitié et le rôle de l'éducation (livre I), la paternité et l'importance de la liberté (livre II), l'expérience du corps et la recherche du bonheur (livre III). L'important tient au mode de relation instauré avec le lecteur, mode de relation évolutif avec les années, mais qui a toujours gardé pour bases un puissant appétit d'authenticité humaine, un goût de l'échange avec autrui et une exigence de fidélité à soi-même de la part de Montaigne.

Montaigne et la « bigarrure » au XVIᵉ siècle

Montaigne est le premier à avoir utilisé le mot *essai* pour en faire un titre de livre. À vrai dire, il disposait, pour un ouvrage comme le sien, de nombreuses possibilités consacrées par la tradition : *Mélanges*, *Variétés*, *Sentences*, *Méditations*, etc. Mais il ne semble pas tenir outre mesure à intégrer son livre dans un genre codifié. Il préfère le présenter comme un livre hors genre, ou tout au moins comme un livre unique en son genre, un livre sans exemple. Par leur facture très libre et très mêlée, les *Essais* empruntent certes à une multitude de catégories littéraires encore en vogue à la Renaissance (et se chevauchant parfois) : compilations, commentaires, leçons, adages, épîtres ou *moralia*. Mais précisément, en multipliant les influences, Montaigne s'est libéré de tout cadre, et il a donné naissance à une forme ouverte, neuve et atypique.

Une œuvre unique et totalisante

Les *Essais* ne peuvent, en toute rigueur, être qualifiés d'autobiographie, en l'absence d'aucune trame narrative constituée par le déroulement de la vie de l'auteur. Ils n'ont pas l'aspect démonstratif de confessions à la manière de saint Augustin ou, plus tard, de Rousseau. On ne peut pas non plus y voir une chronique ni des annales (qui feraient leur place aux dates), encore moins un journal intime, avec les écueils qu'implique, pour celui qui le tient, l'intimité de l'auteur censé être seul mais sachant que tout écrit appelle un lecteur. Ce ne sont pas non plus des mémoires, qui comportent une part d'autojustification rétrospective pour le rôle qu'ils imposent au mémorialiste, suivant les exigences de ce genre au XVIᵉ siècle, d'avoir joué sur la scène de l'Histoire ; ni bien sûr un traité, ni une somme, puisque la caractéristique de l'essai est de ne pas exposer une matière « à fond » ; ni, enfin, une fiction (roman ou nouvelles), avec la nécessité qu'elle entraînerait de transformer la réalité. Ainsi le genre créé par Montaigne permet-il une économie de moyens maximale, une liberté de ton et un traitement des questions les plus variées, en général de philosophie ou de morale, en fonction de l'inspiration. D'où les nombreuses imitations qu'a suscitées ce modèle, notamment en Angleterre, de Bacon à Thackeray (première de toutes les imitations outre-Manche du livre de Montaigne, la version initiale de l'ouvrage de Bacon, parue dès 1597 et comprenant 10 essais, est enrichie pour une seconde édition de 38 essais en 1612, et en 1625 paraît la version définitive, comportant 58 chapitres).

Une œuvre « mestisse »

Tentative, coup d'essai, mise à l'épreuve de son jugement sans prétention à l'exhaustivité… Le fait est qu'en se laissant porter par les flots mouvants des événements et de ses états d'âme, Montaigne a surtout cherché à peindre son tempérament. Et, ce faisant, il rompt avec le dogmatisme et le pédantisme de la tradition savante. Il fait partie, selon son expression, des « *mestis* », au sens intellectuel du terme, de ces gens mixtes, mêlés, placés « *le cul entre deux selles* », à mi-chemin de l'ignorance naturelle et du parfait savoir. Ainsi se situe-t-il à la confluence du Moyen Âge et de l'époque moderne : il conserve, par exemple, non sans en faire un usage plus ou moins subversif, le réflexe des citations comme caution à son propos – ce qui, tout en traduisant un attachement au mode de pensée médiéval, relève d'une esthétique maniériste propre à la Renaissance. Aujourd'hui comme hier, par sa curiosité, par la lucidité de son regard sur une époque sombre mais qui fut sans doute l'une des plus passionnantes qu'ait connues notre région de la planète (apparition du Nouveau Monde, Réforme et Contre-Réforme, floraison artistique dans toute l'Europe, redécouverte de l'Antiquité, révolution copernicienne), Montaigne, témoin pleinement engagé dans son temps, mérite sans doute d'être lu pour la vivacité de sa langue et de son jugement. Reste une question à poser : comment l'idée a-t-elle germé chez l'honnête homme du Périgord de réaliser une telle œuvre ?

Naissance du genre de l'essai

Le genre de l'essai, dont Montaigne est le « créateur », s'est dégagé peu à peu de son inspiration laissée en liberté. L'auteur s'est aperçu que, livré à lui-même, son esprit, loin de se fixer et de s'arrêter, ne cessait d'aller en tous sens au risque de le déstabiliser. Montaigne a eu besoin de discipliner sa pensée pour lui éviter d'extravaguer au vent. Il a pu, au départ, être influencé dans sa démarche, et dans le choix du terme *essai,* par la fondation, sous l'égide de Charles IX qui en signa les lettres patentes en novembre 1570, de l'Académie française de musique et de poésie, dont Jean-Antoine de Baïf, l'un des membres de la Pléiade, fut parmi les initiateurs. En effet, il était spécifié que cette académie avait à « *mettre en lumière l'usage des Essays heureusement réussis* » en matière de recherche poétique et musicale. Par ailleurs, on peut tenter d'apprécier le sens de ce choix en s'aidant d'un jugement émis dès 1584, c'est-à-dire avant même l'édition du troisième livre (dont il a pu par conséquent influencer la rédaction), par La Croix du Maine : « *Et afin d'éclaircir le titre de ce livre, qu'il appelle* Essais, *et pour dire ce qu'il contient et pour quelle raison il l'a ainsi intitulé, j'en dirai ici mon avis en passant. En premier lieu ce titre ou inscription est fort modeste, car si on veut prendre ce mot d'*Essais *pour coup d'*Essai, *ou apprentissage, cela est fort humble et rabaissé, et ne ressent rien de superbe ou arrogant ; et si on le prend pour* essais ou expériences, c'est-à-dire discours pour se façonner sur autrui, il sera encore bien pris en cette façon : car ce livre ne contient autre chose qu'une ample déclaration de la vie dudit sieur de Montagne et chacun chapitre contient une partie d'icelle : en quoi me plaît fort la réponse que ledit sieur fit au Roi de France Henri III, lorsqu'il lui dit que son livre lui plaisait beaucoup : – Sire, répondit l'auteur, il faut donc nécessairement que je plaise à Votre Majesté, puisque mon livre lui est agréable, car il ne contient autre chose qu'un discours de ma vie et de mes actions. »

L'essai comme démarche intellectuelle

Le terme *essai*, Montaigne le réserve volontiers pour désigner, plus que ses écrits eux-mêmes, sa méthode intellectuelle, son style de vie, son expérience de soi. La racine du mot se trouve dans le latin postclassique *exagium* : « pesée, poids ». Les dérivés romans remontent sémantiquement à l'acception actuelle du mot *essai*, attestée dès le IVe siècle, alors que la signification concrète (« mesure de poids ») ne persiste qu'en latin. D'autres sens concrets dérivés apparaissent dans les langues romanes, comme « échantillon de nourriture » et « dégustation préalable de mets et boissons ». En France, au XVIe siècle, *essai* signifie donc « exercice, prélude, épreuve, tentative, tentation, échantillon de nourriture » ; et le verbe *essaier*, « vérifier, tâter, éprouver, goûter, induire en tentation, entreprendre, s'exposer au danger, peser, supputer, courir un risque, prendre son élan ». Mais, comme l'a remarqué Francis Goyet, une acception particulière était réservée au domaine judiciaire. Afin d'endiguer l'inflation des magistratures qu'entraînait la vénalité des offices (puisque, pour être magistrat, il suffisait d'acheter sa charge), un examen de passage intitulé *essai du sens* avait en effet été instauré, qui s'imposait aux futurs parlementaires, ou « *pourvus* », détenteurs de la charge dont ils avaient fait l'achat. On présentait au « *pourvu* » un cas à juger et l'on appréciait non pas la solution à laquelle il aboutissait, autrement dit le verdict qu'il pouvait proposer de rendre, mais la qualité et la pertinence de son jugement en train de s'exercer, c'est-à-dire le raisonnement juridique mis en œuvre, le discernement dont le parlementaire en herbe faisait preuve. L'important n'était pas le sujet traité, mais le sens critique qui le sondait. Montaigne, dans son livre, semble avoir voulu généraliser cet usage aux autres domaines de la réflexion morale et intellectuelle. Chez lui, l'*essai du sens* devient « *essai du jugement* » et se met au pluriel : d'un examen pratique vérifiant les capacités élémentaires d'un candidat en matière juridique, on passe à un examen permanent sur tous les sujets.

L'essai comme « expérience »

L'essai, c'est encore l'expérience, qui est chez Montaigne pour ainsi dire le « *moiau* » de tous les thèmes à aborder. La notion d'expérience, de fait, recouvre au moins trois réalités : « *l'exercitation* », d'abord, la confrontation de l'homme aux aléas de la vie et, par exemple, à un accident de cheval qui faillit coûter la vie à Montaigne ; l'expérimentation, ensuite, en d'autres termes la mise à l'épreuve du cœur et de l'esprit par les exercices auxquels notre écrivain, formant ainsi son jugement, se soumet cette fois délibérément, et dont on vient de dire un mot ; et enfin la maturité, c'est-à-dire la somme d'expériences à quoi aboutissent les *Essais* dans leur chapitre ultime « De l'experience » (III, 13). Dans toutes ces occasions l'âme s'essaye et s'éprouve – ce qui lui permet de mieux se connaître pour finalement mieux vivre en passant d'une fermeté toute théorique et un peu sèche, au sens charnu et complexe de l'existence, à une existence plus souple, plus précaire peut-être mais plus solide, car ayant pris pleinement conscience de ses limites.

Ce sont tous ces sens qui se dégagent du chapitre « De Democritus et Heraclitus » (I, 50). Et le fameux « *Laisse, lecteur, courir encore ce coup d'essai et ce troisième allongeail du reste des pièces de ma peinture* », en guise d'excuse à une digression au chapitre « De la vanité » (III, 9), fait discrètement allusion à la préface qu'avait écrite Clément Marot pour son *Adolescence clémentine* de 1532 : « *Ce sont œuvres de jeunesse, ce sont coups d'essai : ce n'est en effet autre chose qu'un petit jardin, là où toutefois ne verrez un seul brin de souci.* » Ainsi, le titre choisi par Montaigne insiste-t-il sur l'idée de résultat provisoire, d'esquisse et d'inachèvement de sa démarche, d'improvisation et de tentative également ; et il a été compris comme tel – on l'a vu avec La Croix du Maine – par les contemporains.

Renaissance et humanisme

La Renaissance

Ses multiples dimensions

La Renaissance fut une époque de renouveau. Renouveau intellectuel grâce à la découverte de l'imprimerie par Gutenberg, entre 1435 et 1465, et à la diffusion ainsi facilitée des livres à une grande échelle. Renouveau spirituel, c'est-à-dire religieux, amené par la Réforme protestante (Luther en Allemagne, puis Calvin à Genève) et la Contre-Réforme catholique (concile de Trente, 1545-1563), provoquant à l'échelle européenne des guerres de Religion, particulièrement agitées en France (1562-1598). À la fin du XVe siècle, déjà, la *Reconquista* espagnole (prise de Grenade en 1492) avait permis à Ferdinand d'Aragon et Isabelle de Castille de chasser définitivement les Maures musulmans de la péninsule Ibérique. Renouveau géographique, du fait des Grandes Découvertes (Colomb, 1492 ; Magellan, 1519-1522) initiées depuis l'Espagne et le Portugal, avec des conséquences commerciales mais aussi scientifiques importantes. C'est le passage du géocentrisme (système du grec Ptolémée : la Terre est plate et immobile au centre de l'univers) à l'héliocentrisme (Nicolas Copernic prouvant, en 1543, que la Terre tourne sur elle-même et autour du Soleil). Renouveau culturel enfin, avec l'apparition de l'humanisme, mouvement de pensée qui redonne à l'être humain une valeur négligée et amoindrie au Moyen Âge par la majesté divine : songeons à Rabelais qui louait les « *lettres d'humanité* », autrement dit la culture profane, par opposition à la culture sacrée privilégiée à l'époque médiévale.

Mais c'est la prise de Constantinople par les Turcs en 1453 qui, en entraînant un afflux de savants grecs et de manuscrits précieux vers l'Europe occidentale, va déclencher la remise à l'honneur de nombreux écrivains païens de l'Antiquité gréco-latine, eux qui étaient jusque-là restés confinés dans les monastères et biblio-thèques d'Europe orientale, dans ce qui restait de l'Empire byzan-tin (ou Empire romain d'Orient). C'est ainsi que, parmi les auteurs grecs, Homère (VIIIe s. av. J.-C.), Platon (V^e-IVe s. av. J.-C.) ou Plutarque (Ier-IIe s. ap. J.-C.), contrairement à Aristote (IVe s. av. J.-C.) déjà connu au Moyen Âge, deviennent pour ceux qu'on appel-lera « les humanistes » des lectures privilégiées, de même que, en ce qui concerne Rome, les dramaturges Plaute (IIIe-IIe s. av. J.-C.) et Térence (IIe s. av. J.-C.), l'homme politique et historien César (Ier s. av. J.-C.) et son contemporain l'orateur Cicéron, ou encore le phi-losophe Sénèque (Ier s. ap. J.-C.). La première moitié du XVIe siècle est une époque d'érudition enthousiaste marquée par un fort développement de l'imprimerie et des éditions de livres.

L'impact des guerres d'Italie

Sur le plan militaire, les guerres d'Italie (1494-1559), qui opposè-rent dans cette première partie du siècle les deux plus grandes puissances européennes, l'Espagne de Charles Quint et la France de François Ier, ont marqué une rupture, moins dans la vie poli-tique que dans la civilisation, en raison de l'attrait exercé par les grands artistes italiens du *quattrocento* : Filippo Brunelleschi et Leon Battista Alberti en architecture, Verrocchio ou Donatello en sculpture, Piero della Francesca, Mantegna, Botticelli en peinture. Après eux, au tournant du *cinquecento*, Bramante, Raphaël, Michel-Ange, Léonard de Vinci font leur apparition. Bientôt viendront Giorgione, Le Corrège, Le Titien, Véronèse, Arcimboldo, tant d'autres dont Le Rosso et Primatice qui firent le voyage de France à la demande de François Ier, comme Léonard de Vinci et Benvenuto Cellini. Tous ces noms donnent une idée de l'importance de ce mouvement, qui se matérialise par la modification de l'architecture à cette époque avec, à l'op-posé des châteaux forts médiévaux, la disposition aérée des châ-teaux de la Loire – Blois, Amboise, Chambord, Chenonceaux… – et même de ceux d'Écouen et de Fontainebleau.

L'humanisme

Qu'est-ce que l'humanisme ?

L'expression est une création tardive, apparue au XIXe siècle sous la plume du grand historien allemand de la Renaissance Jacob Burckhardt. Mais aux XVe et XVIe siècles, on connaît déjà le terme *humanistes*, qui désigne, dans l'argot des étudiants de l'époque, les professeurs de grammaire et de rhétorique, par extension les gens qui pratiquent ces disciplines. Dans l'Antiquité, le mot latin *humanitas* désignait « la culture générale » et en même temps « le savoir-vivre ». Alors qu'à l'époque de Cicéron à Rome l'expression *studia humanitatis* s'appliquait à un cycle de disciplines littéraires et morales, au moment où Montaigne atteint l'âge du collège elle signifie tout bonnement « l'étude des auteurs grecs et latins », puisqu'on est alors en pleine redécouverte de bon nombre de ces écrivains. Du reste, jusqu'à nos jours, la formule *faire ses humanités* a voulu dire « apprendre les textes importants de la littérature grecque et romaine ».

Le fait est que la notion d'humanisme, confondue avec les philosophies de la Renaissance qui insistaient sur la dignité de l'homme, a élargi considérablement avec le temps son acception. Les penseurs de cette période avaient pour la plupart été formés aux lettres classiques. De sorte que, d'un premier sens purement technique (discipline intellectuelle intégrant la philologie* critique et l'étude des langues), on est passé assez rapidement à un sens plus ample (mouvement culturel visant à la libération de l'homme par la redécouverte des lettres antiques). Les professeurs d'humanités – souvent d'origine grecque, comme Georges de Trébizonde ou Théodore Gaza dont parle Montaigne – acquièrent un certain prestige en dispensant des cours de rhétorique, de poésie, d'histoire, de littérature, de logique et de philosophie morale. Certes, tous les philosophes de la Renaissance n'étaient pas forcément des humanistes,

* *Cf.* Lexique.

certains demeuraient fidèles à la traditionnelle pensée scolastique*. Mais un idéal de restauration du beau style et de la pensée claire, sur le modèle de Platon et de Plutarque pour la Grèce, de Cicéron et de Virgile pour Rome, conduisit bientôt les savants à dénoncer la scolastique comme une pratique obscure et creuse, au nom de l'idée que le Moyen Âge aurait dévoyé la sagesse antique par des fautes de copie et d'interprétation en pagaille sur les manuscrits au fil des siècles. D'où la valeur accordée à l'imprimerie comme gage de qualité technique.

Le cadre géographique de l'humanisme

L'humanisme a pu se développer grâce à certaines universités et centres d'enseignement novateurs, réagissant aux conservatismes trop fréquents. Parmi ces lieux humanistes, citons Coïmbra au Portugal, Alcala de Henares en Espagne, le Collège royal de France rivalisant avec la Sorbonne à Paris, les nouveaux collèges fondés à Oxford et Cambridge en Angleterre, Padoue, Florence ou Bologne en Italie (même si, là-bas, le rôle des mécènes fut plus important que celui des universités), Vienne en Allemagne, Louvain dans les Flandres… On comprend, au vu de cette énumération, que Pierre Eyquem, le père de Montaigne, vétéran des guerres d'Italie, ait été « *échauffé de cette ardeur nouvelle de quoi le roi François Ier embrassa les lettres et les mit en crédit* », et qu'il ait recherché « *avec grand soin et dépense l'accointance des hommes doctes, les recevant chez lui comme personnes saintes et ayant quelque particulière inspiration de sagesse divine, recueillant leurs sentences et leurs discours comme des oracles, et avec d'autant plus de révérence et de religion qu'il avait moins de loi d'en juger, car il n'avait aucune connaissance des lettres, non plus que ses prédécesseurs* » (II, 12 : « Apologie de Raimond Sebond »). Grâce à ces centres, en effet, une grande Europe de la culture humaniste a commencé, dès le tournant des XVe et XVIe siècles, à se tisser, les échanges épistolaires et les voyages favorisant l'entente.

* Cf. Lexique.

Indéniablement, l'Europe, en dehors des foires commerciales qui établissaient bien souvent des liens internationaux, était devenue un foyer d'échanges entre intellectuels, philosophes et érudits, qui se rencontraient et entretenaient une correspondance suivie : le Français Guillaume Budé (1467-1540), les Anglais Thomas More (1478-1535), auteur de *L'Utopie*, et John Colet (1467-1519), le Hollandais Didier Érasme (1469-1536), auteur de *L'Éloge de la folie*, le poète italien Pietro Bembo (1470-1547) constituent des figures majeures de ce mouvement. La connaissance approfondie des langues anciennes favorisant la lecture directe et personnelle des textes sacrés, l'interprétation traditionnelle de l'Église s'est vite heurtée à celle des humanistes. L'un d'entre eux, le Français Jacques Lefèvre d'Étaples (1450-1536), est l'initiateur d'un mouvement de réexamen des textes bibliques antérieur au protestantisme et d'une ampleur bien moindre : l'évangélisme. Ce mouvement, qui connut un grand succès dans la génération du père de Montaigne, avec des écrivains comme Rabelais ou Clément Marot protégés durablement par la sœur de François Iᵉʳ, Marguerite de Navarre, elle-même fort cultivée, entendait discuter le dogme et favoriser une pratique plus authentique et tolérante de la foi chrétienne. Mais évidemment, le moine allemand Martin Luther (1483-1546) et le théologien français Jean Calvin (1509-1564) devaient avoir une action beaucoup plus virulente. Le premier afficha en 1517, à Wittenberg, ses 95 thèses contre les « indulgences » de l'Église. Son but était de protester solennellement contre la pratique papale qui consistait, pour recueillir les fonds nécessaires à l'achèvement de la basilique Saint-Pierre de Rome, à accorder une « indulgence » (rémission totale des péchés) aux seuls fidèles qui versaient des aumônes, sans considération de leur conduite. En Allemagne, l'archevêque Albert de Brandebourg avait été jusqu'à faire prêcher une indulgence proportionnelle à la générosité des fidèles ! Le second, quand il publia en 1536 en latin, puis en français dès 1541, son *Institution de la religion chrétienne*, instaura de fait le premier catéchisme de la religion protestante. Appelé à Genève en 1541, Calvin y introduisit des ordonnances qui fondaient un État éducateur étroitement soumis à l'Église réformée, faisant de Genève la « Rome du protestantisme ».

Montaigne et l'humanisme

En un sens, Montaigne s'est efforcé d'incarner dans son œuvre les différentes facettes de l'humanisme. Ce que l'essayiste manifeste, c'est un idéal humain dont on peut retenir deux aspects :
– l'humanisme, au sens technique et culturel du terme. Il s'agit avant tout de la redécouverte de l'Antiquité, de ses enseignements et de son héritage légués par les philologues et savants grecs de l'ex-Empire byzantin, venus vers l'Europe occidentale en commençant par la péninsule italienne après la prise de Constantinople par les Ottomans en 1453. Ce premier aspect de l'humanisme entraîne des conséquences fondamentales : une nouvelle forme d'éducation succédant à « *l'infélicité et calamité des Goths* », selon l'expression de Rabelais pour désigner l'héritage médiéval ; une vision renouvelée de l'individu face à Dieu, avec les Réformes luthérienne et calviniste qu'amène, outre les abus de la cour pontificale à Rome, le réexamen des Écritures (travaux d'Érasme ou, bien sûr, de Luther et de Calvin sur la Bible) ; une vision renouvelée de l'individu face aux Grandes Découvertes, qui sollicitent la capacité de chacun à apprécier l'Autre et à resituer sa propre identité ;
– mais aussi un humanisme au sens moral, qui impose à chaque être humain des devoirs et avant tout le respect de sa propre condition. La chose s'explique par le fait qu'il y a, grâce à l'imprimerie et du fait qu'on relit les auteurs de l'Antiquité païenne, une nouvelle exaltation de la dignité de l'homme devant Dieu et de sa responsabilité au sein de l'univers.

Montaigne est sensible à ces deux aspects, et s'il montre de la fantaisie au fil des *Essais*, s'il manie l'humour et l'ironie*, c'est, en partie au moins, pour canaliser les angoisses que suscite, chez tout

* Cf. Lexique.

individu de son époque qui s'efforce de penser le monde dans lequel il vit, le bouleversement de repères jusque-là intangibles.

Les réalisations de la France de l'humanisme

La vie de Montaigne (1533-1592) se déroule sur les deux derniers tiers du XVIᵉ siècle. Il a donc connu, dans son « enfance », c'est-à-dire avant la trentaine, la période optimiste de la Renaissance. C'est, en poésie, le temps de l'école de Lyon avec Louise Labé, Maurice Scève et son égérie Pernette du Guillet ; puis celui de la Pléiade avec Ronsard, Joachim du Bellay, Jacques Peletier du Mans, Rémi Belleau... Les Valois-Angoulême sont des souverains somptueux, en particulier François Iᵉʳ qui règne de 1515 à 1547, et auquel succède son fils, Henri II, jusqu'en 1559. Cette dernière date marque également, par le traité du Cateau-Cambrésis signé trois mois avant la mort accidentelle d'Henri II, la fin des guerres d'Italie.

En somme, la première moitié de la vie de Montaigne se situe dans ce qu'on a appelé « le beau XVIᵉ siècle ». Le fond de franchise et de liberté que garderont toujours les *Essais* tient à cette influence des années de jeunesse. Alors ont fleuri tous les livres de Rabelais – parus entre 1532 et 1564 –, mais aussi *L'Heptaméron* de Marguerite de Navarre (publication posthume, 1558) et la littérature narrative des Noël du Fail : *Propos rustiques* (1547), Bonaventure des Périers : *Nouvelles Récréations et Joyeux Devis* (1559), et autres anonymes *Contes du monde aventureux* (1555). Du Bellay a publié sa *Défense et Illustration de la langue française* en 1549, Jacques Amyot sa traduction des *Vies parallèles* de Plutarque en 1559. En art et en architecture, Léonard de Vinci, Primatice et Le Rosso se sont installés en France, où les deux derniers ont décoré le château de Fontainebleau. Les peintres Jean puis François Clouet, ainsi que Corneille de Lyon ont déjà produit la plupart de leurs portraits, si caractéristiques de la manière française du XVIᵉ siècle. Pierre Lescot commence, en 1547, les travaux du Louvre et les achève en 1559. Dix ans plus tôt, Jean Goujon a terminé la fontaine des Innocents érigée aux Halles, à Paris. En Italie, l'édification de Saint-Pierre de Rome a débuté dès 1506, suivant le plan en croix grecque de Bramante, avec la collaboration de Raphaël et de son atelier, les projets de coupoles étant réalisés par Michel Ange à partir de 1546. Mais le domaine de la recherche scientifique et philosophique n'est pas en reste : on l'a vu avec Nicolas Copernic et son traité *De revolutionibus orbium caelestium* paru en 1543. Et, en matière politique, les œuvres de Machiavel sont répandues dans toute l'Europe. Bref, ce premier XVIe siècle a été une époque florissante à tous les niveaux.

Certes, après la mort de son époux, Catherine de Médicis, régente du royaume, à qui Montaigne rendra d'ailleurs hommage au chapitre « Des coches » (III, 6), ne manque pas d'ambition, y compris dans le domaine culturel : c'est elle qui lance notamment la construction des Tuileries par Philibert Delorme en 1565. Mais elle a le double « handicap » d'être femme et d'origine étrangère, en une époque où l'unité territoriale de la France est encore récente et où les grands ne sont prêts à respecter qu'un suzerain à poigne, comme l'ont été François Ier et Henri II. Aussi les huit guerres de Religion, qui se succèdent sur les quatre dernières décennies du siècle, ont-elles, dans une large mesure, été occasionnées par les rivalités, les alliances et les revirements de ces seigneurs indisciplinés en quête de pouvoir. Si futiles qu'en paraissent les causes, le résultat est là : le royaume, durant toute cette seconde période, est plongé dans l'incertitude, la précarité, les saccages, les représailles entre catholiques et protestants. Se fait jour alors un humanisme plus sombre. Pamphlets et écrits polémiques se multiplient. Montaigne, lui, ne commence à écrire ses *Essais* qu'après 1570, alors que les trois premiers conflits ont mis le feu aux poudres et que va éclater, le 23-24 août 1572, la terrible nuit de la Saint-Barthélemy. C'est dire combien son œuvre porte la trace de l'universelle instabilité humaine.

Lexique d'analyse littéraire

Canonique Correspondant à une règle de base (en matière religieuse) ou à une tradition fondamentale (en littérature).

Comparaison Figure de style qui, contrairement à la métaphore, utilise toujours un mot de liaison pour expliciter le rapprochement qu'elle crée (comparaison : *La nature est comme un temple* / métaphore : *La nature est un temple*).

Déclamation Exercice d'école qui, dans l'Antiquité gréco-latine, consistait à composer un discours sur un sujet donné en défendant une position de principe ; par suite, discours oratoire.

Didactique Développant une pédagogie appuyée.

Effet rhétorique Effet de langage de nature à agir sur le lecteur ou l'auditeur, en créant en lui des impressions fortes (persuasion, indignation, pitié, amusement, etc.).

Élégie Poésie de déploration, le plus souvent amoureuse, dont les meilleurs représentants furent, en Grèce, la poétesse Sappho (VIIe-VIe s. av. J.-C.) et, à Rome, les écrivains Catulle, Tibulle et Properce (tous les trois du Ier s. av. J.-C.).

Exergue Inscription placée en tête d'un ouvrage et en livrant une clé d'interprétation.

Hiératique Impassible, à la manière de figures sacrées ou de prêtres quand ils se livrent à certains rites.

Ironie Technique de moquerie consistant à mettre à distance son propos en faisant entendre au lecteur ou à l'auditeur autre chose que ce que l'on dit explicitement.

Métaphore Figure de style, communément appelée « image », consistant à rapprocher deux réalités sans se servir de mot de liaison explicite *(tel que, pareil à, comme…)* pour le faire. La métaphore s'oppose à la comparaison.

Philologie Étude approfondie d'une langue ou d'un texte sous les angles les plus techniques (lexicologie, grammaire, comparaison des manuscrits, etc.). La philologie est l'ancêtre de la linguistique.

Scolastique Philosophie et théologie enseignées au Moyen Âge à l'Université (en France, la Sorbonne), qui se caractérisaient par un formalisme extrême.

Unités (règle des trois) Les trois unités au théâtre, établies en France au XVIIe siècle – en particulier pour la tragédie, genre réputé le plus noble – comme les bases de toute pièce réussie, autrement dit qui puissent satisfaire à la « bienséance », définissant ce qu'on appellera « le classicisme », sont : l'unité de temps (une seule journée), l'unité de lieu (une localité, voire un seul palais) et l'unité d'action (pas d'intrigue secondaire venant interférer sur l'action principale).

Volontariste Qui met en avant l'importance primordiale de la volonté pour faire évoluer une situation donnée.

Bibliographie

Œuvres de Montaigne

– *Essais*, édités par André Tournon, coll. « La Salamandre », Imprimerie nationale, 1998-2000 (édition à l'orthographe modernisée prenant pour base l'Exemplaire de Bordeaux).
– *Essais*, édition de Jean Céard (dir.), « Le Livre de Poche », L.G.F., 2001 (édition à l'orthographe modernisée prenant pour base la première édition posthume des *Essais*).
– *Journal de voyage*, édité par Fausta Garavini, coll. « Folio », Gallimard, 1983.

Sur la vie de Montaigne

– Donald Frame, *Montaigne : une vie, une œuvre*, Champion, 1994.
– Sophie Jama, *L'Histoire juive de Montaigne*, Flammarion, 2001.
– Madeleine Lazard, *Montaigne*, Fayard, 1992.
– Géralde Nakam, *Montaigne et son temps*, Gallimard, 1993.

Sur les Essais

– Dominique de Courcelles, *Montaigne au risque du Nouveau Monde*, Brépols, 1996.
– Bruno Roger-Vasselin, *Montaigne et l'Art de sourire à la Renaissance*, Nizet, 2003.
– André Tournon, *Montaigne en toutes lettres*, Bordas, 1989.

Sur la Renaissance

– Eugenio Garin (dir.), *L'Homme de la Renaissance*, coll. « Points-Histoire », Seuil, 2002.
– Marie-Dominique Legrand, *Lire l'humanisme*, Dunod, 1994.
– Daniel Ménager, *Introduction à la vie littéraire du xvie siècle*, Dunod, 1995.

Crédits photographiques

couverture : Portrait de Montaigne, photo Photothèque Hachette. **pp. 4, 5 :** photos Photothèque Hachette. **pp. 8, 9, 24, 27 :** Château de Montaigne, photo Photothèque Hachette. **p. 31 :** photo Erich Lessing / AKG-images. **pp. 58, 59, 164, 166 :** Henri IV et sa famille, d'après une estampe de Gaultier, photo Photothèque Hachette. **p. 171 :** photo Robert Doisneau / Rapho. **pp. 174, 175, 202, 204 :** Colonne érigée par les Français (1591), gravure extraite de l'*Historia Americana* de De Bry, photo Photothèque Hachette. **p. 210 :** Mosaïque de l'église San Vitale de Ravenne (Italie), photo G. Dagli Orti.

Conception graphique
Couverture : *Rampazzo & Associés*
Intérieur : *ELSE*

Mise en page
Maogani

Achevé d'imprimé

LA TIPOGRAFICA VARESE
Società per Azioni
Varese
Dépôt légal : 42651 - 11/04
Édition : 01
16/9029/6

Dans la même collection :

Anthologie
L'apologue (12)
Le biographique (24)

BALZAC
La Peau de chagrin (26)

BAUDELAIRE
Les Fleurs du Mal (10)

BEAUMARCHAIS
Le Barbier de Séville (17)
Le Mariage de Figaro (5)

CORNEILLE
L'Illusion comique (19)

FLAUBERT
Trois Contes (20)

HUGO
Les Misérables (28)
Ruy Blas (6)

LA BRUYÈRE
Les Caractères (29)

MARIVAUX
L'Île des esclaves (13)
Le Jeu de l'amour
et du hasard (16)

MAUPASSANT
Pierre et Jean (11)

MOLIÈRE
Dom Juan (2)
Le Misanthrope (27)
Le Tartuffe (4)

MONTAIGNE
Essais (22)

MUSSET
Lorenzaccio (23)
On ne badine pas
avec l'amour (14)

RABELAIS
Pantagruel-Gargantua (7)

RACINE
Bérénice (15)
Britannicus (18)
Phèdre (8)

RADIGUET
Le Diable au corps (21)

ROUSSEAU
Les Confessions,
livres I à IV (3)

SHAKESPEARE
Hamlet (9)

VOLTAIRE
Candide
ou l'Optimisme (1)
Zadig ou la Destinée (25)